리더들이 몰래 읽는

한비자

KB191712

리더들이 몰래 읽는 한비자

초판 1쇄 발행 | 2024년 10월 15일

지은이 한덕수
발행인 한명선

책임편집 김수경
제작총괄 박미실
디자인 모리스

주소 서울시 종로구 평창길 329(우편번호 03003)
문의전화 02-394-1037(편집) 02-394-1047(마케팅)
팩스 02-394-1029
전자우편 saeum2go@hanmail.net
블로그 blog.naver.com/saeumpub
페이스북 facebook.com/saeumbooks
인스타그램 instagram.com/saeumbooks

발행처 (주)새움출판사
출판등록 1998년 8월 28일(제10-1633호)

ⓒ 한덕수, 2024
ISBN 979-11-7080-060-6 03140

이 책은 저작권법에 따라 보호받는 저작물이므로 무단전재와 무단복제를 금지하며,
이 책 내용의 전부 또는 일부를 이용하려면 반드시 저작권자와 새움출판사의
서면동의를 받아야 합니다.

• 잘못된 책은 바꾸어 드립니다.
• 책값은 뒤표지에 있습니다.

리더들이 몰래 읽는

한비자

한덕수 지음

새흥

군주의 길을 물어
리더로 거듭나다

한비韓非는 기원전 280년 한韓나라의 임금 안安의 서자로 태어났다. 그는 진秦나라의 재상을 지낸 이사李斯와 함께, 성악설의 창시자이자 당시의 대표적인 학자였던 순자荀子의 문하에서 동문수학하였다. 한비가 주장하는 사상의 핵심은 법술法術이다. 한비보다 먼저 법가法家에 속하는 학자와 정치가로는 진나라의 상앙商鞅과 한나라의 신불해申不害 등이 있었다. 한비는 상앙이 주장한 법法과 신불해가 주장한 술術을 종합하여 법술이라는 이론을 완성하였으며, 법술만이 국가통치의 근간이라고 주장했다. 한비는 법에 대하여 "명군이 다스리는 나라에는 책이 소용없고 법 그 자체가 가르침이 된다."고 정의하였다. 또한 술에 대해서는 "술이란 군주가 가슴속에 간직하고 이것저것을 비교한 후, 보이지 않게 신하를 제어하는 기술"이라고 하였다.

한비는 말을 잘 꾸미지 못했을 뿐만 아니라 언변이 많이 부족했다. 더군다나 표정은 어눌하고 말을 더듬었다. 그러나 논리적인 문장을 갈고닦는 데 정진하여 탁월한 문장력을 갖추고 있었다. 그의 문장에는 부자유한 변설을 보충하고도 남을 만한 예리함이 있었다. 거기에다가 재주와 생각이 남다르고 글을 잘 써서 중국의 법가 학파를 대표하는 이름난 사상가가 되었다. 한비의 법가사상은 전국시대의 혼란과 조국인 한나라의 어려운 처지 안에서 거듭 발전했다. 약소한 나라를 구하는 방법은 오직 엄정한 법으로 백성들을 다스리고, 나라의 힘을 한 길로 동원함으로써 부강하게 된다고 생각했다.

진秦왕 영정은 『한비자』를 읽고 감탄하여 그를 진나라로 오도록 하였는데, 객경客卿의 자리에 있던 이사가 존재의 위협을 느끼고 모함하여 한비는 죽임을 당하였다. 영정은 한비를 죽였으나 후일 진시황이 되어 한비의 법술 이론에 큰 영향을 받고, 천하 통치의 이론적인 버팀목으로 활용하였다. 그뿐만이 아니다. 촉한蜀漢에서는 제갈공명이 죽으면서 유비의 아들인 유선에게 숙지하도록 유언한 책이 『한비자』이다. 제갈공명이 그 많은 경전과 고전 중에서도 유독 『한비자』를 권한 이유는 책 속에 법치와 술책을 통해 세력 있는 신하들을 좌지우지하는 강력한 통치술이 들어 있기 때문이었다. 그래서 사마천은 한비가 세상을 떠난 지 약 150년 뒤, 한비의 전기를 그 유명한

『사기史記』에 실었다.

현대사회에서도 중국이나 일본을 비롯한 동아시아권과 태평양 건너 대륙은 물론 한국에서도, 성공한 정치가나 사업가들이 숙지하고 있는 책이 『한비자』라는 것은 공공연한 사실이다. 『한비자』는 총 55편으로 구성되어 있는데, 만약 55편을 한 자도 빼지 않고 다 옮기게 되면 무려 1천여 쪽에 달하게 된다. 여기에는 반복되는 내용과 중첩된 사례들이 상당히 많다. 그렇게 되면 바쁜 현대의 독자들이 끝까지 읽기 어려울 것이라 생각되어, 현대적 의의가 있는 부분만을 원문에서 발췌하여 완역하고 초역하였다.

토지문화관에서
한덕수

차례

韓非子

일러두기

- 본서는 『한비자』 55편 중에서 현대적 의의가 있으며, 동시에 원전의 내용을 대표할 수 있는 32편을 골라서 완역(完譯)하고 초역(抄譯)하였다.
- 각 편을 현대의 언어에 맞게 장으로 명명(命名)하였으며, 각 장마다 붙임 말을 첨부하여 본문을 부연설명하거나 근현대사의 사례를 첨부하였다.
- 각 장마다 여러 개의 소제목으로 문단을 나누어서 본문의 내용을 유추할 수 있도록 하였다.
- 원전으로는 『송건도본(送乾道本)』을 바탕으로 교석(校釋)을 가한 왕선신(王先慎)의 『한비자집해(韓非子集解)』를 쓰되 여러 학자들의 제설(諸說)을 참조하였다.

제1장
이병
二柄

상벌이라는 두 개의 칼자루

병柄은 '자루나 물건의 손잡이'를 말하며 '권세나 권력'을 뜻하기도 한다. 그래서 이병二柄은 두 개의 자루이니, 여기서는 '상賞과 벌罰'을 가리킨다. 다시 말해서 임금이 반드시 지니고 있어야 할 두 개의 칼자루가 바로 상과 벌인 것이다.

본 장에는 임금이 신하를 조종하는 방법에 대하여 적나라하게 펼쳐서 설명하고 있다. 신하가 오로지 임금을 위해서만 벼슬을 한다고 단정할 수는 없다. 오히려 신하는 자신의 이익을 위해서 벼슬을 하고 있다고 보아야 마땅하다. 현대사회에서 대부분의 직장인들이 생각하는 것과 마찬가지로 보면 된다. 임금 된 자가 자신이 좋아하고 싫어하는 점을 감추지 않고 기미를 보여주면, 신하는 그것을 이용하여 임금을 위협하거나 왕위를 찬탈하려고 한다. 즉, 신하들 가운데서 제나라의 자지子之나 전상田常 같은 자가 반드시 나타나게 되는 것이다.

그러므로 이를 경계해야 한다는 것이 본 장의 취지이다.

두 개의 칼자루

한비가 말하기를 현명한 임금은 두 개의 자루로 신하를 통솔한다고 하였다. 여기서 두 개의 자루란 두 개의 칼자루를 가리키며 권병權柄을 말한다. 권병이란 권력을 가지고 자기 마음대로 사람을 좌지우지할 수 있는 힘이다. 그 힘이 바로 형刑과 덕德이다. 다시 말해 형이란 벌을 가하는 것이며 덕은 상을 주는 것이니 당근과 채찍이다. 사람은 누구나 채찍인 벌을 두려워하고 당근인 상을 기뻐한다. 그래서 임금이 이 두 개의 자루만 쥐고 있으면, 신하를 물 흐르듯이 쉽게 움직일 수 있다. 이 때문에 간신은 어떻게 해서라도 임금이 이 두 개의 자루를 휘두르지 못하도록 막으려 든다. 그들은 임금을 앞세워서 제 마음에 들지 않는 사람은 제 스스로 벌을 주고, 제 마음에 드는 사람은 제 스스로 상을 주려고 한다.

따라서 임금이 상벌의 집행권을 포기하고 신하에게 위임할 경우, 백성들은 그 신하를 무서워할 뿐 임금은 업신여기거나 허수아비로 안다. 결국에는 모든 민심이 임금을 떠나 신하에게로 가게 된다. 따라서 임금이 두 개의 자루를 손에서 놓는다면 이런 결과밖에는 달리 얻을 것이 없다.

호랑이가 개를 굴복시킬 수 있는 것은 강한 발톱과 날카로운 송곳니가 있기 때문이다. 만약 그 발톱과 송곳니를 호랑이에게서 빼앗아 개에게 준다면, 그때는 호랑이가 개에게 굴복할 수밖에 없다. 그래서 임금은 오로지 상벌이라는 두 개의 자루로써 신하들을 통솔해야 한다는 이론이다. 만일 임금이 주색잡기에 빠져서 이 두 개의 자루를 방치하게 되면 신하들은 이것을 주워 쓰게 될 것이며, 그렇게 되면 임금은 신하의 통솔을 받게 된다.

제齊나라 임금 간공簡公과 대부인 전상田常의 사이를 예로 들 수 있다. 전상은 임금에게 작위와 봉록을 행사할 수 있는 권한을 청하였다. 그래서 위로는 여러 신하들에게 작록을 나누어주고 아래로는 백성들에게 곡물을 빌려주었는데, 이때 빌려주는 되는 크게 하고 거두어들이는 되는 작게 하여 인심을 베풀었다. 결국 임금이 상이라는 자루를 스스로 포기한 채 신하가 마음대로 휘둘렀기 때문에 간공은 전상에게 죽임을 당하고 말았다.

또한 송宋나라 대신 자한子罕은 임금에게 청하기를 "상을 주면 백성들은 기뻐합니다. 그러므로 상을 주는 은혜는 임금께서 직접 베푸십시오. 그러나 형벌이라는 것은 백성들로부터 원망을 사는 일입니다. 그러니 이것은 제게 맡겨주시면 어떻겠습니까?"라고 아뢰었다. 그리하여 형벌이라는 자루를 신하가 쓰도록 하였는데, 훗날 송나라 임금에게 돌아온 것은 왕위를 탐내는 자한의 위협뿐이었다.

전상이 쓴 것은 상벌이라는 두 개의 자루 가운데 상 하나뿐이었다. 그런데도 간공은 그에게 시해당했다. 또한 자한이 쓴 것은 벌 하나뿐이었다. 그런데도 송나라 임금은 왕위를 위협당했다. 지금 전국 시대의 신하들은 누구나 상벌이라는 두 개의 자루를 다 쓰고 있다.

이것이야말로 임금 된 사람에게는 더없이 위험한 일로서, 제나라의 임금이나 송나라 임금보다도 더 심각할 수 있다. 시해당하거나 지위를 위협당하고, 혹은 눈과 귀가 가려지고 막히게 된다. 이러한 임금은 상과 벌이라는 자루를 둘 다 신하에게 빼앗긴 임금들이다. 이러한 임금이 다스리는 나라가 망하는 것은 시간문제이다.

상벌의 운용

임금이 신하들의 못된 짓을 막기 위해서 이름과 얼굴을 살펴서 맞추어본다고 하였는데, 이름이란 신하가 내뱉은 말을 뜻하고, 얼굴이란 나타난 일의 결과물을 뜻한다. 곧 신하가 임금 앞에서 한 말과 물러가 한 일을 비교해본다는 것이다. 신하가 어떤 사안에 대하여 자신의 의견을 개진하면, 임금은 그 의견에 따라 일을 추진하도록 위임하면서 오로지 좋은 결과를 바란다. 일의 성과가 그가 한 말과 일치하면 상을 주고, 그렇지 못하면 벌을 내린다. 그런데 말한 것 이상의 성과를 올렸을 경우에도 벌을 준다. 그것은 기대보다 큰 공을 세운 것이 싫어서가 아니다. 미리 작은 약속을 해놓고 큰 성과를 올려 공을 세우려 한다면, 그로부터 오는 해가 더 크다고 생각하기 때문이다.

실례로 한나라의 임금인 소후昭侯가 술에 취해서 그대로 잠이 들어버렸다. 그때 임금의 관冠을 담당하는 전관典冠이 임금이 감기라도 들면 큰일이다 싶어서 옷을 덮어주었다. 이윽고 잠이 깬 소후는

상벌이라는 두 개의 칼자루

옷이 덮여 있는 것을 보고 기뻐하며 좌우에 물었다. "누가 옷을 덮어 주었느냐?"라고 묻자, 좌우의 시종들이 "전관이옵니다."라고 답했다. 이에 소후는 곧 임금의 옷을 담당하는 전의田衣와 관을 담당하는 전관을 불러 둘 다에게 벌을 주었다. 맡은 바 직무를 태만히 해서도 안 되고, 다른 사람의 직무를 침해해서도 안 된다는 논리였다.

즉 전의는 자신이 맡은 일에 충실하지 못했기 때문이며, 전관은 자기가 맡은 직분에서 벗어난 일을 했기 때문에 벌을 내린 것이다. 물론 감기가 들어도 상관이 없다는 얘기는 아니다. 그러나 소후는 신하가 직분에서 벗어나는 행동을 막는 것이 자기가 감기에 드는 것보다 훨씬 더 중요하다고 생각했다.

이처럼 현명한 임금은 신하가 자신의 직무 외의 일에서 공을 세우는 것을 허용하지 않는다. 또한 실천하겠다고 말한 것이 결과와 일치하지 않는 것도 용인하지 않았다. 직무 이상의 일에 월권을 행사하면 사형에 처하고, 한 말과 일의 성과가 일치하지 못한 자는 각각 그에 해당하는 벌을 내렸다. 각자 맡은 직분에 충실하고 말한 것을 충실히 이행하도록 한다면, 신하는 당파를 만들어 서로 감싸는 일 따위는 하지 못할 것이다.

요체는 중앙에 둔다

한비는 양권揚權에서 이렇게 말한다. "하늘에는 하늘의 법칙이 있고, 인간에게는 인간의 법칙이 있다. 무릇 향기롭고 감미로운 음식, 맛이 진한 술과 기름진 고기는 입을 달게 하지만 병이 나게 한다. 부드러운 살결과 하얀 이를 가진 미녀는 욕망을 채워주지만 정기를 손상시킨다. 그러나 무슨 일이든 지나치지 않는다면 몸에는 해가 없다. 마찬가지로 권력이라는 무기는 남에게 드러내지 않고, 본 바탕을 지키며 아무 작용하는 바가 없이 그대로 두어야 한다. 그렇더라도 일은 사방에 분담시키되 요체要諦는 중앙에 두어야 한다. 임금이 요체를 쥐고 있으면 사방의 신하들이 모여들어 성과를 보고한다. 마음을 비우고 보고를 기다리면 신하들은 스스로 그들의 능력을 발휘한다.

무릇 만물은 마땅한 데가 있고 재능은 발휘할 데가 있어서 각자 그 마땅한 곳에서 일을 하는 것이다. 닭은 새벽을 알리고 고양이는 쥐를 잡게 하듯이, 모두가 자신의 능력을 발휘하도록 하면 위에 있는 자는 살펴보기만 하면 된다. 사방에서 올라온 보고를 간직하고 있으면, 보이지 않는 어두운 곳에서도 매사를 분명하게 파악할 수 있다. 그렇게 좌우가 확립되면 그때서야 문을 열고 대응한다."

좋고 싫음을 드러내지 마라

고금을 막론하고 인재를 등용하기란 참으로 어려운 일이다. 시원찮은 싹과 반목의 싹을 골라내야 하기 때문이다. 유능한 인재를 발탁해서 썼을 경우, 그 사람은 유능한 만큼 임금의 자리를 위협한다. 그렇다고 아무나 써서 무능한 인물이 마구 끼어든다면 능률이 오르지 않아 일처리가 어렵다. 유능한 사람일 경우에 그는 임금의 뜻에 맞추어 행동을 바꾸고 본래의 모습을 감추려 한다. 신하의 진면목을 알지 못하는 한 임금으로서는 신하의 진심을 분간할 도리가 없다.

예를 들어 월나라왕 구천이 용감한 무사를 좋아하자, 월나라에서는 목숨을 가볍게 던지는 사람이 잇달아 나왔다. 초나라 영왕이 허리가 잘록한 여인을 좋아한다는 소문이 퍼지자, 초나라 수도에는 밥을 굶어가며 뱃살을 빼려는 여자들이 많아졌다. 제나라 환공이 여자를 좋아하지만 질투심이 강하자, 수조라는 사나이는 자기 스스로 생식기를 잘라버리고 후궁의 환관이 되었다. 또한 환공이 음식 맛을 즐기자, 요리사인 역아는 자기 자식을 삶아 바쳤다. 연나라 왕 자쾌가 어진 사람을 좋아하자, 재상인 자지子之는 임금이 설령 나라를 주더라도 자기는 받지 않겠다는 뜻을 분명히 밝혀 임금의 신임을 얻었다. 임금이 무엇을 싫어하는가를 알게 되면, 신하들은 임금이 싫어하는 점을 내보이지 않는다. 임금이 무엇을 좋아하는가를 알게 되면, 신하들은 임금의 비위에 맞춰 행동한다.

즉 임금이 좋아하고 싫어하는 감정을 겉으로 내보이면, 신하는 겉모양을 꾸밀 수 있는 기회를 갖게 되는 것이다. 결국 자지는 임금 자쾌가 좋아하는 점을 이용하여 임금의 자리를 빼앗을 수 있었다. 수조와 역아도 임금인 환공이 좋아하는 점을 이용하여 그 실권을 빼앗았다. 그래서 이들 임금의 말로는 불을 보듯 뻔했다. 자쾌는 반역에 의해 시해당했고, 환공은 시해당한 다음 시체 속 구더기가 문밖으로 쏟아져나올 때까지 장사를 지내지 못했다.

이런 결과가 나오게 된 것은 임금이 자기가 좋아하고 싫어하는 것을 신하들이 알게끔 했기 때문이다. 신하들이 진심으로 임금을 위해서 벼슬을 하고 있다고 속단할 수 없다. 오히려 신하들은 자신의 이익을 위해서 벼슬하고 있는 것이다. 그래서 한비는 "임금이 좋아하고 싫어하는 것을 내보이지 않으면 신하는 본바탕을 드러낸다. 신하가 본바탕을 드러내면 임금은 속임을 당하지 않는다."고 하였다. 즉 신하들이 있는 그대로를 드러내도록 하면 임금은 눈이 가려지거나 귀가 막히는 일이 없어진다는 것이다.

붙임말　　한비가 가장 주장하고 싶어하는 기본적인 논리는 '임금이 신하를 자유자재로 통솔하는 방법'이다. 이 통솔하는 방법을 술術이라고 명명하였는데, 그 핵심 사상이 바로 법술法術이다. 그래서 서양에서는 『군주론』을 편찬한 마키아벨리, 동양에서는 한비라는 말이 생겨났다. 본 장인 이병二柄에서는 술의 기본을 설명하였는데, 한비의 이론 가운데 가장 핵심 중에 하나라고 볼 수 있다. 술의 바탕이 되는 것은 법에 의해 정해진 상과 벌을 행하는 것이다. 그 방법이라는 것은 바로 '형명참동刑名參同'이라는 독특한 방식인데, 한마디로 '엄격한 근무평가'이다.

형명참동은 신하의 의견을 바탕으로 그에게 어떤 일을 맡기고, 제시했던 의견과 성과가 일치하는 자에게는 상을 주고, 그렇지 않은 자에게는 벌을 내리는 방식이다. 결과에 미치지 못해 처벌하는 것은 지극히 상식적인 일이지만, 형명참동의 경우에는 '보고하고 계획한 것 이상의 성과를 올린 사람도 벌을 받는다.'는 점이 특이하다. 한비가 말하는 술에서는 성과를 올리는 것만이 능사가 아니었다. 성과가 아무리 높고 크다 해도, 그것이 임금의 권위를 손상시키는 결과로 작용한다면 아무 소용이 없다는 논리이다. 눈앞의 이익보다 신하의 통솔을 더 중시했기 때문이다.

전국시대의 정치상황에서 임금의 자리는 항상 풍전등화와 같은 상황이었다. 언제 측근에 의해 독살을 당할지, 언제 역모로 인해 죽임을 당할지, 언제 우방국이 적으로 돌변해서 침략해올지 알 수 없는 상황이었고, 항상 하극상의 위기에 직면해 있었다. 그렇기 때문에 전국시대를 살아가는 임금들에게 형명참동의 방법은 더할 나위 없이 좋은 것이었다. 한 걸음 더 나아가 형명참동에 의한 상벌을 제대로 성공시키려면 신하에게 속임을 당하는 일이 없어야 했다. 임금과 신하의 관계는 단순한 것이 아니기 때문이다. 그래서 한비는 이렇게 말했다. "신하가 충성을 다하는 것은 임금에게 바라는 것이 있기 때문이고, 임금이 벼슬과 녹을 주는 것은 신하에게 받을 것이 있기 때문이다."

군신 간에 따뜻한 정을 주고받는다는 것은 너무도 안이한 생각이다. 임금과 신하의 관계는 타산적인 것이며, 서로가 속고 속이는 것이다. 언제나 조금이라도 먼저 틈을 보이는 쪽이 지는 것이다. 그런데 신하는 져도 상관이 없지만, 임금은 절대로 져서는 안 된다. 왜냐하면 신하가 졌을 경우, 신하는 낙향하여 후학을 양성하거나 그나마도 여의치 않으면 밭이나 갈면서 살아가면 그만이다. 하지만 임금이 진다는 것은 그 자리에서 쫓겨난다는 것을 의미한다. 폐위되면 임금 자신은 물론 일가친척들이 모두 몰살당한다. 그래서 임금이 신하에게 대항할 수 있는 대비책은 신하에게 자기 속내를 드러내 보이지 않고 법술을 쓰는 것뿐이라고 말하는 것이다.

제2장
오두
伍蠹

나라를 좀먹는 다섯 가지

두蠹는 책이나 옷, 나무를 좀먹는 벌레들을 총칭한다. 그래서 오두는 '나무를 갉아 먹는 다섯 종류의 좀벌레'라는 뜻이지만, 본 장에서는 나라에 '해로운 학자, 유세가, 협객, 측근, 상인과 직공'이라는 다섯 종류의 사람들을 가리킨다. 나무가 자랄 대로 자란 큰 거목이라 할지라도 좀벌레가 야금야금 파먹으면, 나중에는 손으로 건드려도 넘어간다. 한비는 나라에도 이런 좀벌레가 구석구석에 자리잡고 있다고 판단하고, 이런 좀벌레들에게 속이 먹혀가고 있는 나라의 모습을 신랄하게 비판하고 있다. 그리하여 옛날과 오늘의 예와 풍속이 다르고 새것과 묵은 것이 다르므로, 그 대책도 달라져야 한다고 주장한다. 즉 시대에 따라 일이 다르므로, 그에 대한 대비를 적절하게 해야 한다는 뜻이다.

본래 백성들은 편안함과 이익을 찾고 위험과 곤궁함을 피하려드는 것이 인지상정이지만, 아비에게 효도하는 자식은 임금에게는 충성되지 못한 신하라고 하였다. 즉 효와 충은 동시에 행할 수 없기 때문에 상반된다고 본 것이다. 참고로 본 장에 나오는 오두와 제6장에 나오는 고분孤憤은 사마천이 『한비자』 중에서도 백미로 꼽았던 작품이고, 진시황 영정이 읽고 감명을 받아 한비와 인연이 되었던 작품이기도 하다.

현실에 맞는 정치

먼 옛날에는 사람이 적고 날짐승과 들짐승이 많았으며, 짐승이나 뱀, 벌레와 같은 해충을 사람이 이기지 못하였다. 그런데 그때 한 성인이 나타나서 나뭇가지를 엮어서 새집과 같은 둥지를 짓게 하여 짐승들이나 곤충들의 해를 피할 수 있게끔 해주었다. 백성들은 기뻐하며 그를 왕으로 모시고, 유소씨有巢氏라고 불렀다.

그 당시의 사람들은 풀이나 나무열매, 조개 같은 것을 날것으로 먹었다. 음식은 비리고 역한 냄새를 풍겼으며, 위와 장에 해를 주어 병에 걸리는 사람이 많았다. 그때 한 성인이 나타나서 나무를 마주 문질러 불을 일으키고 날것을 불에 익혀 먹도록 하였다. 백성들은 크게 기뻐하며 그를 왕으로 모시고, 수인씨燧人氏라고 불렀다.

중고시대中古時代에 들어와서는 온 천하에 큰 홍수가 일어나는 일이 빈번하였다. 그때 곤鯀과 우禹라는 부자가 제방을 쌓고 물길을 만들어 물을 임의로 조절했다. 그래서 우도 왕이 되어 세상을 다스렸다. 시간이 흘러 하나라의 걸과 은나라의 주가 폭정을 할 때, 은나라 탕왕과 주나라 무왕이 각각 그들을 넘어뜨렸다.

만일 하우씨 시대에 나뭇가지로 집을 짓거나, 나무를 마주 문질러 불을 일으키는 사람이 있었다면 곤과 우는 그것을 보고 틀림없이 비웃었을 것이다. 또 은나라와 주나라 시대에 제방을 쌓는 사람이 있었다면 탕왕, 무왕이 보고 틀림없이 비웃었을 것이다. 또한 오늘날 옛 성인인 요순이나 탕왕, 무왕이 쓰던 방법을 그대로 쓰는 사람이 있다면, 새로운 시대의 새 성인 역시 그것을 보고 분명히 비웃을 것이다. 성인이란 옛것을 모방해서 변함없는 원칙만을 고집하는 사람이 아니다. 성인이란 현재 존재하는 모순과 문제점을 파악하고, 그것에 대한 해결책을 강구하는 사람이다.

송나라의 어느 농부가 밭을 갈고 있었다. 그때 토끼가 달려오다가 밭 가운데 있는 그루터기에 머리를 부딪치고 죽었다. 그것을 본 뒤로 농부는 밭일을 그만두고 날마다 그루터기만을 지켜보았다. 다시 토끼를 얻을 수 있을까 하는 생각에서였다. 그러나 토끼는 나타나지 않았고, 그는 세상 사람들의 웃음거리가 되었다. 예전에 선왕이 정치했던 방법들을 흉내내면서 현재의 백성을 다스리려 한다는 것은 송나라 농부가 그루터기를 지켜보고 있던 것처럼 우매한 짓이다.

시대에 따라 모든 것은 변한다

옛날에는 남자가 농사를 짓지 않아도 풀과 나무열매 등 먹을 것이 지천으로 널려 있었다. 여자가 베를 짜지 않아도 새털과 짐승의 가죽으로 옷을 해 입기에 충분했다. 일을 하지 않아도 살아가기에 부족한 것이 없었고, 인구는 적고 재화는 얼마든지 있어서 다툼이 별로 없었다. 그래서 상을 후하게 내리고 벌을 엄하게 적용하지 않아도 백성들은 저절로 잘 다스려졌다. 그런데 지금 세상은 많이 다르다. 한 사람이 다섯 아들을 갖는 것이 드문 일이 아니므로 아들의 아들이 또 각각 다섯이라고 한다면, 할아버지가 살아 있는 동안에 손자는 스물다섯 명이 된다. 이렇게 인구가 늘어나는데 그만큼 물자는 따라서 늘어나지 않으므로, 아무리 일을 해도 생활이 넉넉해질 수 없다. 그 때문에 사람들 사이에 싸움이 일어나고, 국가 간에는 전쟁이 일어난다. 아무리 상을 후하게 주고 죄를 엄히 다스려도 세상은 어지러워질 수밖에 없다.

상고시대의 임금

일찍이 요임금이 세상을 다스릴 때에, 왕이 사는 거처는 추녀 끝이 들쭉날쭉한 초가지붕에 서까래는 통나무를 생긴 그대로 쓴 초라한 집이었다. 또한 왕이 먹는 음식은 거친 밥에 명아주와 콩잎으로 끓인 국이 전부였고, 임금의 옷은 겨울에는 사슴가죽, 여름에는 칡껍질로 만든 갈포였다. 아마 천한 문지기의 생활도 이보다 못하지는 않았을 것이다. 우가 왕일 때에는 몸소 쟁기와 가래를 들고 백성들보다 앞장서서 종아리가 터질 정도로 일을 했다. 아마 종들도 이들보

나라를 좀먹는 다섯 가지

다 더 힘들게 일하지는 않았을 것이다. 이로 미루어볼 때, 옛날에 천자의 자리를 남에게 물려준다는 것은 문지기의 생활이나 종의 고됨에서 벗어나는 것밖에 안 되었다. 그러므로 천하를 남에게 물려준다는 것 자체가 그렇게 대단한 일이 아니었다. 그런데 오늘날에는 고을의 원님만 되어도, 그 자신이 죽은 뒤에도 자손들이 수레를 타고 다닐 정도이다. 오늘날의 원님이 쉽사리 그만두지 못하는 것은 그 지위로 얻어지는 실익이 있기 때문이다.

골짜기까지 물을 길러 가지 않으면 안 되는 산속에 사는 사람들은 명절 선물로 물을 주고받는다. 그런데 수해로 고통을 겪고 있는 낮은 지대에 사는 사람들은 반대로 사람을 사서 물이 빠져나가게 물길을 만든다. 또한 흉년이 든 올 봄에는 귀여운 동생에게도 먹을 것을 나눠주지 않았는데, 풍년이 든 가을에는 지나가는 나그네에게도 반드시 음식을 대접해서 보낸다. 이것은 결코 내 형제를 등한시하고 길 가는 사람을 소중하게 여겨서가 아니다. 실상인 즉 먹을 것이 있고 없음의 차이가 있을 뿐이다.

이와 마찬가지로 옛날에 재물을 가볍게 여긴 것도 인이라는 도덕 때문이 아니라, 재물 그 자체가 쓰고도 남았기 때문이다. 오늘날 재물을 서로 빼앗는 것은 도덕이 옛날보다 낮아져서가 아니라, 재물 그 자체가 적어졌기 때문이다. 옛날에 임금의 자리를 아낌없이 사양한 것도 인격이 고결해서가 아니라, 임금의 지위라는 그 자체가 그리 대단한 것이 아니었기 때문이다. 오늘날 고을의 원님 자리를 두고 서로 다투는 것은 인격이 모자라서가 아니라 원님의 실권이 크기 때문이다. 따라서 양과 실익의 많고 적은 차이야말로 오늘날 새 성인이 정치를 하는 데 기준이 된다. 옛날에 형벌이 가벼웠던 것은 다스리는 사람이 인정이 많아서가 아니며, 오늘날 벌이 무거운 것은 다스리는 사람이 잔혹해서가 아니다. 세상의 변천에 따라 그렇게 달라지는 것뿐이다. 그래서 이런 말이 있다. "시대와 더불어 사물은 변하고, 사물의 변화에 따라 그에 대처하는 방법도 달라진다."

인의로는 이기지 못한다

옛날 주나라 문왕은 사방 백 리의 영토를 가지고도 인의로 정치를 행하여, 오랑캐인 서융西戎을 굴복시키고 천하를 통일하였다. 근자에 서徐나라 언왕은 한수 동쪽에 사방 오백 리의 영토를 갖고도 인의의 정치를 행한 결과, 서른여섯 나라가 서에 영토를 바치거나 조공해왔다. 그러자 형나라 문왕은 자기 나라 백성들도 동요하지 않을까 하는 두려운 생각에 군사를 일으켜서 서를 멸망시켰다. 말하자면 주나라 문왕은 인의의 정치로써 천하를 통일했으나, 서나라 언왕은 인의의 정치로 인하여 나라를 잃었던 것이다. 따라서 인의라는 것은 옛날에는 통하는 바가 있었지만 지금은 소용이 없다는 것을 알 수 있다. 이를 두고 시대와 더불어 사물이 변한다고 하는 것이다.

순임금이 세상을 다스릴 때 유묘라는 오랑캐가 반란을 일으켰다. 그때 용감한 장수였던 우가 유묘를 정벌하자고 주청하자, 순임금이 말하기를 "그건 안 될 일이다. 내가 아직 덕이 부족한데, 무력을 쓴다는 것은 옳은 일이 아니다."라며 말렸다. 그로부터 삼 년 동안 교화에 힘을 기울이고 나서 순임금이 방패와 도끼를 들고 춤을 추자, 그 소문만 듣고도 유묘는 항복을 해왔다. 그 뒤 공공이란 오랑캐와의 싸움에서는 쇠로 만든 작살을 적에게 던져야 했다. 허술한 옷을 입고 있던 적의 군사는 몸에 상처를 입었다. 방패와 도끼가 옛날에는 춤을 추는 데 쓸모가 있었지만 이때는 소용이 없었음을 알 수 있다. 이를 두고 일에 따라 대처하는 방법이 다르다고 말하는 것이다. 옛날에는 나라와 나라가 도덕으로 서로 경쟁을 했고, 다음에는 지혜와 꾀로 경쟁을 했다. 그러나 지금은 서로가 힘으로 경쟁한다.

제나라가 노나라를 공격하려고 했을 때의 일이다. 노나라에서 자공을 제나라로 보내, 노나라를 공격하는 것은 정당하지 못하다는 것을 설득시키려고 했다. 그러나 제나라의 대답은 이러했다. "지극히 당연한 말씀이오. 그러나 우리가 바라는 것은 당신네 영토이지 당신의 말씀이 아니오." 그러고 나서 제나라는 군사를 일으켜 노나라를 정벌하고, 노나라 성문에서 수십 리나 되는 곳까지 영토를 넓혔다.

결국 서나라의 언왕은 인의의 정치를 시행했으나 그 나라는 망해버렸고, 자공은 웅변이 탁월했지만 노나라의 영토는 줄어들었다. 이로 미루어볼 때 인의나 웅변은 나라를 지키는 데 힘이 되지 않는다는 것을 알 수 있다. 만일 서나라나 노나라가 인의와 웅변을 쓰지 않고 힘으로 대응했다면, 상대방이 제아무리 강한 제나라나 초나라였다 할지라도 이 두 나라를 자기들 맘대로 정벌할 수는 없었을 것이다.

사랑의 정치

옛날과 오늘의 예와 풍속이 다르고 새것과 묵은 것이 다르므로 그 대책도 달라져야 한다. 옛날의 너그러운 정치를 이 어지러운 세상에 적용시킨다는 것은 고삐도 채찍도 쓰지 않고 성난 말을 모는 것과 같으니 이야말로 어리석은 짓이다. 지금 유가儒家나 묵가墨家의 학자들은 하나같이 말하기를 "옛날의 임금들은 세상의 백성들을 널리 사랑하였으니, 백성 보기를 마치 어버이가 자식을 보는 것처럼 하였다."고 한다.

지금에 와서 무엇으로 그리했다고 말할 수 있는가라고 물으면 "법관이 형을 집행할 때 왕은 음악을 듣지 않았고, 사형이라는 판결을 들었을 때는 눈물을 흘렸기 때문이다."라고 말하면서 옛 성인들을 찬양한다. 이것은 유가나 묵가에서 주장하는 선왕들의 선례가 아니다. 만약 임금과 신하의 관계가 부자지간처럼 근친하여 그것으로써 정치가 잘되었다고 가정한다면, 군신의 관계가 부모와 자식 간의 관계처럼 원만해야 한다고 전제하는 것이다. 사람의 정이란 먼저 부모로부터 시작된다고는 하지만, 그 어버이의 사랑에 의해서 부모와 자식 사이가 반드시 근친하다고 볼 수는 없다. 또한 사랑이 아무리 깊더라도 그것에 의해 서로의 싸움이 사라진다고 볼 수도 없다.

옛 성인들의 백성에 대한 사랑이 제아무리 깊다 할지라도 부모의 사랑에는 미치지 못한다. 그런데 그런 부모마저도 자식에게 배반을 당하곤 한다. 그러므로 임금이 백성들을 사랑하는 것만으로는 정치가 제대로 행해질 수 없다. 또한 법에 의하여 형을 집행하면서 임금이 그로 인해 눈물을 흘린다는 것은 인자한 마음을 나타낸 것이지, 그 자체가 선한 정치를 행한 것은 아니다. 결국 형을 내리지 않을 수 없는 것이 법이다. 그래서 옛 성인들도 그 슬픈 마음을 억누르고 결국은 법에 따른 것이다. 인의仁義의 마음에 따라 정치를 할 수 없다는 사실은 이것만 보아도 알 수 있다.

백성이란 힘이라는 권력에 복종하는 것이기에 의義에 따라서 움직이는 백성은 아주 드물다. 공자는 천하에 둘도 없는 성인이었다. 그는 스스로 행실을 닦고 도를 얻은 다음에 천하를 두루 다니며 설교를 하였다. 그러나 그가 말한 인의에 감동하여 제자가 된 사람은 겨우 일흔 명에 지나지 않는다. 결국 인의를 이해하고 이를 존중하는 사람은 극히 드물었다는 것을 증명해준다. 이 넓은 세상에서 공자의 제자는 일흔 명뿐이었고, 인의를 몸소 체득하고 행한 사람은 공자 단 한 사람뿐이었다.

공자는 사람은 교육이라는 가르침에 따라 선해지거나 악해진다고 하였고, 한비는 사람은 주어진 상황에 따라 선해지거나 악해진다고 하였다. 언뜻 보면 비슷한 논리 같지만, 크게 상반된 견해를 가지고 있다. 공자는 교육을 아예 받지 못한 사람이나 잘못된 교육을 받은 사람은 주어진 여건에 관계없이 악해진다는 논리이다. 반면에 한비는 교육이라는 가르침에 관계없이 사람은 누구나 이기적이기 때문에 상황에 따라서 행동한다는 논리이다.

한 가지 예로 노나라 애공哀公은 형편없는 사람이었지만, 그가 임금으로 있는 동안에는 나라 안의 어느 누구도 그의 지배를 마다하지 않았다. 백성들이란 원래 권세에 따라 움직이고 복종하는 것이다. 권세만 있으면 쉽사리 사람을 굴복시킬 수 있다. 그러기에 공자와 같은 성인은 신하가 되었고, 형편없는 애공은 공자의 임금이 되었다. 결국 공자는 애공의 의에 끌린 것이 아니라, 그의 권세에 복종한 것이다. 즉 의에 있어서는 애공이 공자를 따를 수 없지만, 권세의 힘을 빌려 공자를 신하로 삼을 수 있었던 것이다.

그런데 오늘날의 유학자들은 임금에게 이 권력을 쓸 것을 권하지 않고, 오직 인의를 다하면 천하의 제왕이 될 수 있다고 말한다. 이것은 임금에게 공자와 똑같은 사람이 되라고 하는 것이다. 또한 평범한 백성들에게 공자의 제자처럼 되라고 하는 말이다. 이러한 일은 이치에 맞지도 않을 뿐더러 실현 가능성도 없다.

큰돈은 줍지 않는다

매우 불량한 소년이 있었다. 부모가 매를 들고 훈육을 해도 소용없고 마을 어른들이 타일러도 소용이 없었으며, 스승이 힘써 가르쳐도 소년의 행동과 버릇은 고쳐지지 않았다. 부모의 사랑과 마을 어른들의 자애, 선생의 지혜, 이 세 가지 미덕을 접하고 있으면서도 끝내 그는 감화되지 못하였다. 그런데 어느 날 그 지방 관리가 군대를 거느리고 법을 앞세워 불량한 자들을 모조리 잡아들이기 시작하자, 소년은 겁을 먹고 불량한 행동을 곧바로 고쳤다. 자식을 교육하는 데에도 부모의 사랑만으로는 부족하여, 관의 무서운 형에 의지하지 않으면 안 된다는 것이다. 그래서 백성이란 사랑을 보이면 거만해지고, 권력으로 누르면 금세 온순해지는 것이다.

높이가 겨우 열 길밖에 안 되는 성벽을 몸이 아주 가벼운 누계樓季도 넘어갈 수 없는 것은 가파르게 솟아 있기 때문이다. 한편 천 길이나 되는 높은 산에서 발을 저는 양을 기르는 것은 산이 평평하기 때문이다. 그러므로 현명한 임금은 법을 가파르게 하고 벌을 공정하게 한다. 만약 한 길이나 두 길 정도의 옷감이 길에 떨어져 있을 때는 줍겠지만, 금이 한 자루쯤 떨어져 있으면 도척 같은 큰 도둑도 주우려 하지 않는다. 하찮은 천 조각은 벌을 받지 않는다는 사실을 알기 때문에 줍지만, 금 한자루는 주우면 틀림없이 벌을 받는다는 사실을 알기에 주우려 하지 않는다. 현명한 임금이 형벌을 엄하게 하는 까닭이 여기에 있다.

따라서 상은 후하게 주어 백성들로 하여금 그것을 탐나게 하는 것만큼 바람직한 것이 없고, 벌은 무겁고 엄하게 실행하여 백성들로 하여금 무서워하게 하는 것만큼 좋은 방법이 없다. 법은 누구에게나 동등하고 확고부동해야 하는 것이다. 그러므로 법은 상대의 지위가 높다고 해서 굽히지 않는다. 일단 법이 적용되면 지혜로운 사람일지라도 빠져나갈 수 없고, 용감한 사람일지라도 저항할 수 없다. 죄를 처벌함에 있어서는 대신이라도 피할 수 없고, 선행이나 공을 세운 자는 천민이라도 상을 준다. 그러므로 이와 같은 사실을 백성들 누구나 다 알게 하는 것이 가장 바람직하다. 상에는 명예가 따르고 벌에는 불명예가 따르도록 한다면, 착한 사람이건 착하지 못한 사람이건 모두가 있는 힘을 다하여 노력할 것이다.

상벌의 혼란

지금은 임금이 공을 세운 사람에게 벼슬을 주는데도, 세상 사람들은 벼슬에 오른 사람을 업신여긴다. 농사를 열심히 짓는 사람에게도 상을 주고 있으나, 농사일을 천하게 여긴다. 그런데 나라에서 주는 벼슬을 받지 않고 멀리하면, 그런 사람은 속세를 초월한 사람이라고 존경하면서 고상하게 여긴다. 죄를 범한 사람을 벌주고 있는데도, 세상 사람들은 그를 용감한 사람이라고 여기며 박수를 보낸다. 임금이 상벌을 가하는 것과 백성이 자랑과 치욕으로 알고 있는 것이 이렇게 모순되어 있다. 그로 인해 법은 효력을 잃게 되고, 백성들은 더욱더 치안을 어지럽히게 되는 것이다.

오늘날에는 형제가 누군가에게 해를 입었을 때는 반드시 상대에게 복수를 해야만 그것이 청렴한 염廉이 되고, 친구가 누구에게 모욕을 당했을 때는 함께 원수를 상대해야만 그것이 곧고 절개가 있다는 정貞이 된다. 이와 같이 염과 정을 행하는 것은 곧 임금의 법을 침해하는 결과가 된다. 그런데 임금은 이 염과 정에 마음이 끌리어 법을 침해한 죄를 묻지 않고 있다. 그렇기 때문에 백성들은 서로 힘과 용맹을 겨루게 되고 관리들은 어찌할 도리가 없게 된다.

오늘날에는 제 손으로 일하지 않고 생활하는 사람을 유능한 사람이라 하고, 아무런 공로 없이도 높은 벼슬에 오르는 사람을 똑똑한 사람이라고 한다. 이와 같은 유능한 사람과 똑똑한 사람이 행세하게 되면 병력은 약해지고 국토는 황폐해지고 만다. 그런데 임금은 이런 유능한 사람과 똑똑한 사람에게 마음이 끌리어 병력이 약해지고 국토가 황폐해지는 해독을 잊고 있다. 사사로운 이익만이 활개를 치고 전체적인 이익은 등한시되고 있는 것이다.

학문으로 세상을 어지럽히는 선비들과 무력으로 금령을 범하고 있는 협객, 이 두 부류에게 임금이 대우를 해주기 때문에 세상이 혼란스러워지는 것이다. 법이 허락하지 않는 것을 임금이 취하고, 아래 관리들이 처벌하고 있는 사람을 윗사람은 기르고 있는 셈이다. 법과 군주, 부하와 상관이 각각 제멋대로 행하고 있는 것이다. 이래서는 요순과 같은 임금이 열 사람 있어도 올바르게 다스릴 수 없다. 따라서 인의를 행한다고 무조건 명예롭게 만들거나 칭찬만 해서는 안 된다. 이들을 추켜세우게 되면 만백성들이 공을 세우는 데 방해가 된다.

공과 사의 이해

초나라의 한 정직한 사람이 양을 도둑질한 자기 아버지를 영윤 令尹에게 고발했다. 그러자 영윤은 이 정직한 아들을 잡아다가 사형에 처했다. 임금에게 충성을 다한다는 이유로 아비에게 불효의 죄를 범했기 때문이다. 이렇게 볼 때 임금에게 정직한 신하는 아비에게는 포악한 자식일 뿐이다. 조정에서는 이 사실을 보고받고, 임금이 영윤에게 잘하였다며 치하하였다.

　노나라에 전쟁이 일어났을 때, 세 번 전투에 나가 세 번 도망쳐 돌아온 병사가 있었다. 어째서 도망만 다니느냐고 공자孔子가 다그쳤다. "제게는 늙은 아버지가 있습니다. 제가 죽으면 공양드릴 사람이 없습니다."라며 그가 울먹였다. 그의 효심에 감동한 공자는 그의 계급을 올려주고 봉록도 올려주었다. 그러고 보면 아비에게 효도하는 자식은 임금에게는 충성스럽지 못한 신하이다.

　영윤이 아버지를 고발한 아들을 처벌한 뒤로 초나라에는 부모를 고발해오는 사람이 없어졌다. 공자가 도망병의 계급을 올려준 뒤로 노나라 사람들은 싸움터에서 도망쳐오는 것을 수치로 여기지 않았다. 윗사람과 아랫사람의 이해가 서로 이렇게 다른 것이다. 임금이 백성들의 이기적인 행동을 인정하면서 동시에 나라의 이익을 찾으려고 한다면 그것은 불가능한 일이다.

　오늘날 공과 사의 이해가 일치한다고 생각하는 사람들은 어리석기 짝이 없는 것이다. 예를 들어 백성들이 사사로운 이익을 꾀하는 데는 인의를 익히고 학문을 닦는 것보다 더 나은 것이 없다. 인의를 행하면 임금으로부터 신임을 얻어 출세를 한다. 또한 학문을 닦으면 스승으로서의 대우를 받고, 명성이 높아진다. 이것이야말로 사사로운 이익을 꾀하는 자의 목적이 되는 것이다. 이렇게 되면 공로가 없는 사람이 출세하고, 작위가 없는 사람이 명성을 얻게 된다. 이러한 정치방식으로는 반드시 나라가 어지러워지고 임금의 지위가 위협받는데, 서로 용납되지 않는 일을 동시에 행할 수는 없기 때문이다.

평소에 나라가 평온하면 선비나 협객을 기르고, 막상 전쟁이 일어나면 병사에게 의존하려 한다. 이는 임금으로부터 늘 이익을 받아 온 사람은 위급할 때 쓸모가 없고, 정작 위급할 때 쓸모가 있는 사람은 평소에 혜택을 받지 못한 사람들이다. 그러므로 평소 열심히 일하던 사람들은 자신의 본업을 저버리게 되고, 학문을 연마하거나 무예를 기르는 사람만이 날로 늘어나게 된다. 이것이 바로 세상을 혼란스럽게 만드는 원인이 된다.

악인도 쓰기에 달렸다

오늘날에는 고상하고 어려운 말이 귀한 것이 되고, 그런 말을 쓰는 사람은 지혜로운 사람이라고 불린다. 또한 남을 속이지 않는 올바르고 미더운 행위가 존경을 받고, 그것을 실천하는 사람을 어진 사람이라고 지칭한다. 그러나 고상하고 어려운 말은 아무리 지혜로운 사람이라도 이해하기 힘든 것이다. 널리 백성들에게 알려야 할 법을 그런 어려운 말로 만들어보았자 백성들은 이해하지 못한다.

술지게미나 겨로도 배를 채우지 못하는 사람은 쌀밥이나 고기를 바라지 않는다. 굵은 무명옷도 입지 못하는 사람은 화려한 무늬를 놓은 비단옷을 언감생심 쳐다보지도 않는다. 세상을 다스릴 때도 당장 급한 문제를 해결하기도 전에 급하지 않은 일에 힘을 기울여서는 안 된다. 그런데 오늘날의 정치나 세상 풍조를 보면, 어느 누구나 이해할 수 있는 말은 쓰지 않고 고상하고 어려운 말만 쓰려고 한다.

이것은 정치의 목적에 어긋나는 일이다. 고상하고 어려운 말 따위는 일반 대중에게는 아무 소용이 없는 무용지물이나 마찬가지이다.

만일 참되고 정직한 행위를 귀하게 여기는 사람이라면 당연히 남을 속이지 않는 사람을 존중한다. 참되고 정직한 사람을 존중하는 사람은 남을 속이는 술이 없기 때문이다. 지위나 벼슬이 없는 사람들끼리 사귈 경우에는, 남을 끌어들일 재력이나 권력이 없으므로 자연히 남을 속이지 않는 사람에게 의지한다. 그러나 임금의 경우에는 다르다. 그는 사람들을 통솔하는 지위에 앉아 일국의 재력을 한손에 거머쥐고 있다. 상벌을 주는 실권을 행사하며 술로써 신하들의 정세를 파악할 수 있으니, 비록 상대가 전상이나 자한 같은 간신이라도 속이지 못할 것이다. 그러므로 구태여 남을 속이지 않는 인물에 의존할 필요가 없다. 정직하고 진실된 사람은 많지 않다. 그런데 나라의 벼슬자리는 몇백 몇천이나 될 정도로 많다. 반드시 정직하고 진실한 사람만을 쓰기로 한다면 벼슬자리에 오를 수 있는 사람이 부족하게 된다. 관리의 수가 적어지면 자연스럽게 선량한 백성은 줄어들고, 치안을 어지럽히는 무리들이 설치게 되는 것이다.

따라서 명군이 되는 길은 법을 하나로 통일하는 것뿐이다. 그러나 올바르고 지혜 있는 사람만을 애써 찾을 일은 아니다. 법술을 분명하게 행할 뿐, 성실한 사람에게 의존하는 것이 아니다. 이렇게 하면 임금을 속이는 신하는 그림자를 감추게 될 것이다.

나라를 좀먹는 다섯 가지

변론의 지혜

오늘날 임금이 신하의 지혜를 받아들일 때, 그 능숙한 말재주는 기뻐하면서도 쏟아낸 말과 말에 대한 결과가 일치하는가의 여부는 고려하지 않는다. 신하들의 행동을 평가할 때에도 세상의 뜬소문에 정신이 팔려서, 말한 것처럼 실행했는지의 여부는 확인해보지 않는다. 사람들 가운데 말로 출세하려는 사람은 입 끝의 재주에만 힘쓸 뿐이어서 실질적인 일에는 별로 소용이 없다. 그런데 조정에는 옛 성인을 찬양하며 인의를 입에 올리는 사람으로 가득차 있다. 그래서 나라의 정치는 혼란스럽게 된다. 또한 실천에 뜻을 둔 사람도 고상한 행동만을 서로 내세울 뿐 공적을 올리려고 애쓰지 않는다. 그래서 재능이 뛰어난 사람은 산중으로 숨어버리고 임금의 부름에도 응하지 않는다. 이로 인해 나라의 부와 권력이 약해져간다. 이 모든 원인은 백성들이 명예로 알고 있고, 또한 임금이 존중하는 모든 것들이 사실은 나라를 어지럽게 만드는 것에 지나지 않기 때문이다.

온 나라에 싸움에 관한 이야기를 하지 않는 사람이 없고, 『상자』니 『관자』니 하는 정치 서적들이 집집마다 있는 형편인데도 나라는 점점 더 가난해질 뿐이다. 농사일을 말하는 사람은 많지만, 정작 쟁기를 잡고 밭갈이하는 사람이 적기 때문이다. 온 나라에 싸움에 관한 이야기를 하지 않는 사람이 없고, 『손자』니 『오자』니 하는 병서가 집집마다 없는 집이 없는데도 병력은 약해져갈 뿐이다. 왜냐하면 전쟁에 대한 논의를 하는 사람은 많지만, 실제로 투구와 갑옷을 두르고 싸우려는 사람이 적기 때문이다.

그러므로 명군이라 불리는 임금은 백성들이 힘을 발휘하도록 독려할 뿐, 입방아에는 귀 기울이지 않는다. 무엇을 말하느냐가 아니라, 어떤 성과를 올렸느냐를 기준으로 평가하기 때문이다. 그래서 실적에 대해서만 상을 주고, 쓸데없는 일은 하지 못하도록 금해야 한다. 이런 임금이 다스리는 백성들은 있는 힘을 다해 위로부터의 명령에 따른다.

논밭에서 일하는 것은 힘든 일이다. 그런데도 백성들이 농사를 짓는 이유는 그것으로 생계를 이어가고, 더 나아가서는 부를 얻을 수 있기 때문이다. 전쟁에 나가서 싸우는 것은 위험한 일이다. 그런데도 백성들이 군대에 가는 이유는 그로써 내 가족들을 지키고 더 나아가서는 높은 지위를 얻을 수도 있기 때문이다. 그런데 학문을 갈고닦아서 밭일을 하지 않고도 부를 얻을 수 있고, 전쟁에 나가는 위험을 무릅쓰지 않고도 높은 자리를 얻을 수 있다면, 누구라도 수월한 쪽을 선택한다. 그 결과 학문이나 말재주에 머리를 쓰는 사람이 백 명이나 되어도, 농사일이나 병력에 힘을 다하는 사람은 한 사람이나 있을까말까 하다. 머리를 쓰는 사람이 많아지면 법의 권위는 사라지고, 힘을 다하는 사람이 적어지면 나라는 가난하게 된다. 이 또한 세상을 어지럽게 만드는 원인이다.

따라서 명군이 다스리는 나라는 책도 소용이 없다. 법 그 자체가 가르침이기 때문이다. 성인의 말씀도 소용이 없다. 관리가 곧 선생이기 때문이다. 협객들의 사사로운 무력도 쓸 곳이 없다. 전쟁에서 적을 베는 것은 용기로써 하기 때문이다. 이렇게 되면 백성들이 언쟁을 하는 경우에도 법에 어긋난 말은 하지 않고, 일을 할 때는 실적을 올리게 되며, 전쟁터에서는 용기를 발휘하게 된다. 그리하여 태평한 시절에는 나라가 부유하게 되고, 갑자기 나라에 변고가 생겼을 때에는 병력이 강대해진다. 이것이 왕업의 기반이 되는 것이다. 이 왕업의 기반을 다진 다음에 적국의 허점을 노리는 것 외에, 오제삼왕伍帝三王에 필적할 수 있는 왕업을 이룩할 길은 없다.

합종연횡은 백해무익하다

지금 세상은 학자나 백성들이 자신의 본분에는 전념하지 않고 제멋대로 움직이며, 웅변가들이 활개를 치고 있다. 내정과 외교에서 악을 일삼으며 강적과 맞서고 있으니, 정말로 위험한 일이 아닐 수 없다. 외교에 관해 의견을 말하는 신하는 합종연횡合縱連衡과 관련이 있는 사람이거나, 그게 아니라면 개인적인 원한을 다른 나라의 힘을 빌려서 풀고자 하는 자들뿐이다. 합종연횡은 '남북으로 합류하고 동서로 연합한다'는 뜻으로, 강적에게 대항하기 위한 권모술수 전략이다.

본 장에서 말하는 합종이란 전국시대에 존재했던 여섯 개의 약소국이 연합하여 진秦이라는 하나의 강국에 대항하려는 정책이다. 연횡이란 진이라는 하나의 강국에 붙어서 다른 약소국을 공격하려는 정책이다. 어느 것이나 자기 나라의 안전을 보장하기 위한 바람직한 정책은 못 된다.

연횡을 주장하는 신하는 "큰 나라에 붙지 않으면 여러 나라들로부터 공격을 받아서 나라의 안전이 위협받게 될 것입니다."라고 말한다. 그러나 큰 나라에 붙게 되면 그로 인해 이익이 될지 화근이 될지 확실하지도 않은데, 먼저 백성들의 호적과 지도를 바치고 영토를 내맡기며, 인새印璽를 올리고 보호를 청하지 않으면 안 된다고 한다. 호적과 지도를 바치면 영토는 줄어들고, 인새를 올리면 나라의 명예는 땅에 떨어진다. 영토가 줄어들면 나라는 약해지고 명예가 땅바닥에 떨어지면서 정치는 어려워진다. 따라서 대국에 종속되는 연횡책이라는 것은 이익에 앞서 영토를 잃고, 나라의 정치를 혼돈 속으로 몰아넣는 것에 불과하다.

합종을 주장하는 신하는 "작은 나라를 건져서 함께 큰 나라를 치지 않으면 천하를 잃게 될 것입니다. 천하를 잃게 되면 나라가 위태롭고, 나라가 위태로우면 임금의 권위는 땅에 떨어질 것입니다."라고 말한다. 그러나 이것은 작은 나라를 건지게 될지 함께 위험에 빠지게 될지 확실치 못한 가운데, 큰 나라를 적으로 규정하고 전쟁을 하는 방법이다. 큰 나라를 상대로 작은 나라들이 연합해 싸울 경우에, 작은 나라들 사이의 연합이 허물어지지 않는다는 보장도 없다. 연합이 허물어지면 큰 나라로부터 제압당하는 것은 불을 보듯 빤한 일이다. 그 결과 군사를 내보내 싸우면 패하게 되고, 물러나 지키더라도 성이 함락된다. 작은 나라를 건지기 위해서 행하는 합종이란 것은 그 이익이 나타나기도 전에 이미 영토를 빼앗기고 군사가 패하게 되는 것에 불과하다.

나라를 좀먹는 다섯 가지

연횡책을 써서 강국에 붙게 되면, 이 정책을 주장한 사람은 강국의 힘을 빌려 국내의 관직을 얻게 될 것이다. 합종책을 써서 작은 나라를 건지게 되면, 이 정책을 주장한 사람은 나라의 위엄을 빌려 작은 나라를 향해 자기의 이익을 요구할 것이다. 나라에 뚜렷한 이익이 없어도 그들은 영지와 후한 녹을 얻게 된다. 임금의 권위는 잃어도 신하의 지위는 높아지고, 나라의 영토는 줄어도 개인의 재산은 불어난다. 주장한 결과가 성공을 거두면 권력을 잡고 세를 부리게 될 것이며, 설사 실패로 끝나더라도 재산을 모아 물러나는 것이니 손해가 없다.

만일 임금이 신하의 꾀를 받아들인 다음, 성공하기도 전에 말한 사람의 버슬과 녹을 올려주고 실패를 해도 벌을 가하지 않는다면, 유세객들이 제멋대로 지레짐작을 해서 자신의 주장을 내세우며 요행을 바라지 않을 리 없다. 도대체 나라를 망치고 몸을 파멸시켜가면서 임금이 유세객들의 터무니없는 말에 속아 넘어가는 것은 무슨 이유 때문인가. 임금이 공익과 사리私利를 구분하지 못하기 때문이며, 그들의 말이 맞는가 안 맞는가를 알아낼 수 없기 때문이다. 더군다나 실패를 한다고 해도 반드시 벌을 줄 수도 없는 사안이다.

소매가 길면 춤이 잘 추어진다

유세객들이 모두 "외교란 크게는 천하를 통일하는 길이요, 작게는 나라의 정치를 안정시키는 길이다."라고 말할 것이다. 하지만 이것은 잘못된 말이다. 천하를 통일한다는 것은 다른 나라를 제압할 힘을 가지고 있다는 말인데, 아무리 그렇더라도 내정이 안정되어 있는 나라를 칠 수는 없다. 또한 다른 나라를 침략할 충분한 군사력을 갖고 있는 강국이라 할지라도, 치안이 잘되어 있는 나라는 정복하기가 어렵다. 부국강병은 외교에 의해 얻어지는 것이 아니라 내정에 그 열쇠가 있다. 국내 정치에 법술을 쓰지 않고 외교에만 몰두해서는 부국강병을 기대할 수 없다.

속담에 "소매가 길면 춤이 잘 춰지고, 돈이 많으면 장사가 번창한다."는 말이 있다. 밑천이 많아야 무슨 일이든 이루기 쉽다는 말이다. 무언가를 계획하더라도 나라가 잘 다스려지고 병력이 강대하면 쉽게 성공할 수 있지만, 정치가 어지럽고 병력이 약한 나라는 성공하기 어렵다. 그러므로 같은 계획을 세우더라도 진나라와 같은 강국은 열 번을 시도했다가 안 되어도 실패로 끝나는 일이 드물지만, 연나라 같이 약한 나라로서는 한 번만 잘못되어도 성공할 희망은 사라지고 만다. 진나라 신하들은 머리가 좋고 연나라 신하들은 머리가 나빠서 그런 것이 아니다. 내정이라고 하는 밑천에 차이가 있기 때문이다.

주나라는 진나라를 벗어나 합종책을 취한 일이 있었으나, 일 년 만에 진나라에 망하고 말았다. 위魏나라는 위衛나라에서 떨어져나와 연횡책을 따랐지만, 반년 만에 진나라에 망하고 말았다. 만일 주나라나 위나라가 합종이니 연횡이니 하는 외교를 뒤로 미루고, 먼저 내정강화에 힘을 기울였다면 얘기는 달라진다. 다시 말해서 법을 분명하게 실행하여 상벌을 명확히 하고, 토지를 일구고 개발하여 경제를 풍족히 하며, 백성들로 하여금 스스로 나라를 지키게 했더라면 그런 일은 없었을 것이다. 그렇게 했다면 다른 나라가 침략해와도 적국의 이익은 작았을 것이고 도리어 큰 손해를 입었을 것이다. 어떤 강국도 이 튼튼한 성 밑에서 군사를 지치게 만들고 그 틈에 반격당하는 어리석은 짓은 하지 않는다. 옳은 방법을 저버리고 나라를 망치게 하는 방법을 취하는 일은 위정자로서 할 일이 아니다. 외교에만 골몰하고 외세에 의지한 나머지 내정을 혼란에 빠뜨린다면, 그 나라는 멸망의 늪에서 헤치고 나올 수 없다.

무위도식하는 자를 없앤다

원래 대부분의 백성들은 편안함과 이익을 찾고 위험과 곤궁함을 피하려 한다. 그런데 백성들이 나라를 위해 싸우게 될 때 나아가면 적에게 죽게 되고 물러나면 물러난 죄로 사형에 처해지게 되는데, 이것이야말로 위험한 것이다. 또한 집을 버리고 전장으로 나가 공을 세우려 하는데, 집안이 곤궁한데도 나라에서는 그들을 위한 아무런 대책이 없다. 이것이야말로 곤궁함이다. 위험과 곤궁함을 백성이 피하려 드는 것은 너무나도 당연한 이치이다. 그래서 백성들은 세력이 있는 사람을 찾아가서 그의 보호 아래 병역을 피하려 한다. 병역을 피하면 전쟁에서 멀어질 수 있고, 하나뿐인 목숨을 보전하고 편안함을 얻게 된다.

그뿐인가. 요직에 있는 사람에게 뇌물을 바치고 청을 넣으면 무엇이든 뜻대로 된다. 이것이야말로 큰 이익인데 어떻게 이것을 추구하지 않겠는가. 그리하여 나라를 위해 일할 사람은 점점 적어지고 자기의 이익을 꾀하는 사람은 늘어나게 된다. 현명한 임금의 정치는 무위도식하는 자의 수를 줄이고, 그들의 신분을 낮게 만들어 농업을 버리고 쓸데없는 일에 종사하는 사람을 줄이는 것이다.

그렇지만 요즘은 벼슬자리를 돈으로 살 수 있는 세상이 되었다. 그리하여 장사꾼이나 직공의 신분을 낮게 만들 수가 없고, 부정으로 번 돈이 시장에서 통용되기 때문에 장사꾼의 수는 줄지 않는다. 그들의 돈벌이는 농사짓는 것보다 두세 배나 많은 데다가 농민이나 병사들보다도 신분이 높기 때문에, 지조 있는 사람은 점점 줄어들고 장사꾼만 늘어난다.

나라를 좀먹는 다섯 가지

어지러운 나라에는 아래와 같은 다섯 종류의 좀벌레가 기생하면서 멀쩡한 나라를 갉아먹는다.

첫째, 학자들은 옛 성인을 떠받들고 선왕의 도를 주장하며 인의를 빙자한다. 옷차림과 말을 그럴듯하게 꾸미는 것은 물론, 현재 행해지고 있는 법에 대하여 이의를 제기하면서 임금의 마음을 흔들어놓는다.

둘째, 합종연횡을 주장하는 유세객들은 거짓말을 늘어놓으며 외국의 힘을 빌려서 사욕을 채우기만 하고, 나라의 이익은 안

중에도 없다.

셋째,　협객들은 무리를 모아 의협으로 서로를 맺고 오로지 힘으로써 이름을 세우려 하며, 국법이 금하는 것을 버젓이 행한다.

넷째,　권세 있는 가문에 줄을 대거나 뇌물로 군역을 면제받고, 목숨을 바쳐서 싸운 군사들의 공로는 무시한다.

다섯째, 기술자들은 쓸모없는 그릇을 그럴듯하게 보이도록 만들고, 상인들은 곡물이나 사치품을 쌓아두었다가 때를 보아 그것을 되팔아서 농민들로부터 많은 이윤을 챙긴다.

이 다섯 가지 존재는 나라를 좀먹는 벌레들이다. 임금이 이들 다섯 좀벌레들을 제거하거나 몰아내지 않고, 선량한 백성들을 바탕으로 용감한 군사와 절개 있는 선비를 양성하지 않는다면, 망하는 나라와 몰락하는 조정이 나타난다고 해도 이상할 것이 하나도 없다.

붙임말　본 장의 특징은 군신 관계에서 한 발 더 나아가 사회 내부의 곳곳을 파고들어간다는 점이다. 그래서 제목인 오두가 가리키는 것처럼, 사회 곳곳에서 기생하고 있는 다섯 가지 좀벌레들의 행태와 그 폐해를 지적하고 있다. 먼저 학자와 유세가들을 정면으로 비판하고 있는데, 그들은 유가와 묵가의 사상을 주장하는 사람들이다. 그들은 그럴듯하게 외모를 갖추고 왼손에는 인의를, 오른손에는 도와 덕이라는 학문을 들고 나와서, 아둔한 백성들과 임금을 우롱하고 있다.

그들은 옛날에는 인의로 세상을 다스렸지만 지금은 법이라며, 법의 효용의 한계를 명확하게 규정하고 있다. 한비는 나라를 다스리는 데는 법과 술만한 도구가 없는데, 그들이 솔깃한 명분과 허울뿐인 학문으로 건강한 나라와 사회를 어지럽힌다고 보았다.

또한 아는 것은 부족하지만 힘이 강한 협객들은 권문세도가의 비호 아래 법으로 금하는 일들을 거리낌없이 저지르고 있다고 보았다. 그들은 평화로운 시기에는 도적의 앞잡이 노릇을 하다가, 나라가 위태롭거나 전시의 상황에서는 아무런 쓸모가 없는, 일종의 깡패들이라고 보았다. 나아가 자신들의 탐욕을 채우는 데 급급한 임금의 측근들, 상인들, 직공들을 날카롭게 비판하고 있다. 이 다섯 종류의 벌레들을 역적과 같은 수준에서 비판한 것이다.

제3장
현학
顯學

전혀 쓸모없는 학문

현顯은 '드러내다'라는 뜻이지만, '뛰어나게 돋보인다'는 의미를 함축하고 있다. 그러므로 현학은 '세상에 드러난 유명한 학문'이라는 뜻이다. 하지만 본 장에서는 '쓸데없는 학문'을 지칭하고 있으며, 한국의 현대사회에서는 많이 아는 척하는 사람을 비꼬는 말로 쓰이기도 한다. 여기에서는 이 모두를 포괄하는 학파로 유가와 묵가의 사상을 추종하고 숭배하는 학자들을 가리키고 있다.

이 두 학파는 전국시대의 학문과 사상에서 커다란 위치를 차지하고 있으며, 그 영향이 현대사회에까지도 미치고 있다. 한비는 두 학파 사이에 존재하는 학설의 모순을 지적하는 한편, 유가와 묵가의 허구성과 유해성에 대하여 신랄하게 비판하고 있다. 한술 더 떠서 당시의 통치자들에게 유가와 묵가의 달콤한 말에 귀 기울이지 말 것을 진언하며 강하게 경계하고 있다.

유가와 묵가의 장례문화

유가의 사람들은 사람이 죽으면 집안 살림을 축내거나 탕진해가면서도 성대하게 장사를 지낸다. 특히 부모가 죽으면 삼 년 동안 상복을 입고 추모하는 것을 자식의 도리로 여긴다. 그리하여 신체적으로 큰 해를 입기도 하고, 온몸이 수척해지고 피골이 상접하여 지팡이를 짚고 다닐 정도이다. 그러나 세상의 임금들과 모든 사람들은 이를 효도가 지극하다 하여 만민의 본本으로 삼으며 극진히 예우한다.

묵가의 사람들은 유가의 사람들과는 달랐다. 사람이 죽은 뒤 장례를 지낼 때에도 제 철에 맞게 여름에는 모시옷이나 삼베옷을 입고, 겨울에는 짐승의 가죽으로 만든 옷을 입었다. 머리에는 오동나무로 만든 세 치의 관을 쓰고, 상복은 석 달 동안만 입었다. 그런데도 세상의 임금들과 모든 사람들은 박한 장례를 검소하다고 하면서 그들을 예우하였다.

공자 방식의 효도가 옳다고 한다면, 검소를 앞세운 묵자 방식의 각박한 장례는 잘못된 것이다. 반대로 묵자 방식의 장례가 옳다고 한다면 공자 방식의 지나친 장례는 잘못된 것이다. 사치와 검소의 상반되는 주장이 모두 다 유가와 묵가에 있는데도 임금은 전부 옳다고 인정하면서 예우한다. 또한 공자와 묵자는 모두 요堯와 순舜을 칭송한다. 하지만 각각 취하고 버리는 것이 같지 않은데도 정통적으로 요순을 계승했다고 말한다. 요와 순이 다시 살아나지 못하거늘, 장차 누구로 하여금 유가와 묵가의 진실을 가릴 수 있겠는가. 지금 요와 순의 도를 살펴보려고 하지만, 구전되는 이야기 외에 참고하고 검증할 만한 자료가 없으니 누가 옳고 그르다고 판정할 수도 없다. 그러므로 앞서간 역사 속의 왕들을 근거로 요와 순을 단정하는 자는 어리석지 않으면 속이는 자들이다.

예나 지금이나 얼음과 숯은 같은 공간에서 오래도록 함께 있을 수 없고, 더위와 추위는 같은 계절에 한꺼번에 올 수 없는 것처럼, 잡스러운 학문을 양립시키면서 세상을 다스린다고 말할 수 없다. 지금 모순되는 행동과 서로 비방하는 이론이 함께 받아들여지고 있으니 어떻게 혼란스럽지 않겠는가. 지금 상반되는 두 갈래의 행동에 대하여 임금들이 그대로 받아들이고 있으니, 백성을 다스리는 데 있어서도 반드시 그러하다고 보아야 한다.

부자에게 거둬 가난한 이에게 나눠주는 일

다른 사람들과 비슷한 처지에 있으면서 풍년이 든 것도 아니고 별다른 부수입이 없는데도 유독 어떤 한 사람만 먹고 입을 것이 풍족하다면, 그것은 그 사람이 더 부지런하였거나 근검절약한 덕분이다. 반대로 다른 사람들과 비슷한 조건에서 흉년이나 재난과 같은 불행을 겪지 않았는데도 유독 한 사람만 가난하고 궁핍하다면, 그것은 그 사람이 게을렀거나 사치스럽게 낭비한 탓이다.

사치스럽고 게으른 사람은 가난해지기 마련이고, 부지런하고 검소한 사람은 부유해지기 마련이다. 그런데 요즘 통치자들은 부자로부터 거둬들여서 가난한 사람에게 나눠주고 있으니, 이는 노력과 절약하는 정신을 빼앗아 가난한 사람의 게으르고 사치하는 일에 보태주는 꼴이다. 이렇게 된다면 열심히 일하고 절약하여 잘살아보겠다는 올바른 백성들의 의지를 꺾어놓는 셈이 된다.

옳다고 여기면서도 쓰지 않는다

어떤 사람은 험한 곳에 들어가 일하거나 군에 가서 복무하지도 않으며, 설령 세상에 이로움이 된다고 할지라도 자기의 다리털 하나 내놓지 않는다. 그런데도 세상의 임금들은 그를 추앙하며 예우하고, 그가 현명하다고 추켜세우며 귀하게 여긴다. 또한 그의 행동을 높이 받들며, 재물에 대한 욕심이 없고 삶을 소중히 여기는 선비라고 생각한다. 그런 선비들은 존귀하게 여기면서, 백성들에게는 임금을 위해 전장에 나가 목숨을 바치라고 하는 것은 어불성설이다.

무릇 관리가 세금을 거두는 것은 밭갈이하는 농민들로부터이고, 임금이 그것으로 양성하는 것은 학문을 일삼는 선비들이다. 이처럼 백성들은 무거운 세금을 바치고 선비들은 많은 녹을 받는데, 백성들에게 열심히 일하고 불평불만 하지 말라고 요구하는 것도 어불성설이다. 무릇 임금이 학자들의 의견을 청취할 때 옳다고 생각되면 그 뜻을 펼칠 수 있도록 등용해야 하고, 만약 그르다고 생각된다면 마땅히 물리치고 그 발단을 뿌리 뽑아야 한다. 그런데 지금은 옳다고 여기면서도 그것을 널리 쓰지 않고, 틀리다고 하면서도 이를 없

전혀 쓸모없는 학문

애지 않고 있으니, 나라가 어지러워지고 마침내는 망국의 길로 접어
든다.

인재를 선별하는 방법

예전에 공자는 담대자우라는 사람의 용모가 군자다워서 제자
로 삼았지만, 오래 지내며 겪어보니 그 품행이 용모와는 맞지 않았
다. 재여는 말이 유창하고 문장이 고와서 공자가 큰 기대를 하며 제
자로 삼았지만, 함께 지내다보니 그의 지혜가 변설에는 미치지 못하
였다. 이를 보며 공자와 같은 지혜로도 실상을 제대로 보지 못했다
고 하는데, 작금의 새로운 변설가들은 담대자우보다도 용모가 더 특
출하고 재여보다도 말재주가 더 뛰어난 것이, 요즘 세상의 임금들이
한번 보고 듣게 되면 공자보다도 더 홀려서 빠져들고 말 것이다. 만
약 그 사람들의 용모와 말재주에 현혹되어 그대로 임용한다면 어떻
게 실수가 따르지 않겠는가.

검의 청황색만 보고서는 칼의 상태를 판정할 수 없지만, 물에서
고니와 기러기를 치고 뭍에서 망아지나 말을 베어보면 무식한 노비
라도 그 칼의 날카로움과 둔함을 의심하지 않는다. 말의 입을 벌려
이빨만 보고는 백락일지라도 말의 우열을 가릴 수 없지만, 말을 수레
에 매고 달리게 해보면 노비와 같이 무지한 사람도 그 말이 우둔한
지 날렵한지를 곧바로 알 수 있다.

생김새와 말만으로는 공자라도 선비의 우열을 알아내지 못하지

만, 관직을 주어 그 공적으로 평가해보면 보통사람의 눈으로도 명확하게 알 수 있다. 그래서 현명한 임금이 인재를 임용할 때 재상은 반드시 고을의 말단에서부터 경험하고 올라온 사람을 발탁하고, 장군은 반드시 일선부대의 졸병에서부터 진급한 사람을 기용한다.

화근이 되는 사람들

자갈밭이 수천 리 있어도 부자라 말할 수 없고, 목각 병졸이 수백만이 있어도 강하다고 말할 수 없다. 자갈 위에서는 곡식을 생산할 수 없고, 목각으로 만든 병사는 적을 공격하거나 막지 못하는 까닭이다. 오늘날 장사하는 상인과 장인匠人은 농사를 짓지 않고도 먹고 산다. 이래서는 농지가 개간되지 않으므로 들에는 자갈만 굴러다니고 있는 것이다.

선비나 협객이 아무런 전공도 없이 때를 잘 만나서 부귀하게 사는 것을 임금의 입장에서 보면, 이로움이 없는 백성이라는 측면에서는 그들도 목각인형이나 별반 차이가 없다. 목각인형이 쓸모없는 것처럼, 선비와 협객들도 쓸모없는 땅과 같은 부릴 수 없는 백성들이다. 그들이 화근거리가 되는 것을 깨닫지 못한다면, 모든 일의 돌아가는 이치를 모르고 있는 것이다.

전혀 쓸모없는 학문

우연한 선행은 바라지 않는다

엄격한 집안에는 사나운 노비가 없지만, 인자한 어머니 밑에서는 못된 자식이 나온다. 이로 미루어 보았을 때 권세나 힘으로써 사나운 것은 다스릴 수 있으나, 후덕한 은혜와 따뜻한 온정으로는 혼란을 막을 수 없다는 사실을 알 수 있다.

무릇 성인이 나라를 다스릴 때에는 백성이 임금을 위해서 착해지는 것을 바라는 것이 아니다. 백성들이 그릇된 생각을 품거나 잘못된 행동을 하지 못하도록 임금이 수단을 사용하는 것이다. 가령 백성이 나를 위하여 선량해지기를 바란다고 해도, 그런 사람은 나라 안에 열 명도 되지 않을 것이다. 그래서 백성들이 그릇된 행동을 하지 못하도록 법으로 다스려야 온 나라가 가지런하게 된다.

곧은 화살이 필요한데 본래부터 곧은 화살을 찾는다면 백 년이 되어도 얻지 못할 것이며, 수레바퀴가 필요한데 저절로 둥근 나무를 찾는다면 천 년이 걸려도 얻지 못할 것이다. 저절로 곧은 화살과 저절로 둥글어진 나무는 백 년이나 천 년이 가도 없을 터인데, 그럼에도 불구하고 언제나 활로 짐승을 잡고 수레를 타고 다니는 것은 어떻게 된 일인가. 그것은 기구를 써서 나무를 펴거나 굽히는 장인의 기술과 장인만의 법칙이 있기 때문이다.

현명한 임금은 상벌을 바라지 않는 스스로 선량한 백성들을 귀하게 여기지 않는다. 왜냐하면 나라에는 반드시 법과 원칙이 있어야 하고, 통치의 상대인 백성은 한 사람이 아니기 때문이다. 그래서 법과 술로 나라를 다스리는 임금은 백성의 우연한 선행을 원치 않는다. 그래서 반드시 백성으로 하여금 필연적으로 선하게 되는 방법과 술을 써야 하는 것이다.

이로움과 해로움을 분간하지 못하다

정치를 잘 모르는 사람은 반드시 민심을 얻어야 한다고 말할 것이다. 그러나 민심을 얻어서 정치가 잘된다면 이윤이나 관중과 같은 명재상은 필요가 없고, 단지 백성들이 원하는 대로만 해주면 될 것이다. 그렇지만 백성의 지혜란 별로 쓸모가 없는 어린아이의 마음과도 같다.

예를 들어서 봄에 임금이 논밭을 갈고 씨뿌리기를 독려하는 것은 백성들을 풍요롭게 해주기 위함이다. 하지만 백성들은 임금이 괴롭힌다고 여긴다. 법과 제도를 정비하여 형벌을 엄히 하는 것은 나쁜 짓을 금하고자 하는 것이다. 하지만 백성들은 임금이 가혹하다고 여긴다. 재물과 양식을 세금으로 거두어 국고에 보관해두는 것은 흉년에는 구휼하고, 전시에는 군량미로 쓰고자 하는 것이다. 하지만 백성들은 임금이 탐욕스럽다고 여긴다. 임금이 이와 같이 다스려야 백성들이 평안을 누리게 되는 것인데도 백성들은 그 고마움을 잘 모른다.

예전에 우임금이 장강의 물꼬를 트고 황하의 바닥을 파내어 홍수를 다스릴 때, 백성들은 이를 못마땅하게 생각하여 우임금에게 던지려고 돌멩이를 모았다. 또한 정나라 재상인 자산子産이 논밭을 개간하고 오동나무와 뽕나무를 심을 때, 백성들은 그를 못마땅하게 여기고는 온갖 욕설과 험담을 퍼부었다.

　이렇게 우임금은 이익을 주고 자산은 백성들을 풍요롭게 해주었는데도, 처음에는 욕을 먹고 비난을 받았다. 그래서 민초들의 지혜라는 것은 아무런 쓸모가 없다는 것을 알 수가 있다. 한편에서는 슬기롭고 현명한 사람을 등용하여 나라를 다스리고, 한편에서는 백성들이 원하는 대로 받아들인다면 혼란의 원인이 된다. 이 두 가지를 함께 행한다면 나라는 다스릴 수 없게 된다.

붙임말　유가나 도가, 묵가의 사상은 그 씨앗이 아시아 전역에 널리 퍼져 있다. 특히나 동아시아권역에서는 도가나 묵가보다는 유가의 사상이 뿌리 깊게 자리잡고 있다. 유가의 사상은 오늘날 눈부신 과학의 발달과 진일보하고 있는 문명 속에서도 도덕적인 인격형성에 지대한 영향을 끼치고 있다.

　한국에서도 개인의 인성을 형성하는 기틀과 사회적 유대를 형성하는 기준에는 유가의 사상이 그 언저리에 자리 잡고 있다. 그래서 배우고 못 배우고를 떠나 대부분 논어 몇 구절은 외우고 다닌다. 또한 기독교인이나 불자들도 사서삼경 중에서 사서 정도는 웬만큼 알고 있으며, 그것을 정확하게 인지하지 못할지라도 받아들이는 데는 전혀 부족함이 없다.

그런데 한비는 『한비자』를 통해서, 특히나 본 장인 현학을 통해서 위와 같은 사실과 이론들을 정면으로 비판하고 있다. 그래서 책의 질적인 측면에서는 『한비자』가 경서經書로 승급되고도 남음이 있었지만, 윤리적인 측면에 반하고 정서적인 측면에서는 미흡하다고 보아온 것이다. 즉 바티칸의 금서로 알려진 마키아벨리의 『군주론』과 동급으로 취급받아온 것이다. 그러나 『한비자』나 『군주론』은 오랜 세월 동안 세상을 다스려온 리더들의 지침서였기에 오늘날에도 재조명을 받고 있는 것이다.

한비의 사상은 이제까지 말해온 것처럼, 무릇 나라를 다스리는 최고 통치자는 법과 제도를 뚜렷이 확립하여 상벌에 임해야 한다는 것이다. 그러므로 누구든 각자의 환경이나 성향에 따라서 취사하고 선택하면 되는 것이다. 다스리는 위치에 있든 다스림을 받는 위치에 있든 간에 한비의 사상을 깨우친다면, 언제나 유리한 입장에 설 수 있을 것이다. 인간의 인생살이 자체가 변화무쌍하다 보니 자신이 언제, 어떤 입장에 서게 될지는 그 누구도 알 수 없는 노릇이다.

제4장
난언
難言

직언의 어려움

난언은 '말하기 어렵다'는 뜻이지만, 여기서는 '말을 자제하고 조심해야 한다'는 의미로 쓰였다. 말은 숨쉬는 것 다음으로 쉬운 일이지만, 옛날에는 말 한마디로 목이 달아나기도 하였으니 이보다 더 어려운 일도 없었다. 난언은 크게 두 가지로 나누어 말하고 있는데, 우선임금에게 진언하여 받아들여진다는 것이 얼마나 어려운 일인가를 설명하고 있다.

그다음으로는 신하의 진언이 받아들여지지 않았을 때 겪게 되는 고충에 대하여 설명하고 있다. 무릇 한 나라를 경영하는 임금이라면, 적어도 진언하는 신하들의 고충 정도는 헤아려야 한다는 것이 한비의 기본적인 생각이다. 신하의 견해가 이치상 완벽하고 사실에 근거하였다 할지라도 반드시 채택된다는 보장은 없다. 왜냐하면 어떤 일의 옳고 그름에는 항상 경우의 수가 있기 때문에 일정한 기준이 없다. 결정권을 쥐고 있는 임금의 생각이나 가치관에 따라서, 또는 측근들의 견해나 이해관계에 따라서 좌우될 수도 있기 때문이다.

함부로 말하기 어렵다

말이라는 것은 듣는 이의 마음에 들도록 유창하게 하면, 듣는 이는 겉은 화려하지만 실속이 없다고 치부해버리기 쉽다. 그러나 지극히 정중하고 빈틈이 없으면, 듣는 사람은 틀린 말은 아니지만 고집스럽고 조리가 없다고 여긴다. 말에 꾸밈이 많고 유사한 사례를 많이 곁들여 늘어놓게 되면, 듣는 이는 내용이 공허하여 현실과 부합하지 않는다고 여긴다. 반면에 내용을 간추려서 요점만 말하게 되면, 듣는 사람은 꾸밈이 없고 간략하지만 얼른 이해가 안 되므로 화술이 부족하다고 생각한다.

가까운 사람을 신랄하게 비판하면서 그들의 실태를 솔직하게 말하면, 듣는 이는 불쾌하게 생각하면서 겸손하지 못하고 오지랖이 넓다고 여길 것이다. 또한 말의 범위가 넓고 커서 내용을 헤아릴 수 없다면, 듣는 이는 지나치게 과장되어 쓸 만하지 못하다고 여긴다.

또한 학문적인 고상함은 버리고 실질적인 본질만을 가리켜서 말하면, 듣는 사람은 맞다고 여기면서도 교양이 없다고 생각할 것이다. 가끔 『시경』이나 『서경』을 인용하여 옛 성현의 가르침을 본받아야 한다고 설명하면, 듣는 사람은 고리타분하게 옛날얘기 한다고 여길 것이다. 이와 같은 여러 가지 경우의 수가 함부로 말하기 어렵게 만드는 요인들이다.

말 한마디로 죽임을 당하다

자고로 임금에게 진언하는 경우에 마치 저울에 달고 자로 잰 듯한 치의 오차도 없이 법도에 맞게 설명해도, 그것이 반드시 받아들여진다는 보장은 없다. 또한 말하는 내용이 이치상 완벽하다 할지라도 반드시 정사에 반영된다고 볼 수도 없다. 그런데 나라를 위하는 충정에서 하는 말인데도 임금이 믿어주지 않는다면, 말하는 사람은 작게는 남의 허물이나 들춰내는 경박한 사람으로 취급될 것이고, 크게는 혹독한 재앙을 입거나 죽임을 당하게 될 수도 있다.

그래서 오자서伍子胥는 세상을 헤아리는 능력이 뛰어났는데도 오히려 오나라 임금의 노여움을 사서 죽임을 당하였고, 공자는 수많은 사람들에게 인의의 도리를 가르쳤지만 광匡이라는 곳에서 붙잡혀 곤욕을 치렀으며, 관중은 훌륭한 선비였지만 노나라에서는 그를 잡아 가두었다. 이 세 사람은 역사에 이름을 남길 만한 성인이었는데도, 세 나라의 임금들이 밝게 살펴보지 못했던 것이다. 그러므로 지혜롭고 슬기로운 신하도, 상대방이 어리석고 아둔한 임금이라면 그 진의를 인정받기가 참으로 어렵다.

한때 조기는 조나라의 충신이었지만 출병을 만류하다가 내쳐지자 진陳나라로 망명했고, 관중管仲은 새끼줄에 묶여서 곤욕을 치렀다. 백리해는 길에서 구걸을 했고 부열은 몸을 팔고 다녔으며, 손자는 위나라로 불려갔다가 다리가 잘렸다. 또한 비간은 주왕에게 충언을 했다가 심장을 도려내는 형을 받았으며, 매백은 죽임을 당하여 소금에 절여졌다. 주왕은 설득하는 문왕을 괘씸하다 여기고 칠 년씩이나 옥에 가두었고, 귀후는 죽인 뒤 포를 떠서 볕에 말렸으며, 익후는 화형을 당하였다.

이렇게 비명횡사한 수많은 사람들은 뛰어난 덕과 슬기를 갖추고 있었고, 지극히 충성스럽고 선량할 뿐만 아니라 도道와 술術을 터득한 선비들이었다. 그럼에도 어리석고 도리에 벗어난 임금을 만나서 자기들의 주장은 펴보지도 못한 채 무시당하거나 죽임을 당했다. 그것은 바로 어리석은 사람을 설득한다는 것이 그만큼 힘든 일이며, 그렇기 때문에 군자는 말하는 것을 어려워한다고 하는 것이다. 또한 이치에 맞고 올바른 말은 귀에 거슬려서 반감을 일으키기 때문에, 현명한 임금이 아니라면 올바르게 알아듣지 못한다.

붙임말

한 나라를 다스리는 천자나 제후에게 진언한다는 것은 매우 조심스럽고 어려운 일이다. 이때 진언하는 내용이 국정을 운영하는 데 유용한 가치가 있고 믿을 만한 정보인가는 기본적인 전제조건이다. 그러나 국가 정책의 잘잘못이나 군주가 총애하는 신하의 비리를 논한다는 것은 어려운 일에 속한다. 특히나 군주의 잘못된 점을 간언한다는 것은 목숨을 담보해야 할 정도로 위험한 일이다.

직언의 어려움

이 부분에 대하여 명나라 말기의 홍자성은 이렇게 말하고 있다. "잘못한 일에 대해 곧바로 말하기 어려울 때는 다른 일에 빗대어 넌지시 일깨워주어야 하며, 만일 그 즉시 깨닫지 못할 때는 다음 기회에 다시 고해야 한다. 봄바람이 얼어붙은 대지를 녹이고, 따뜻한 기운이 얼음을 녹이듯이 잘못된 점을 깨우쳐주어야 한다. 한번 말을 해서 듣지 않던 사람도 내버려두면 의외로 따르는 수가 있으니, 엄격하게 막는 데만 급급하여 그의 불순함을 조장해서는 안 된다."

군주와 나랏일, 신하라는 삼각관계가 실타래처럼 얽히고설켜서 돌아가고 있을 때에는 지나가는 말처럼 가볍게 던져놓고 기다려보는 것도 하나의 방법이다. 당장 어떻게 해보려고 성급하게 덤벼들었다가는 얽힌 실타래 속에 자기 자신도 함께 엉켜버릴 수 있다. 군주가 다스리는 강력한 중앙집권제 하에서 어떤 일의 옳고 그름은 일정한 기준에 근거하지 않고, 결정권을 쥐고 있는 군주의 생각에 따라서 좌지우지되기도 하기 때문이다.

또한 측근에 포진해 있는 신하들의 견해와 그들의 이해관계에 따라서 흑과 백은 얼마든지 뒤집어질 수 있는 문제이다. 설령 군주와 만백성들에게 큰 이익이 된다 할지라도 중신의 이익을 해치는 경우라면, 그 진언이 채택되기는 요원한 일이 되고 만다. 그래서 한비는 진언이나 간언하는 사람의 어려움을 풀어주어야겠다는 생각으로, 본 장인 난언難言을 집필한 것으로 보인다.

제5장
십과
十過

군주의 열 가지 잘못

십과는 '열 가지 잘못'이니, '임금이 나라를 다스림에 있어 가장 주의해야 하는 열 가지'에 대하여 말하고 있다. 잘못된 점을 그대로 방치하게 되면 그 일신은 물론 마침내 나라가 망한다는 논리이다. 사람은 누구나 온갖 잘못을 저지를 수 있지만, 오래된 습관이 아니라면 대부분 바로잡을 수 있다. 그러나 무서운 것은 그 잘못을 자기만 모르고 있을 때이다. 자기 스스로는 하찮게 생각할 수 있을지 몰라도, 그것은 몸을 망치는 원인이 되기 때문이다.

본 장에서는 임금이 몸을 망치고 나라를 잃게 되는 중대한 잘못 열 가지를 들고, 각각의 사례를 들어 훈계하듯이 설명하고 있다. 그래서 작은 충의는 큰 충의의 적이라고 하였으며, 작은 이익에 사로잡히면 큰 이익을 해친다고 하였다.

십과

한 나라를 다스리는 만인지상의 임금으로서 분명하게 살펴야 하는 열 가지 잘못이 있으니, 한비는 그것을 십과十過라고 하였으며 다음과 같다.

첫째,　작은 충성을 하다가 큰 충성을 해치게 된다.

둘째,　눈앞의 작은 이익에 눈이 멀어 큰 이익을 잃는다.

셋째,　도량이 좁고 너그럽지 못함에도 반성하지 않고 아랫사람에게 예의를 갖추지 않으면 몸을 망치게 된다.

넷째,　나라를 경영하는 일에 집중하지 않고 음악을 즐기거나 방탕한 생활을 하게 되면 앞길이 막히고 명예를 잃는다.

다섯째,　탐욕에 빠져서 이익만을 좇고 즐긴다면, 나라는 망하고 목숨은 부지할 수 없게 된다.

여섯째,　주색잡기에 빠져서 나랏일을 돌보지 않으면 나라가 망한다.

일곱째,　나라를 비우고 멀리 떠나 유람하거나 사냥을 즐기며, 이를 간언하는 신하를 무시하면 스스로 위태롭게 된다.

여덟째,　충신의 말에 귀 기울이지 않고 멋대로 행동하면 명예를 잃고 사람들의 웃음거리가 된다.

아홉째,　자기 나라의 국력은 헤아리지 않고 이웃나라만 믿고 의존하게 되면 영토를 침범당하는 결과를 초래한다.

열째,　작은 나라인데도 큰 나라에 예를 갖추지 않거나 충신을 등용하지 못하면 사직은 망하고 대가 끊긴다.

작은 충성으로 목숨을 잃게 만들다

초楚나라 공왕共王이 언릉에서 진晉나라 여공과 큰 전쟁을 하고 있었는데, 초나라 군대는 불리한 형세에 있었고 공왕은 눈에 큰 상처를 입고 있었다. 그 싸움이 치열해지고 있는데 초나라 대장인 자반이 목이 말라서 물을 찾자, 심부름하는 곡양이 잔에다 술을 채워 올렸다. 자반이 처음에는 "물러라, 이건 술이 아니냐?"라며 호통을 쳤다. 하지만 곡양은 다시 권하며 "이것은 술이 아니옵니다."라고 했다. 이에 평소에 술을 좋아하던 자반은 알면서도 모르는 척하며 받아 마셨다. 자반은 본래 애주가라서 한번 마시기 시작하면 입에서 술잔을 떼지 못하는 성격인지라, 피곤한 데다가 권하는 대로 받아 마시고는 취하고 말았다.

그날도 싸움이 끝난 뒤, 공왕이 다음날 작전을 짜기 위해 자반을 불렀으나 그는 몸이 아프다는 핑계로 오지 않았다. 그러자 공왕은 걱정이 되어 몸소 수레를 몰고 자반의 진지로 찾아갔는데, 막사 안으로 들어서자 술 냄새가 코를 찔렀다. 공왕은 화가 치밀어서 그대로 돌아가서 말하기를 "오늘 싸움에서 나는 눈을 다쳤다. 이제 믿을 사람이라고는 자반 장군뿐이었는데, 자반은 태평하게 술을 퍼마시고 늘어져 있다. 그것은 나라도 군사도 어떻게 되든 상관없다는 뱃심이 아닌가. 과인은 더 이상 싸울 수가 없다."라고 탄식하면서 군대를 철수시켰다.

본국으로 돌아간 공왕은 자반 장군을 참수형에 처하고, 지잣기리에 내걸어 본보기로 삼았다. 심부름꾼인 곡양이 자반에게 술을 권한 것은 자반에게 어떤 해를 끼치려는 것이 아니었다. 다만 주인의 마음을 헤아리고 충성을 다한다는 단순한 생각이었는데, 그것이 자반을 죽게 만드는 결과를 초래하였다. 그래서 한비가 말하기를 "작은 충성을 하다가 큰 충성을 해친다."고 한 것이다.

작은 이익에 나라를 내주다

진나라 헌공은 우나라로부터 길을 빌려 괵(虢)나라를 치려고 했다. 그때 순식이라는 신하가 한 가지 꾀를 내어 말하기를 "수극에서 나는 구슬과 굴산에서 기른 네 필의 말을 우나라로 보내어 길을 내달라고 하면 틀림없이 내줄 것입니다."라고 했다. 그러자 헌공이 "수극의 구슬은 선대로부터 전해오는 보물이고, 굴산에서 난 말은 내게는 그 무엇과도 바꿀 수 없는 명마이다. 저쪽에서 받기만 하고 길을 내주지 않으면 그때는 어찌할 것인가?"라고 우려했다.

순식이 답하기를 "길을 내주지 않을 생각이라면 받지도 않을 겁니다. 그러나 선물을 받고 길을 내주게 되면 도로 우리 것이 됩니다. 보석은 대궐 안 창고에서 대궐 밖 창고로 옮겨놓는 것과 마찬가지이고, 말 또한 대궐 안 마구간에서 대궐 밖 마구간으로 옮겨 매는 것과 다를 바가 없으니 걱정하지 마십시오."라고 아뢰었다. 그러자 헌공은 순식을 시켜 보석과 말을 우나라로 보내며 길을 내달라고 청하였다.

우공은 보석과 말을 보고는 탐이 나서 청을 받아들이려 했다.

그러자 옆에 있던 궁지기라는 신하가 이를 말렸다. "받아들여서는 안 됩니다. 우리 우나라에 있어서 괵나라는 수레의 받침대와 같습니다. 받침대는 수레를 의지하고, 수레는 받침대를 의지합니다. 바로 우나라와 괵나라는 서로 의지하고 있는 수레와 받침대입니다. 만일 길을 빌려주게 되면 괵나라가 망하는 그날로 우나라도 망하게 될 것입니다. 그러니 받지 마십시오." 그러나 우공은 궁지기의 말을 듣지 않고 길을 내주었다. 순식은 괵나라를 치고 돌아온 지 삼 년 뒤 다시 군사를 일으켜 우나라를 쳤다. 순식은 말과 보석을 가지고 돌아와 헌공에게 바쳤다. 헌공은 기뻐하며 "보석은 그대로 있고, 말은 그동안 많이 컸구려."라며 순식의 공로를 치하하였다.

우나라 군사가 패하고 그 영토를 빼앗기게 된 것은 눈앞의 사사로운 이익에 사로잡힌 나머지, 그 뒤에 오게 될 손해를 미처 생각하지 못한 때문이다. 그러므로 한비는 "작은 이익에 사로잡히면 큰 이익을 해친다."고 말한 것이다. 작은 친절에 머리를 숙이면 앞을 제대로 바라볼 수 없기 때문이다.

무례하게 굴다가 굶어 죽다

초나라 영왕은 기원전 539년 여름에 신申나라로 제후들을 불러 모아 화합과 맹세를 하는 의식인 회맹會盟을 거행했다. 이때 송나라 태자가 늦게 도착하자 영왕은 그를 잡아 가두었다. 그리고 서徐나라 임금은 모두가 보는 앞에서 모욕을 주고, 제나라 경봉은 초나라에 구금시킨 채 아예 돌려보내지 않았다.

이에 시중을 들던 사士라는 신하가 이를 말리며 "제후들과의 회맹에서 무례한 행동을 해서는 안 됩니다. 이것은 나라의 흥망과 관계되는 일입니다. 옛날 걸 임금은 유융에서 회맹을 가진 다음, 유민에게 배반을 당했습니다. 주 임금은 여구에서 회맹을 가진 다음, 융적에게 배반을 당했습니다. 이 모두가 예를 지키지 않고 무례하게 대했기 때문이었습니다. 바라옵건대 깊이 생각하십시오."라고 말하였다. 그러나 영왕은 신하의 충언을 듣지 않고 제멋대로 행동했다.

그 후 일 년이 채 지나기도 전에 영왕이 남쪽으로 순시를 갔는데, 그 틈을 노리고 신하들이 반란을 일으켰다. 이로 인해 영왕은 돌아오지 못하고 건계라는 강변에서 굶어 죽었다. 그러므로 한비가 말하기를 "함부로 난폭한 짓을 하며 제후에게 무례한 행동을 하면 내 몸을 망치게 된다."고 하였다.

음악에 열중하여 화가 미치다

언젠가 위나라 영공이 진나라를 방문하려고 길을 떠났다. 도중에 복수라는 기슭에서 야영을 하게 되었는데 밤이 깊었을 즈음, 어디선가 귀에 익지 않은 거문고 소리가 구슬프게 들려왔다. 마음이 끌린 영공이 사람을 시켜 근처를 찾아보게 했으나 거문고 소리를 들었다는 사람은 없었다. 그래서 영공은 데리고 온 악사인 사연을 불러서 "귀에 익지 않은 곡이 들려오기에 사람을 보내 근처를 찾아보았으나 거문고 소리를 들었다는 사람은 없다. 아무래도 이 세상의 것이라 생각되지 않는다. 그래서 네게 그것을 들려주어 익히도록 하려고 한다."라고 했다. 사연은 조용히 앉아 들려오는 거문고 소리에 맞춰가며 곡을 익혔다. 그리고 날이 밝아오자 영공에게 말하기를 "익히기는 했사오나 아직 충분하지 못하니 하룻밤만 더 익혔으면 하옵니다."라고 했다. 영공이 "그래 좋다. 어려울 거 없으니 그렇게 하라."며 승낙했다. 일행은 그곳에서 다시 하룻밤을 지내며 사연이 완전히 습득하기를 기다렸다가 이튿날에야 진나라로 향했다.

진晉나라 평공은 영공을 맞아 시이라는 곳의 대臺에서 연회를 베풀었다. 잔치가 한창 무르익어갈 무렵 영공이 일어나 "제가 신기한 곡을 손에 넣게 되었는데, 허락하신다면 들려드릴까 합니다."라고 했다. 평공이 "그거 반가운 말씀이오."라고 응수했다. 그리하여 사연이 불려나왔다. 사연은 진나라 악사인 사광의 옆에 앉아 거문고를 잡고 그 곡을 타기 시작했다.

중간쯤 탔을 때 사광이 손사래를 치며 "이것은 망국의 음악이오. 그 정도에서 그쳐주십시오."라고 했다. 평공이 "누가 만든 곡인가?"라고 묻자, 사광이 말하기를 "이것은 시연이 만든 곡입니다. 시연은 주紂임금을 위해 음탕한 음악을 연주한 악사였는데, 무왕이 주나라를 쳤을 때 시연은 동쪽으로 달아나다가 복수에 이르러 몸을 던져 죽었습니다. 그래서 이 곡은 복수 기슭에서만 들을 수 있으며, 듣게 되면 반드시 영토가 줄어들게 된다고 합니다. 그러니 듣지 말아주십시오."라고 했다.

군주의 열 가지 잘못

그러나 평공은 그 말을 무시하고 "나는 음악을 좋아한다. 마저 들려주도록 하라."고 명했다. 사연은 끝까지 거문고를 탔다. 연주가 끝나자 "이것은 오음伍音 중 어떤 음조에 해당하는 것인가?"라고 평공이 물었다. 사광이 "청상淸商이옵니다."라고 답했다. 평공이 "그렇다면 청상이 가장 슬픈 음조인 모양이로군."이라고 말하자, 사광이 "아니옵니다. 청치에는 미치지 못합니다."라고 답했다.

그러자 평공이 "그러면 그 청치를 들려달라."고 하였다. 사광이 "아니 되옵니다. 옛날 청치를 들은 임금은 도덕과 의리를 완벽하게 갖춘 임금들이었습니다. 지금 우리 임금께서는 청치를 듣기에는 아직 이른가 하옵니다."라며 정중하게 간하였다. 그러나 평공은 "과인이 좋아하는 것은 음악이니 꼭 한번 들어야겠다."라며 명령조로 말하였다.

평공의 성화에 못 이겨 사광은 하는 수 없이 거문고를 들었다. 거문고를 한번 타기 시작하자, 검은 학 열여섯 마리가 남쪽 하늘에서 날아와서 처마 끝에 모여 앉았다. 거문고를 두 번 타자 학이 열을 지어 늘어섰다. 거문고를 세 번 타자 학은 목을 늘여 울며, 날개를 펴고 춤을 추었다. 우는 소리는 거문고 소리와 서로 어울려 창공으로 퍼져나갔다. 평공은 매우 만족해했으며 좌중도 크게 기뻐했다. 평공이 잔을 들고 일어나서 사광을 칭찬하며 축배를 들었다. 그리고 자리에 앉아 사광에게 "청치보다 더 슬픈 가락은 없는가?"라고 물었다. 사광이 답하기를 "청치가 슬프기는 하지만 청각에는 미치지 못합니다."라고 하자, 평공은 "그 청각을 들려달라."고 하였다. 그러자 사광이 말하였다. "아니 되옵니다. 옛날 황제는 태산에 귀신들을 모았습니다. 황제가 상아로 장식한 수레에 타자, 여섯 마리의 교룡이 수레를 끌었습니다. 수레 좌우에 모신 것은 나무귀신, 앞에 선 것은 불의 귀신, 가는 길의 먼지를 물리친 것은 바람귀신, 앞을 지키는 것은 호랑이와 늑대, 뒤를 지키는 것은 수많은 귀신들, 땅에는 용과 비슷한 상상 속의 동물이 엎드려 있고, 하늘에는 봉황이 춤을 추었다고 합니다. 이처럼 많은 귀신을 모은 다음에야 황제는 청각을 들었습니다. 아직 임금의 덕이 그것을 듣기에는 이르다고 여겨지옵니다. 들으시면 반드시 화를 당하시게 되옵니다."

그러나 평공은 "나는 이미 늙었다. 낙이라고는 음악밖에 없다. 그것을 들려주도록 하라."고 명했다. 사광은 하는 수 없이 거문고를 잡았다. 거문고를 한번 타자 서북쪽 하늘에서 검은 구름이 솟아올랐다. 거문고를 두 번 타자 바람이 크게 불어닥치며, 뒤이어 큰비가 쏟아져내렸다. 둘러쳐 있던 장막이 찢어지고 그릇이 부서지며, 지붕의 기와가 날아갔다. 사람들은 제각기 흩어져 달아나버리고 평공은 두려운 나머지 구석방으로 몸을 숨겼다.

이러한 일이 있은 후로 진나라에는 삼 년 동안 큰 가뭄이 계속되어, 기근과 흉년으로 양식이 모자라서 굶주림에 시달렸다. 또한 평공은 곱사등이가 되어 죽음을 면치 못했다. 그래서 한비가 말하기를 "정치를 내버린 채 음악에만 열중하면 자신을 곤경으로 몰아간다."고 하였다.

탐욕이 지나쳐서 죽음을 부르다

그 옛날 지백知伯이 조씨, 한씨, 위씨의 군사를 거느리고, 범씨와 중행 씨를 쳐서 없애버렸다. 그리고 돌아와 몇 해 동안 군사를 쉬게 한 다음, 한나라로 사신을 보내 땅을 요구했다. 한韓나라의 강자康子는 이를 거절하려 했으나 단규가 말렸다. "거절해서는 안 됩니다. 지백은 욕심이 많고 끈질긴 사람입니다. 요구하는 것을 거절하면 틀림없이 군사를 보내 우리나라를 칠 것입니다. 지금은 땅을 주어야 합니다. 땅을 주면 그는 마음이 교만해져서 다른 나라에도 반드시 땅을 요구할 것입니다. 개중에는 거절하는 나라도 있을 것입니다. 그러면 지백은 틀림없이 거절한 나라를 칠 것입니다. 그러면 우리 한나라는 난을 면하고 돌아가는 형편을 지켜볼 수가 있습니다."

강자는 무릎을 치면서 "그렇겠군. 옳은 말이다."라며 감탄하였다. 한나라 강자는 곧바로 지백에게 사신을 보내 "호구 일만이 되는 고을을 주겠습니다."라고 하였다. 지백은 매우 기뻐하며 이번에는 위나라에 땅을 요구했다. 위나라 선자宣子도 처음에는 거절하려 했으나 조가가 말했다. "지백이 한나라에 땅을 요구했을 때 한나라는 이에 응했습니다. 이번에는 우리나라에 요구해왔는데, 만일 우리가 거절한다면 지백이 노여워할 것입니다. 그러면 지백은 반드시 우리나라로 쳐들어올 것입니다. 땅을 떼어주는 편이 무방할 줄로 압니다." 그래서 위나라도 지백에게 "호구 일만이 되는 고을을 주겠습니다."라고 통보하였다.

지백이 이번에는 조나라로 사신을 보내서 채와 고랑이라는 두 고을을 요구했다. 그러나 조나라 양자襄子는 매우 언짢게 생각하면서 단호하게 거절했다. 그리하여 지백은 비밀리에 한나라 위나라와 동맹을 맺고 조나라를 공격하려 했다. 조나라 양자는 신하인 장맹담을 불러 대책을 논했다. 양자가 "지백은 겉으로는 우리나라에 대해 우호적인 척하지만 속셈은 다르다. 그 증거로 한나라와 위나라에는 세 번이나 사신을 보내면서 우리에게는 연락도 없지 않은가? 분명 군사를 이끌고 쳐들어올 모양인데, 우리는 어디에다 진을 치면 좋겠는가?"라고 물었다.

신하인 장맹담이 "선대인 간주를 섬기던 동알우는 뛰어난 인물이었습니다. 동알우가 먼저 진양을 다스렸고, 그 후로는 어진 사람인 윤탁이 그곳을 다스렸기 때문에 진양에는 두 사람의 교화가 지금도 남아 있습니다. 그러므로 진나라를 치려면 반드시 진양을 근거지로 삼아야 합니다."라고 말했다. 조나라 양자가 "맞다."고 동의하면서, 연릉생을 불러 거마를 거느리고 진양으로 떠나게 하고 자신은 뒤따라갔다. 그리고 도착하자마자 성곽이며 각 관청의 창고를 둘러보았다. 그런데 이게 무슨 일인가? 성곽은 허물어진 채 그대로 있고 곡식 창고는 텅텅 비었으며, 금고에 비축해둔 돈이라고는 한 푼도 없고 무기고는 텅 비어 먼지만 풀풀 날리고 있었다. 또한 마을과 거리의 경계는 전혀 무방비상태였다.

양자는 두려운 생각이 들어서 장맹담을 다시 불렀다. "성과 창고를 둘러보았으나 어느 곳도 제대로 준비되어 있지 않다. 대체 무엇으

군주의 열 가지 잘못

로 적을 맞아 싸운단 말인가?"라며 근심스럽게 물었다. 장맹담이 대답했다. "성인이 정치하는 방법은, 곡식은 백성들에게 쌓아두고 창고에는 쌓아두지 않습니다. 또한 백성들의 교육에 힘을 기울일 뿐 성곽에는 손을 쓰지 않는다고 합니다. 곧바로 백성들에게 명령을 내리십시오. 각 집마다 삼 년 간 먹을 식량만 남겨두고 나머지는 나라의 창고로 가져오고, 삼 년 동안 쓸 돈만 집에 두고 나머지는 나라의 금고에 맡기며, 일손이 남는 대로 성곽의 수리를 지원하도록 명하십시오."

양자가 그날 저녁에 그대로 명령을 하달하자, 다음날 창고에는 곡식이 넘치고 금고가 가득 채워졌으며, 무기고에도 더 들어갈 자리가 없게 되었다. 닷새 만에 성곽의 수리도 말끔하게 끝나서 모든 방비가 갖춰졌다. 양자는 다시 장맹담을 불러서 "성은 수리가 끝나서 방비도 갖추어졌고, 돈도 식량도 충분하고 무기도 남을 정도이다. 그런데 화살이 없으니 이를 어떻게 하면 좋겠는가?"라고 물었다. 장맹담은 "동알우가 진양을 다스릴 때 공청 주위를 갈대와 다북쑥, 싸리나무를 심어서 울타리를 만들었습니다. 싸리나무는 높이가 한 길이 넘게 자라 있으니 그것을 베어 쓰면 좋을 줄로 압니다."라고 하였다. 과연 싸리나무를 베어 시험해보았더니, 그 단단함이 유명한 균로라는 대나무를 앞설 정도였다.

양자가 다시 장맹담에게 "화살은 이것으로 충분한데 화살촉을 만들 쇠가 없으니 어쩌면 좋겠는가?"라고 근심하자 장맹담이 대답했다. "동알우는 공청과 관사의 주춧돌을 구리로 썼다고 합니다. 그것을 쓰면 좋을 줄로 압니다." 과연 주춧돌을 드러내 보았더니 구리가 쓰고도 남을 정도였다. 그리하여 명령이 실행되어 방비가 제대로 갖추어졌다.

과연 세 나라 연합군이 쳐들어와서 진양성을 공격하기 시작했다. 계속하여 석 달을 싸웠으나 연합군은 진양성을 함락시키지 못하였다. 그러자 연합군은 진양을 멀찍이 둘러싸고 진수의 둑을 끊어 물을 이용해 수공으로 진양성을 공격했다. 그런 상태로 포위가 계속되었다. 성안 사람들은 나무 위로 올라가 살기도 하고, 솥을 매달아 놓고 밥을 지어먹으면서 지냈다. 마침내 식량도 다하고 생필품도 부족해지기 시작했으며, 장병들도 지칠 대로 지쳐버렸다.

양자가 장맹담을 불러 진지하게 상의했다. "식량도 얼마 남지 않았고 재물도 거의 다 썼으며, 장병들도 지쳐 있다. 이제는 더 이상 성을 지킬 수가 없을 것 같다. 성과 함께 항복을 할까 생각하는데 세 나라 중 어느 나라에 항복을 하는 게 좋겠는가?" 이에 장맹담이 "망해가는 것을 막지 못하고, 궁지에 빠졌을 때 활로를 찾아내지 못한 대서야 어찌 지혜가 소중하다고 하겠습니까? 아직 항복하기에는 이릅니다. 제가 성을 빠져나가 한나라와 위나라의 임금을 만나보고 오겠습니다."라고 하였다.

장맹담은 한나라와 위나라의 임금을 만나서 설득했다. "입술이 없으면 이가 찬 법입니다. 지금은 지백이 두 임금을 거느리고 우리 조나라를 침략했으므로 조나라는 머지않아 망하게 되어 있습니다. 하지만 조나라가 망하게 되면, 다음은 한나라와 위나라가 망할 차례

군주의 열 가지 잘못

입니다." 한나라와 위나라 임금이 난감해하며 말했다. "그건 우리도 알고 있소. 그러나 지백은 난폭하고 흉악한 사람이오. 만일 우리들의 꾀가 새나가기라도 한다면 그야말로 무서운 보복을 받게 될 터이니, 어떻게 하면 좋겠소?"

그러자 장맹담이 이어서 말했다. "약속은 두 분 입을 통해 소인의 귀로 들어올 뿐입니다. 그밖에 아는 사람이 누가 있겠습니까?" 그러자 두 임금은 장맹담에게 지백을 배반할 것을 약속하고 모반 날짜까지 정했다. 그리고 밤을 타서 장맹담을 진양으로 돌려보내 양자에게 두 나라의 모반을 전하게 했다. 양자는 보고를 듣고 매우 기뻐하였으나 속으로는 은근히 걱정스럽기도 했다.

한나라와 위나라 두 임금은 장맹담과 약속하고 그를 돌려보낸 다음, 언제나와 마찬가지로 지백에게 문안인사를 갔다. 돌아오는 길에 진문 밖에서 지백의 친척인 지과를 만났다. 지과는 두 임금의 얼굴 표정을 보고는 내심 깜짝 놀랐다. 그리고는 안으로 들어가 지백에게 말하기를 "저 두 사람의 태도가 아무래도 수상합니다. 무언가 음모를 꾀하고 있는 것이 틀림없습니다."라고 했다.

지백은 어이가 없다는 듯이 "어떤 태도였기에 그러느냐?"라며 퉁명스레 물었다. 친척인 지과는 "두 사람이 아주 의기양양하고 자신에 찬 걸음걸이였습니다. 평상시와는 다릅니다. 아무래도 이쪽에서 선수를 쳐야만 할 줄로 생각됩니다."라고 했다. 지백은 "나는 그들 둘과 맺은 약속을 지킬 생각이다. 조나라를 깨트리면 그 영토를 셋이 나눠 갖기로 했다. 약조를 깨트리고 그들이 나를 배반할 이유가 전혀 없다. 더군다나 진양을 공격한 지도 벌써 삼 년째이고 내일이라도 성이 곧 함락되어 이익을 누리게 될 판인데, 어떻게 배반할 생각을 갖겠는가. 절대로 그런 일은 없을 것이다. 그러니 그대도 의심을 풀고 다시는 그런 소리를 하지 말거라."라며 입을 막았다.

이튿날 아침 두 임금이 지백에게 인사를 마치고 돌아가던 도중, 진문 밖에서 또 지과와 마주쳤다. 지과는 안으로 들어오자마자 다시 지백에게 물었다. "제가 한 말을 그들 두 사람에게 전하셨군요?" 지백이 어떻게 그걸 알았느냐고 되묻자, 지과는 "지금 막 돌아가는 그들을 만났는데, 얼굴빛이 변해서는 저를 유심히 바라보았습니다. 모반을 꾀하고 있다는 증거입니다. 지금 당장 죽여 없애야 합니다."라고 말했다. 지백이 "무슨 소리를 하느냐?"며 어이없어하자, 지과가 강하게 말했다. "아닙니다. 꼭 죽여야 합니다. 만일 죽일 수 없으시다면, 반대로 그들에게 더욱 친절을 베푸십시오."

마지못한 지백이 "그럼 어떻게 친절을 베풀란 말인가?"라고 묻자, 지과는 "위나라 임금의 모신謨臣은 조가, 한나라 임금의 모신은 단규라고 합니다. 이 두 사람은 그들 임금의 계획을 바꿀 수 있는 힘을 가지고 있습니다. 이 두 사람에게 조나라를 없앤 다음 각각 만 호를 주겠다고 약속하십시오. 그러면 두 사람은 두 임금의 모반을 중단시킬 수 있을 것입니다."라고 했다. 그러자 지백이 "조나라를 깨트려 그 땅을 셋이서 나눈 다음, 그들 둘에게 또 고을을 하나씩 주게 되면 내가 가질 것이 별로 없지 않은가. 그런 일을 어떻게 할 수 있겠는가?"라며 버럭 화를 냈다. 그러자 지과는 더 이상 간해봐야 소

군주의 열 가지 잘못

용이 없음을 알고 물러나왔다. 그리고는 곧바로 성을 보씨로 바꾸고 몸을 숨겼다.

약속한 날 밤, 조나라는 제방을 경비하고 있는 군사들을 죽인 다음 둑을 끊어 지백의 진중으로 물을 돌려 넣었다. 지백의 군대는 물을 막느라 정신이 없었다. 그 기회를 틈타서 좌우에서 한나라와 위나라 군사가 습격을 가하고, 정면으로는 조양자의 군대가 쳐들어 갔다. 지백의 군대는 여지없이 패했고 지백은 포로가 되었다. 그리하여 싸움에 진 지백은 죽임을 당하고, 나라는 세 조각으로 찢기어 천하의 웃음거리가 되었다. 그래서 한비가 말하기를 "욕심에 눈이 어두워 이익만 좇게 되면 나라를 망치고 자신도 죽게 된다."고 하였다.

주색잡기에 열중하다 대사를 그르치다

융戎나라 임금이 유여由余를 진秦나라의 사절로 보냈을 때의 일이다. 진나라 목공穆公이 유여에게 묻기를 "과인은 일찍부터 도라는 것을 듣기는 했으나, 그것이 행해지고 있는 것을 본 적이 없소. 옛날 명군들은 어떤 도로써 나라를 세우고 잃게 되었는지 들려주시겠소?"라며 고견을 청하였다. 유여는 "검약의 도로써 나라를 세우고, 사치로써 나라를 잃었다고 합니다."라고 답했다.

목공이 "과인은 부끄러움을 무릅쓰고 그대에게 도에 대하여 한수 가르침을 받고자 하였는데, 그대는 겨우 검약으로 대답하니 무슨 까닭인가?"라고 물었다. 그러자 유여가 대답했다. "아닙니다. 신이 들기로는 옛날 요임금이 천하를 다스릴 때에는 질그릇에 음식을 담아 먹을 정도로 검소한 생활을 하였습니다. 그래서 그 영토가 남북으로 교지에서 유도에까지 이르렀으며, 동쪽과 서쪽으로는 해와 달이 나오고 들어가는 곳까지 모두 요임금의 지배 하에 있었습니다.

그 뒤 요임금은 천하를 순임금에게 물려주었는데, 그는 그릇을 달리 만들었습니다. 먼저 산에서 베어낸 나무를 대패와 톱으로 모양을 다듬은 다음, 칠과 먹을 입혀 궁중으로 들여와 썼습니다. 그러자 요임금 때보다 사치에 힘쓴다 하여, 지배를 벗어난 나라가 열셋이나 되었습니다. 훗날 순임금이 천하를 사양하고 우임금의 시대가 되자, 우임금은 제기를 만들었습니다. 바깥쪽은 검게 안쪽은 붉게 칠하고, 비단으로 자리를 만들어 가장자리에 선을 두르고, 술잔과 술그릇에 채색을 하고, 술통과 제기에도 모양을 내서 점점 사치를 하였습니다. 그러자 배반한 나라가 서른셋으로 늘어났습니다.

다시 우임금의 시대가 끝나고 은殷의 시대가 되자, 천자는 특별한 수레를 만들어 술이 달린 기를 아홉 개나 세우고, 그릇에는 예쁘게 조각을 하고 술잔과 제기에는 금을 입혔으며, 사방 벽은 흰색으로 칠을 하고 바닥에는 무늬를 놓았습니다. 앞서보다 더욱 사치를 하였던 것입니다. 그러자 배반한 나라가 쉰셋이나 되었습니다. 이같이 윗사람이 사치하기 시작하면서부터 복종하는 나라의 수도 점차 줄어들었습니다. 그래서 신은 검약의 도로써 나라를 세운다고 말씀드린 것입니다." 그런 다음 유여는 물러갔다.

그러자 목공은 즉시 내사內史인 요廖를 불러 상의했다. "이웃나

군주의 열 가지 잘못

라에 성인이 있으면 이쪽이 위태롭다고 하였다. 유여의 말을 들어보니 그는 틀림없는 성인이다. 매우 걱정이 되는데 어떻게 하면 좋겠는가?" 내사인 요가 말하기를 "융나라 왕은 벽지에 살고 있어서 아직 중국의 음악을 들은 일이 없다고 합니다. 그러니 임금께서는 그 나라에 여악을 보내시는 것이 좋겠습니다. 이것으로 융나라의 정치를 어지럽게 만들고 동시에 유여를 우리나라에 오래 머물도록 만들어, 융왕으로 하여금 유여의 충고를 듣지 못하도록 만드는 것입니다. 융왕과 유여의 사이가 멀어지게 되면 일을 도모할 수 있을 것입니다."라고 귀띔을 해주었다.

그리하여 목공은 내사 요를 시켜 열여섯 명으로 된 여악을 융왕에게 보내고, 동시에 유여를 잠시 진나라에 머물게 해달라고 청했다. 융왕은 이를 기꺼이 승낙했다. 여악을 받은 융왕은 크게 기뻐하며 매일같이 술자리를 벌이고 노래와 춤으로 세월을 보내며, 일 년 동안 유목지를 옮기려 하지 않았다. 그로 인해 먹을 풀이 없게 된 소와 말이 반이나 굶주려 죽고 말았다. 유여가 본국으로 돌아와 이 꼴을 보고는 융왕에게 간했으나 융왕은 듣지 않았다. 유여는 단념한 채 융나라를 떠나 진나라로 가버렸다. 이에 진나라 목공은 그를 맞아들여 조선 때 정일품에 해당하는 상경上卿의 벼슬을 주고, 그에게 융나라의 군세와 지형을 알아낸 다음 군사를 일으켜 융으로 쳐들어갔다. 그리하여 융왕이 차지하고 있던 열두 나라를 정복하고 사방 천 리의 땅을 손에 넣었다. 그러므로 한비가 말하기를 "주색잡기에 빠져서 국정을 돌보지 않으면 나라를 망친다."고 하였다.

충언을 듣고 나라를 보존하다

제나라의 전성자는 먼 바닷가를 유람하면서 그곳이 어찌나 마음에 들었던지 돌아갈 생각을 하지 않았다. 그리고 신하들에게 말하기를 "누구든지 돌아가자고 말하는 자가 있으면 처형하겠다."며 미리 엄포를 놓았다. 그런데 대부 안탁취가 "이곳이 마음에 드신 모양이오나, 나라를 비워둔 사이에 그 기회를 틈타려는 놈이라도 생겨난다면 어떻게 하시겠습니까? 만일의 사태라도 벌어진다면 그때는 이곳에서 즐길 수도 없게 되지 않습니까?"라고 감히 말했다.

전성자가 말하기를 "돌아가자고 말하는 자는 죽인다고 하지 않았더냐? 그대는 과인의 명령을 거역했다."고 하면서 창을 겨누어 당장에라도 안탁취를 찌르려고 했다. 그러자 안탁취가 말하기를 "옛날 걸은 충신인 관용봉을 죽이고, 주는 왕자 비간을 죽였습니다. 만일 폭군에게 죽은 충신을 셋으로 만드실 작정이라면 신을 죽여주십시오. 신이 말씀드린 것은 나라를 위해서일 뿐 제 자신을 위해서가 아닙니다."라고 말하며 목을 내밀면서 "어서 저의 목을 치십시오."라고 했다. 임금은 창을 버리고 곧 수레를 준비시켜 제나라로 돌아갔다.

유람에서 돌아온 지 사흘 만에 전성자는 자기가 귀국하지 못하도록 음모를 꾸민 자가 있었다는 것을 알게 되었다. 전성자가 제나라를 보존하고 왕위를 지킬 수 있었던 것은 죽음을 무릅쓰고 간언한 안탁취의 충심이었다. 그러므로 한비가 말하기를 "나라를 떠나 멀리 유람하면서 충언하는 신하를 무시하면, 스스로 위태롭게 하는 길이다."라고 하였다.

충언을 듣지 않아 죽임을 당하다

제나라 환공은 제후들을 규합하여 천하를 바로잡고, 오패伍覇의 으뜸이 되었다. 참고로 『순자』에서는 춘추오패를 제의 환공, 진의 문공, 초의 장왕, 오의 합려, 월의 구천이라 하였다.

관중이 환공의 보좌역을 맡고 있었지만 이제는 늙어서 보필할 수 없었으므로 은퇴한 때였다. 어느 날 환공이 관중을 찾아와 물었다. "불행히도 경이 다시 일어날 수 없다면 뒷일을 누구에게 맡기면 좋겠소?" 관중이 말했다. "신은 보시다시피 이렇게 병이 들어 다시 일어나지 못할 몸입니다. 자식은 누구보다도 아비가 잘 알고 신하는 누구보다도 임금이 잘 안다 하였으니, 임금이 생각하시는 바를 먼저 듣고 싶습니다." 환공이 "그렇다면 포숙아는 어떻겠소?"라고 묻자, 관중이 "아니 됩니다. 그는 강직하고 괴팍하며 사나운 사람입니다. 강직하면 백성을 난폭하게 다스리고, 괴팍하면 민심을 얻지 못하며, 사나우면 백성들이 일할 의욕을 상실하게 됩니다. 두려운 것을 모르기 때문에 패자를 보필하기에는 알맞지 않습니다."라고 답하였다.

"그렇다면 수조가 어떻겠소?"라고 환공이 묻자, 관중이 "안 됩니다. 사람은 누구나 제 몸을 소중히 여기는 법입니다. 그런데 수조는 임금께서 여자를 좋아하고 시기심이 있는 것을 보자, 스스로 거세하고 후궁의 환관이 되었습니다. 자기 몸을 소중하게 알지 않는 자가 어찌 임금을 소중히 아끼겠습니까?"라고 했다. 환공이 "그렇다면 위나라 공자인 개방은 어떻겠소?"라고 묻자, 관중이 "마땅치 않습니다. 제나라와 위나라는 겨우 걸어서 열흘이면 가는 거리인데도 개방은 임금을 섬긴다는 구실로 오 년 동안이나 부모를 찾지 않았습니다. 그것은 도리에 벗어나는 일입니다. 부모를 소중히 여기지 않는 자가 임금을 소중히 여길 리가 있겠습니까?"라고 했다.

환공이 "그러면 역아는 어떻겠소?"라고 묻자, 관중은 "안 됩니다. 역아는 임금의 주방장으로 있으면서 임금께서 이제까지 맛보지 못한 것은 사람의 고기뿐이라고 하시자, 아시는 바와 같이 자기 아들을 삶아서 바쳤습니다. 사람이라면 누구나 자식을 사랑하는 법입니다. 그런데 자기 자식을 삶아 식탁에 올려놓지 않았습니까. 자기 자식도 사랑하지 않는데 임금을 사랑할 리가 있겠습니까?"라고 했다.

환공이 다시 말하기를 "그러면 대관절 누가 좋다는 말이오?"라며 다그치듯이 물었다. 그러자 관중이 숨을 몰아쉬고는 "습붕이 좋을 듯합니다. 그는 마음이 굳세고 행실이 청렴하여 사익을 꾀하지 않고, 신의를 소중히 여기는 사람입니다. 마음이 굳세면 남의 모범이 될 수 있고, 행실이 청렴하면 큰일을 맡겨도 안심이 되며, 사사로운 이익을 꾀하지 않으면 남의 윗자리에 설 수 있고, 신의를 존중하면 이웃나라와도 원만하게 지낼 수 있습니다. 참으로 패자의 보좌역으로는 적임자입니다. 그를 쓰십시오."라고 했다. 환공이 "좋소. 그리하겠소."라며 흔쾌히 받아들이는 듯하였다.

그러나 일 년 남짓 지난 뒤에 관중이 죽자, 환공은 습붕 대신에

수조를 선택했다. 수조가 보좌역으로 있은 지 삼 년이 지났다. 어느 날 환공이 남쪽에 있는 당부라는 지역으로 유람을 떠났다. 그 틈을 타서 수조는 역아와 개방 및 그 밖의 대신들과 짜고 반란을 일으켰다. 나라로 돌아온 환공은 남문에 있는 수위실에 갇혀 굶주리다가 죽고 말았다. 시체는 석 달 동안이나 그대로 방치되어 있었는데, 나중에는 구더기가 방 밖에까지 쏟아져나왔다.

일찍이 무력과 위세가 천하에 떨치면서 오패의 우두머리가 되었던 환공이 마침내는 자기 신하에게 죽임을 당하여 명성을 잃고 천하의 웃음거리가 되었다. 그것은 충신인 관중의 의견을 듣지 않았기 때문이다. 그러므로 한비가 말하기를 "충신의 말에 귀 기울이지 않고 멋대로 행동하면, 명예도 잃고 사람들의 웃음거리가 된다."고 하였다.

외세에 의지하다가 함락되다

자기의 힘을 바르게 인식하지 못하고 외세에 의존하는 것은 나라를 약하게 만드는 근본 원인이 된다고 하였다. 일찍이 진秦나라의 공격을 받아 한나라 의양宜陽이 위태로웠을 때의 일이다. 한나라 재상 공중붕이 양왕에게 "동맹국은 믿을 수 없습니다. 지금은 진나라와 화친을 하는 것이 최선책입니다. 큰 성 하나를 진나라에 바치고 힘을 합쳐 초나라를 치도록 하면, 우리나라는 진나라의 위협을 초나라로 돌릴 수가 있습니다."라고 했다. 양왕이 "그것 참 좋은 생각이다."라며 공중붕을 진나라에 강화 사절로 보내기로 했다.

이 소식을 들은 초나라 임금은 겁을 먹고 외교를 관장하는 진진에게 "한나라 공중붕이 진나라와 연합을 획책하고 있는데 어떻게 하면 좋겠소?"라고 물었다. 이에 진진은 "진나라에 영토를 떼어주고 진나라의 창끝을 우리에게로 돌리려는 속셈입니다. 그렇게 되면 우리로서는 여간 큰일이 아닙니다. 한나라와 연합해 초나라를 치는 것은 진나라의 오랜 숙원이었습니다. 지금이라도 사신을 한나라로 보내십시오. 선물을 실은 수레가 줄을 잇도록 만들고, 사신에게 이렇게 전하도록 하십시오. '비록 작은 나라이기는 하나 있는 힘을 다하여 귀국을 도울 생각이니, 부디 마음을 든든히 하고 진나라에 대항하십시오. 그리고 사신을 보내 우리 군대의 동원된 모습을 보시기 바랍니다' 이렇게 말입니다."라고 했다.

한나라가 사신을 초나라로 보내오자, 초나라 임금은 길가에 전차부대와 기병부대를 늘어세워두고 사신에게 말했다. "지금 보시는 바와 같이 우리 초나라 군대는 이미 동원령을 내리고 전시태세에 들어가 있습니다." 사신이 돌아와 본 대로 한나라 양왕에게 보고했다. 양왕은 크게 기뻐하며 공중붕이 진나라로 가는 것을 중지시켰다. 그러자 공중붕이 말하기를 "안 됩니다. 실제로 우리나라를 치고 있는 것은 진나라입니다. 초나라는 말로만 우리를 돕고 있는 것입니다. 초나라의 감언이설에 속아 강대한 진나라의 위협을 소홀히 보다가는 큰 화를 당하게 될 것입니다."라면서 사정하다시피 했지만, 양왕은 귀를 기울이지 않았다.

공중붕은 근심하며 집에 돌아와 열흘이나 조정에 나가지 않았다. 의양은 점점 위급하게 되었다. 양왕은 구원병을 보내달라고 몇 번이나 초나라로 사신을 보냈다. 그러나 끝내 구원병은 오지 않았다. 이윽고 의양은 함락되었고 양왕은 많은 제후들의 웃음거리가 되고 말았다. 그러므로 한비가 말하기를 "자국의 국력은 헤아리지 않고, 이웃나라만 믿고 의존하게 되면 영토를 침범당한다."고 하였다.

예를 모르면 대가 끊긴다

작은 나라를 가지고 있으면서 다른 나라에 무례한 짓을 일삼고, 간언하는 신하의 말을 따르지 않으면 대가 끊기게 된다고 하였다. 일찍이 진晉나라 공자 중이重耳가 망명하던 도중에 조나라에 들렀다. 조나라 공공共公은 중이의 갈빗대가 통뼈로 되어 있다는 말을 들었으므로 궁금해서 옷을 벗겨보았다. 그때 대부인 희부기와 숙첨이 옆에 있었는데, 숙첨이 공공에게 말하기를 "신이 본 바로 진나라 공자는 예사로운 인물이 아닙니다. 그에게 무례하게 대하시다가 만약 그가 본국으로 돌아가 군사를 일으키는 날이면, 우리나라에 대한 원한을 풀고자 할 것입니다. 그러니 지금 죽여서 후환을 없애버리십시오."라고 하였다. 그러나 중이를 우습게 여긴 조나라 임금은 듣지 않았다.

희부기는 집으로 돌아와 우울한 표정으로 있었다. 아내가 이상하게 여기며 "무슨 일이 있었습니까? 안색이 좋지 못하십니다."라고 물었다. 그러자 희부기가 "오늘 임금께서 진나라 공자를 초대해놓고 무례한 짓을 했소. 속담에 좋은 일에는 참여하지 못해도 나쁜 일에는 저절로 끌려든다고 했소. 나도 옆에 있었으니 훗날 어떻게 될지 걱정이 되는구려."라며 한숨을 내쉬었다.

아내가 말하기를 "지금 진나라 공자는 불행히도 자신의 나라를 떠나 조나라로 오게 되었으나 곧 대국의 임금이 될지도 모르는데, 진나라 공자와 대신이 될 신하들에게 그런 무례한 대접을 하다니요. 본국으로 돌아가게 되면 틀림없이 오늘의 무례한 행동을 용서하지 않을 것입니다. 조나라가 맨 먼저 보복을 당하게 될 것이 틀림없어요. 공께서는 지금 이 기회에 공자의 마음에 들도록 손을 써놓아야 좋을 것 같습니다."라고 조언하였다. 바로 그날 밤 회부기는 항아리에 황금을 넣고 그 위에 음식을 채운 다음, 다시 보석을 얹어 사자를 시켜 중이에게 보냈다. 중이는 사자에게 두 번이나 예를 표하고 음식을 받았다. 그러나 보석만은 받지 않았다.

이윽고 중이는 조나라에서 초나라로, 초나라에서 다시 진秦나라로 들어갔다. 공자가 진나라로 간 지 삼 년이 되던 어느 날, 진나라 목공이 신하들을 불러놓고 말했다. "전날 진晉나라 헌공이 과인과 친했던 것은 그대들이 다 알고 있을 터이다. 불행히 헌공이 죽은 지도 그럭저럭 십 년이 다 돼가는데 아무래도 지금의 임금은 달갑지가 않다. 이대로 가면 종묘사직을 제대로 지켜내지 못할 것 같다. 이것을 과인이 모른 체한다면 헌공과의 옛정을 잊는 처사가 된다. 중이를 진晉나라로 보내 임금으로 앉힐까 하는데 어떻겠는가?" 그러자 신하들이 찬성했으므로 목공은 군사를 일으켰다. 전차 오백 대, 기병 이천, 보병 오만을 중이에게 주면서 진晉나라로 들어가 임금으로 앉게

군주의 열 가지 잘못

했다.

그렇게 하여 중이가 즉위하였고, 그로부터 삼 년 만에 군사를 일으켜 조나라를 쳤다. 그리고 조나라 임금에게 사람을 보내어 "숙첨을 묶어서 보내라. 큰 죄를 범한 죄인이므로 과인이 직접 처형하겠다."고 전하고는, 회부기에도 사람을 보내 말했다. "이제 곧 우리 군사가 성안으로 쳐들어갈 참이오. 전날 당신의 고마운 뜻은 잊을 수가 없소. 당신의 마을 어귀에 표적을 세워주시오. 과인이 군에 명령하여 함부로 쳐들어가는 일이 없도록 조치하겠소." 그러자 조나라에는 이 소문을 듣고 친척들을 이끌고 회부기가 있는 마을로 피난해온 사람이 칠백 호나 되었다.

조나라는 작은 나라로 진나라와 초나라 사이에 끼어 있었기에, 임금의 지위는 알을 쌓아올린 것처럼 불안정했다. 그런데도 타국의 공자에게 무례한 짓을 하였으니 나라가 망하고 대가 끊기는 것은 당연한 일이었다. 그러므로 한비가 말하기를 "작은 나라임에도 큰 나라에 예를 갖추지 않고, 바른말 하는 충신을 등용하지 못하면 사직은 망하고 대가 끊긴다."고 하였다.

붙임말

십과는 열 가지 잘못을 말하는데, 한비는 그것을 증명해보이기 위해 옛날 성현들을 한 사람 한 사람씩 증인으로 불러내어 사정없이 공격을 가하고 있다. 군주가 나라를 다스리며 본문에서 설명한 것과 같은 잘못을 범하게 되면, 자신의 몸만 위태로워지는 것이 아니라 마침내는 나라까지도 망하는 불행이 닥치게 된다면서 강하게 경고하고 있다. 마치 무엇에 홀린 듯이 법과 술에 대하여 피력하며, 인간을 시곗바늘처럼 움직이게 하려는 것 같다. 한비에게는 도대체 어떤 피가 흐르고 있었을까 하는 의문이 들 정도로, 그의 사상에는 처절한 면이 있다.

그러나 한비가 본 장에서 소개하고 있는 이야기들만큼은 그의 소름끼치게 하는 논리와는 많이 다르다. 읽는 이로 하여금 어느 정도의 편안함마저 주기도 한다. 대부분의 설화들이 교훈을 주거나 깨우침을 주기 위한 이야기들로 구성되어 있기 때문이다. 소설처럼 이야기를 교묘하게 이끌어가는 데서 흥미를 유발시키고, 거기서 묘한 맛을 우려서 맛볼 수 있게 하였다. 특히 망국의 음악에 나오는 이야기는 역사적으로도 유명하다. 냉철한 한비도 고상하고 우아한 일면을 가지고 있었다는 것을 증명해주는 작품이기 때문이다. 그래서 후세에 한비를 배척하고 미워하는 사람들조차도 그가 펼쳐내는 교묘함과 적절하고 적확한 비유에 감탄하지 않을 수 없었던 것이다. 아무튼 십과를 통하여 한비의 또 다른 이면을 엿볼 수 있다는 것은 아주 흥미로운 대목이다.

제6장
고분
孤憤

홀로 불만에 가득 찬 마음

고孤는 '외롭다', 분憤은 '괴롭다'는 뜻이다. 그래서 고분은 '진실을 아는 사람은 언제나 외롭고 괴롭다'는 의미이다. 어떤 진실을 알고 있어서 본의 아니게 불리한 일을 당하기도 하기 때문이다. 한비는 비록 왕손이지만 서출로 태어나서 외로운 처지에 놓일 수밖에 없었고, 그만의 진실을 품고 펼치지 못하고 있었으니 스스로 고립될 수밖에 없었다.

그 진실이란 것이 바로 법과 술에 의한 정치이론이다. 그런데 그 법술을 불리하다고 여기면서 외면하던 사람은 임금을 둘러싸고 있는 중신들이었다. 고위직 중신들이라면 나라와 임금을 위해서 마땅히 법술을 채택해야 옳았지만, 현실은 달랐다. 그래서 중신들에게 심한 울분을 품고 있던 한비는 그들을 수시로 규탄하였다. 따라서 고분孤憤이라는 두 글자 속에는 한비의 비통한 마음과 뭉클한 생애가 깃들어 있다.

임금이 신하의 일을 공적으로 평가하지 않고 말과 결과를 대조해보지도 않으면서 측근의 말에만 따른다면, 머지않아 조정은 무능한 신하와 부정부패로 가득 차게 된다고 하였다. 또한 신하와 임금의 이익은 서로 다른 것이어서 임금에게는 유능한 인물을 쓰는 것이 득이 되지만, 신하의 입장에서는 능력이 부족해도 감투를 쓰는 것이 득이 된다고 하였다. 본 장은 다섯 단계로 나누어져 있는데, 법술을 터득한 사람과 권세를 가진 사람은 서로 양립할 수 없다는 원리로 설명하고 있다.

권력을 독점한 중신의 해로움

術술을 아는 사람은 앞을 내다보면서 모든 것을 꿰뚫어볼 줄 안다. 그리고 모든 사물을 밝게 관찰하는 혜안이 있다. 만약에 그런 눈이 없다면 남의 속마음이나 사사로운 비밀을 알아낼 수 없다. 法법에 능통한 사람은 그 뜻이 굳세고 행동이 철저하다. 그렇지 않고서는 남의 잘못을 바로잡거나 악한 일을 규탄할 수 없다. 대부분의 신하들은 임금의 명에 따라 나랏일을 하고 법에 따라서 맡은 일을 한다. 그런데 일부 중신들은 이와 달리 임금의 명이 없어도 자기 마음대로 행동하고, 법을 우습게 여기고 사사로운 이익을 꾀한다. 뿐만 아니라 국력이야 기울든 말든 사복私腹을 채우기 위해서 임금을 허수아비로 만들어놓고 자신이 원하는 대로 움직인다.

홀로 불만에 가득 찬 마음

그러나 술을 터득한 사람의 눈은 모든 것을 꿰뚫어보기 때문에, 임금의 신의만 얻으면 중신의 비밀을 파헤칠 수 있다. 법을 터득한 사람의 행동은 철저하기 때문에, 임금의 신임만 얻으면 중신의 그릇된 일을 바로잡을 수 있다. 즉 술을 알고 법에 통달한 사람이 임금의 신임을 얻으면 중신은 법에 의해 배척당하게 된다. 그래서 그들은 중신과 함께 살 수 없는 원수지간이나 마찬가지이다.

중신 한 사람이 독자적인 권력을 형성하게 되면, 나라 안팎의 모든 사람들은 그 중신의 앞잡이가 된다. 다른 나라의 제후들도 그를 통하지 않고서는 교섭이 되지 않으므로 추종하거나 아첨하게 된다. 나라 안의 모든 벼슬아치들도 중신에게 의지하지 않으면 자리를 보전하기 어렵고 출세할 수 없으므로, 그의 앞잡이 노릇을 할 수밖에 없다. 임금의 측근 시종들은 중신의 미움을 받게 되면 군주의 옆에 있을 수 없으므로, 그들의 나쁜 짓을 덮어주는 데 크게 한몫을 하게 된다. 학자는 중신이 이끌어주지 않으면 봉록이 적어지고 대우도 나빠지므로 중신의 비위만 맞추게 된다.

중신이란 자는 이 네 겹의 성벽 속에 그 정체를 감추고 있다. 이런 중신이 자기의 원수를 추천할 만큼 임금에게 충성을 바칠 리가 없다. 반대로 임금은 네 겹의 성벽에 가로막혀 있어 중신의 정체를 알아낼 수 없다. 그리하여 임금의 눈이 가려지고 중신의 실권은 점점 커져만 간다.

권력을 위임하면 나라가 망한다

중신의 실권이 커지게 되면 법술을 아는 선비는 몇 년이 걸려도 임금을 알현할 기회조차도 얻지 못한다. 또한 이길 수 있는 조건이라고는 하나도 없으면서 중신과 맞섰을 때에는 그 신변이 무사할 리도 없다. 구실을 얻는 대로 중신은 법으로 얽어 그를 죽인다. 구실을 얻을 수 없을 경우에는 자객을 시켜 없애버린다. 결국 법술에 능통하여 임금에게 바른말을 하는 사람은 형리의 손에 걸려드느냐, 아니면 자객의 손에 걸려드느냐 둘 중 하나밖에 없다. 그런데 임금의 눈을 가리고 이치에 닿지 않는 말로 사욕을 채우려는 무리는 반드시 중신의 눈에 들게 된다. 중신은 그들 중 아무개는 공로가 있다고 꾸며 벼슬을 주고 지위도 올려주며, 아무개에게는 그럴듯한 명목을 붙여 제도권 밖의 특권을 준다.

결국 임금의 눈을 가리고 중신 밑으로 들어간 자는 벼슬이 올라가든가 어떤 특권을 얻으면서 같은 패거리가 된다. 임금이 신하의 언행을 공과 맞춰보거나 조사도 하지 않은 채 상벌을 마구 내렸기 때문이다. 그러면 어느 누가 죽음을 무릅쓰고 법술을 말하려 하겠는가. 간악한 중신이 어찌 스스로 이익을 버리고 물러앉으려 하겠는가. 그리하여 임금의 권위는 땅바닥에 떨어지고, 중신의 위상은 날로 높아지는 것이다.

저 멀리 남쪽 끝에 있는 월나라는 분명히 나라도 부유하고 군사력도 강하다. 그러나 중원의 패자를 노리던 임금들은 월나라가 자기

홀로 불만에 가득 찬 마음

들의 이익과는 아무런 관계가 없다고 치부했다. 왜냐하면 그렇게 먼 나라는 도저히 지배할 수가 없다고 생각했기 때문이다. 하지만 그들은 보다 중요한 사실을 잊고 있었다. 아무리 땅이 많고 인구가 많은 나라를 가지고 있어도, 임금 자신의 눈과 귀가 가려져서 중신들에게 권력을 내맡기고 있다면, 자기가 가진 나라도 월나라와 다를 바가 없는 것이다. 월나라가 자기 나라가 아닌 것은 알고 있으면서도 자기 나라가 실은 자기 나라가 아니라는 것을 모르고 있다면, 임금의 눈은 옹이구멍이나 마찬가지인 것이다.

세상 사람들이 제齊나라가 망했다고 말하는 까닭은 땅과 성곽이 없어진 것을 가리키는 것이 아니다. 임금인 여씨呂氏가 지배권을 잃고, 신하인 전씨田氏에게로 지배권이 옮겨갔다는 뜻이다. 마찬가지로 진晉나라가 망했다는 것도 진나라의 영토나 수도 자체가 없어졌다는 것이 아니다. 임금이었던 희씨姬氏의 손에서 신하였던 육경六卿씨의 손으로 지배권이 옮겨갔음을 뜻하는 것이다.

중신이 정권을 잡고 제멋대로 휘두르는데도 그것을 돌려받을 줄 모르는 임금은 현명한 임금이 아니다. 죽은 자와 똑같은 병에 걸려 있다면 그 역시 죽은 것이나 마찬가지이다. 그러므로 망한 나라와 똑같은 짓을 하면 그 나라 역시 존재하지 못한다. 제나라와 진나라의 전철을 밟으면서도 나라의 안전과 자신의 안위를 꿈꾼다는 것은 어림없는 헛소리이다.

임금에게 화가 되는 신하

법술을 정치에 적용한다는 것은 만승萬乘의 큰 나라나 천승千乘의 작은 나라에서도 매한가지로 어려운 일이다. 임금의 측근에 있는 신하들이 반드시 재주와 지혜가 풍부하다고 단언할 수는 없다. 그렇지만 임금이 어떤 인물의 재주와 지혜를 인정하고 그의 의견을 받아들이고자 했을 경우, 그것의 가부를 결정하는 의논 상대가 되는 사람은 바로 측근이다. 다시 말해 어리석은 사람이 재주 있고 지혜로운 사람을 평가하게 되는 셈이다. 즉 측근이 반드시 비범한 사람일 수 없는데도 임금이 비범한 인물로 여기고, 그 측근과 더불어 상대방의 인물을 평가한다. 이와 같이 자기보다 못한 사람에게 평가를 받는다는 것은, 재주와 지혜가 있는 인물이나 비범한 인물에게는 어처구니없는 일이어서 일할 의욕이 사라진다. 이렇게 해서는 임금의 과오를 영영 바로잡을 수가 없다.

신하들 가운데 어떤 사람은 청렴결백으로 인정받으려 하고, 어떤 사람은 재주와 지혜로 인정받으려고 한다. 이러한 신하들은 뇌물로 남의 마음을 사는 일을 하지 못한다. 그들은 결백 하나만 믿고 일하므로 법을 굽혀 정치를 하는 일이 없다. 그러므로 그들은 측근에게 아부하는 일도, 지위를 이용해서 남의 편의를 돌보아주는 일도 하지 않는다.

하지만 임금의 측근들이 옛날의 백이와 같이 청렴한 사람들만 있는 것은 아니다. 요구도 들어주지 않고 뇌물도 갖다 주지 않는다

홀로 불만에 가득 찬 마음

면, 그가 아무리 훌륭한 재주와 지혜가 있더라도 그를 무시하며 비방이나 모함만 하게 된다. 결국 재주와 지혜로써 이룩해놓은 일은 측근에 의해 보람이 없게 되고, 지켜온 청렴결백은 중상하는 말로 인해 더럽혀지게 된다. 결국 그들은 초야에 묻혀 살게 되고, 임금의 눈은 끝내 뜨이지 못하게 된다. 큰 나라든 작은 나라든 대신의 권한이 너무 크고 측근의 의견만 신임하면, 그것은 임금에게 화의 근본이 된다.

임금의 이익과 신하의 이익

큰 나라의 걱정거리는 대신들의 권한이 너무 큰 데 있고, 작은 나라의 걱정거리는 임금이 좌우측근들을 지나치게 신임하는 데 있다. 이것은 요즈음의 임금들에게 공통된 걱정거리이다. 이렇게 된다면 신하는 큰 죄를 짓는 것이 되고, 임금으로서는 큰 실수를 저지르는 것이 된다.

임금과 신하의 이익이 이렇게 다른데, 그렇다면 어떻게 해야 해결할 수 있을까. 임금에게는 걸출한 인물이 제 능력을 발휘할 수 있게 해주는 것이 이익이지만, 신하로서는 패거리를 만들어 서로 덮어주는 것이 이익이 된다. 그래서 나라의 영토가 줄어들고 국력이 쇠약해져도 신하의 가문은 넉넉하고, 임금의 권위가 땅에 떨어져도 대신의 권위는 무거워지기만 한다. 그리하여 임금은 위세를 잃고 대신은 나라를 얻게 된다. 쫓겨난 임금은 남의 나라에서 신하로 살아가는 신세가 되고, 신하였던 자는 임금의 자리에 올라 사람들에게 벼슬자리를 주는 몸이 된다. 신하가 임금을 속여 자기의 이익을 꾀하는 것은 이러한 결과를 은근히 바라기 때문이다.

따라서 임금이 중신들에게서 자기 실권을 되찾는다고 해도, 변함없이 총애를 받을 수 있는 중신은 열 사람 가운데 두세 사람에 지나지 않을 것이다. 그동안 중신이 저질러온 죄가 너무도 크기 때문이다. 신하로서 큰 죄가 있다는 것은 그들이 임금을 기만해온 것이므로, 마땅히 죽임을 당해야 할 것이다. 지혜로운 사람은 앞을 내다볼 줄 알기 때문에 죽음이 두려워서라도 중신을 따르지 않는다. 자신을 청렴결백하게 지켜나가는 사람은 간신과 어울려 임금을 속이는 것을 부끄러워하기 때문에 역시 중신을 따르지 않는다.

하지만 중신을 따르는 사람들은 장차 닥쳐올 환난을 살피지 못하는 어리석은 사람이거나, 악한 짓을 예사로 알고 저지르는 몰염치한 자들이다. 중신은 그런 무리들과 한패가 되어 위로는 임금을 속이고 아래로는 사복을 채우고 있다. 당파를 만들어 입을 모아 임금을 속이고, 법을 무시하면서 세상을 어지럽게 만든다. 마침내는 나라를 위태로운 지경으로 끌고가서, 영토는 줄어들고 임금은 굴욕과 고통을 겪게 된다. 이야말로 큰 죄가 아니겠는가. 신하가 큰 죄를 짓고 있는데도 임금이 그것을 내버려둔다는 것은 큰 실책이다. 위로는 임금이 큰 실책을 범하고 밑으로는 신하가 큰 죄를 범하게 된다면, 나라가 무사하기를 바라며 제사를 크게 지낸다고 한들 무슨 소용이 있겠는가.

한비는 법술을 채택하는 것이 한韓나라를 궁지에서 건져내는 유일한 길이란 것을 알고 있었다. 그러나 한비의 이론은 자기 나라인 한나라에서는 받아들여지지 않았다. 그래서 그의 참을 수 없는 울분이 본 장에서 풍겨나오고 있다. 죽음이나 협박에 시달리면서도, 그런 중신들과 맞서면서 법술을 외치고 있는 모습이 바로 그렇다. 그는 이 글을 통해 자신의 울분을 한나라 임금인 안安에게 호소하려는 의도가 있었는지도 모른다. 그게 아니라면 남몰래 울분을 삭히며 글 속에 담아서 후세에 남기려고 했는지도 모른다.

한비는 요직에서 일하는 사람들을 둘러싸고 그들에게 협조하는 사람들의 예를 들며, 그로 인하여 법술을 터득한 선비들은 매장되고 있다고 말하였다. 그렇게 된 주요 원인은 임금이 신하들이 세운 공적을 바탕으로 상과 벌을 이행하지 않은 데서 기인한다고 보았다. 그 결과 임금의 권위는 점점 땅바닥에 떨어지고, 신하들이 전권을 휘두르면서 나라는 망국의 길로 접어든다고 하였다.

하지만 한비는 자신이 주장하는 법술이 고국인 한나라에서만 받아지기를 바란 것은 아니었다. 한나라는 작은 나라였으며, 그곳의 임금은 너그럽지도 똑똑하지도 못했다. 한비는 이미 자기 나라가 망하게 될 것을 알고 있었고 그것은 단지 시간문제라고 보았다. 그래서 그는 자신의 이상을 실천할 수 있는 나라를 찾으려 했고, 자신의 법술을 받아들여 쓸 수 있는 안목을 가진 임금을 딴 곳에서 찾으려 했다.

그래서 지목한 나라가 진秦나라였으며, 그 나라의 임금이 바로 나중에 진시황제가 된 영정이었다. 그리하여 진나라를 추앙하며 우호적으로 표현하는 말들이 『한비자』 속에는 알게 모르게 많이 녹아 있다. 그러던 어느 날, 본 장에 있는 고분과 제2장에 있는 오두가 진시황제가 된 영정의 눈에 뜨이게 되었다. 그로 인해 한비는 진나라로 들어가는 계기를 갖게 되었지만, 자신의 운명을 알지 못하고 진나라에서 비운의 생을 마감했다.

홀로 불만에 가득 찬 마음

제7장

세난
說難

군주를 설득하는 어려움

　세說는 '말하다', 난難은 '어렵다'는 뜻이니, '상대방을 설득하는 어려움'에 대하여 말하고 있다. 설득은 남이 잘 알아듣도록 말하여 자신의 의견에 따르도록 하는 것이다. 그런데 상대가 누구든 남을 설득한다는 것은 그렇게 녹녹한 일이 아니다. 상대의 지위가 높으면 높을수록 그 어려움은 한층 더하다. 더군다나 본 장에서 지목하고 있는 설득의 대상은 지존인 임금이다. 당시의 시대적인 상황에서는 말 한 마디에 목이 달아나는 것이 예삿일이었다. 그러므로 자칫 잘못하면 패가망신은 물론이고 목숨까지 위협을 느껴야 했다. 한비는 주도면밀하게 임금이라는 존재의 심리를 분석하여, 진언하기 어려운 말은 듣는 사람의 마음을 알아내 그 마음에 맞게끔 전하는 데 있다고 하였다. 또한 용의 턱밑에 직경이 한 자나 되는 비늘이 거슬러 나 있는데, 그것을 건드리면 용은 반드시 사람을 죽인다고 하였다.

상대방의 진의를 알아야 한다

남을 설득하는 일이 어렵다는 것은 말하는 사람이 충분한 지식을 가지고 있지 않아서가 아니며, 자신의 의견을 말로 제대로 표현하기가 어려워서도 아니다. 더군다나 하고 싶은 말을 거침없이 할 만한 용기가 없어서도 아니다. 그렇다면 무엇 때문일까? 상대를 설득하기 어렵다는 것은, 듣는 사람의 마음을 읽어내서 자기의 의견을 그 마음에 얼마나 맞게끔 하느냐에 달려 있기 때문이다. 즉 인간의 심리를 꿰뚫지 못하면 설득한다는 자체가 불가능하다는 얘기이다. 그러므로 얼굴을 보지 말고 본심을 꿰뚫어보라는 것이다.

설득하려는 상대가 명예나 고결한 말로 명성을 떨치기를 바라는 사람인데, 이런 상대를 향해서 이익이나 추구하는 이야기를 해보았자 재물이나 탐내는 천박한 인간으로 취급하면서 불쾌하게 생각할 것이 뻔하다. 반대로 재물만 탐하는 사람에게 명성이 높아지는 이야기를 해보았자, 세상 물정에 어두운 사람이라고 취급하면서 멀리할 것이 틀림없다. 그렇다면 속으로는 재물만 탐하면서 겉으로는 훌륭한 척하는 사람일 경우는 어떨까. 이런 사람에게 훌륭한 인간으로서 지켜야 할 도리를 말하면, 겉으로는 반겨할지 모르나 속으로는 멀리할 것이다. 반대로 이익이 되는 일을 말하면, 그 의견만을 속으로 기억하고 받아들일 뿐 나머지는 물리쳐버릴 것이다. 남을 설득하고자 하는 사람이라면 이 정도는 숙지하고 헤아려야 한다.

비밀을 알면 목숨이 위태로워진다

모든 일에 비밀을 지켜야 하지만, 특히나 모의하는 일이 밖으로 새어나가면 실패하게 된다. 또한 상대방이 자신의 비밀을 말하지 않아도 대화를 나누다가 상대의 비밀을 우연히 알게 될 수도 있는데, 이렇게 되면 설득하려던 사람의 목숨이 위태로워진다. 상대방이 겉으로는 다른 무언가를 하고 있는 것처럼 내비치면서, 실상 속으로는 전연 다른 일을 계획하고 있다고 하자. 상대방이 겉으로 하고 있는 일만 알고 있다면 무사하다. 하지만 그렇게 내보이는 것이 다른 일을 꾀하기 위해서라는 속내까지 알아버린다면, 설득하려던 사람의 목숨은 위태롭게 된다.

이쪽 의견이 상대방 마음에 들어서 그것이 채택되었더라도, 그 밖의 다른 사람이 냄새를 맡고 그 내용을 지레짐작으로 외부에 흘려보냈다면, 비밀을 누설시킨 혐의는 반드시 의견을 말한 사람에게도 오게 된다. 그런 경우에도 말한 사람의 생명은 위태롭게 된다. 벼슬한 지 오래되지 않았고 거기다가 아직 신임도 받지 않았는데 있는 지식을 모조리 다 드러내 보이면, 설사 자기가 말한 계획이 성공하더라도 상을 받기가 어렵다. 더욱이 계획이 실패한다면 공연한 의심만 받게 될 뿐 아니라, 말한 사람의 생명마저도 위태롭게 된다.

임금의 잘못된 허물을 보았을 때, 예법을 거들먹거리면서 그 잘못을 지적하거나 정면으로 비판하게 되면, 그 사람의 생명은 정말로 위태롭게 된다. 임금이 누군가의 훌륭한 의견을 채택해서 그것을 자신의 공으로 삼으려고 하는데, 그러한 내막까지 들여다보면서 말을 늘어놓는 사람은 생명이 위태롭게 된다. 임금에게 감당하기 벅찰 정도의 일을 강요하거나, 그만두려고 해도 그만둘 수 없는 일을 제지하려고 하는 경우에도 말하는 사람의 신변은 위태롭게 된다.

임금이란 훌륭한 사람의 이야기를 하면 자기를 빈정대는 줄로 생각하고, 덜된 사람의 이야기를 끄집어내면 자기를 추켜올리는 것이 아닌가 하고 경계를 한다. 임금이 좋아하는 사람을 칭찬하면 자기 비위를 맞추려는 수단인 줄로 의심하고, 덜 좋아하는 사람의 흉을 보면 자기 속을 떠보려는 것이 아닌가 하고 경계한다.

요약하면 아무것도 모르는 것 같으면 상대하려 하지 않고, 빠짐없이 온갖 이야기를 다하면 아는 체한다면서 귀찮게 여긴다. 조심스럽게 대강만을 이야기하면 주변머리 없는 사람으로 생각하고, 계획성 있게 널리 의견을 말하면 소심하다고 생각하며 업신여긴다. 이것이 설득의 어려운 점이니 알아두지 않으면 안 된다.

때로는 예를 들어주는 것이 좋다

남을 설득하는 데에는 기본적으로 갖추어야 할 태도가 있다. 먼저 상대방이 자랑으로 여기는 것은 은근히 돌려서 칭찬해주고, 수치로 알고 있는 것은 내색하지 말고 은근히 덮어주는 것이다. 내 욕심만 채우려는 것이 아닌가 하고 행동을 주저하는 상대에게는 대의명분을 주어서 자신감을 갖도록 해야 한다. 내키지 않는 일을 하면서도 차마 그만두지 못하는 상대에게는, 그다지 나쁜 일도 아니니 그만둘 것까지는 없다고 안심시키는 것이 좋다. 높은 이상을 품고 있으나 실제로 행하기에 힘이 부족한 상대에게는 그 꿈에 대한 문제점이나 부작용을 설명하면서, 실행하지 않는 편이 좋다고 말해주는 것이 좋다. 자신의 재주를 내세우기 좋아하는 상대에게는 상대가 계획하고 있는 그 자체를 직접 말하지 말고 다른 것을 예로 들어주며, 아무것도 모르는 척 일깨워주는 것도 하나의 방법이다.

다른 나라와 공존하는 정책을 권하려거든, 먼저 그것이 나라의 명예를 높이게 되는 것임을 말한 뒤에 임금 자신에게도 이익이 있는 것임을 암시해주는 것이 좋다. 위험한 일을 그만두도록 깨우쳐 줄 경우에는, 그것이 명예에 관계되는 것임을 설명하고 임금 자신에게도 이익이 되지 않는다는 것을 암시해주는 게 좋다. 상대방이 하는 일을 칭찬할 때에는 다른 사람이 행했던 같은 일을 예로 드는 것이 좋고, 나무랄 때에도 같은 내용의 다른 예를 들어서 말하는 것이 좋다.

부도덕한 행위로 고민하는 임금에게는 같은 일을 예로 들어, 그리 대단한 것이 아님을 들려주어 마음을 편하게 해주는 것이 좋다. 실패로 인해 낙심하고 있는 임금에게는 다른 예를 들어, 승패는 병가지상사라는 것을 밝혀주면서 용기를 되찾게 해주는 것이 좋다. 또한 스스로의 능력에 자신을 갖고 있는 상대에게는 그 능력의 한계점을 말해서 상대의 기분을 상하게 해서는 안 된다. 결단력이 있다고 자부하는 상대에게는 그 판단이 잘못임을 지적하여 상대를 노엽게 만들어서는 안 된다. 또한 뛰어난 계략을 자랑하는 상대에게는 그 계략이 실패하기 쉬운 점을 들어 상대를 궁지에 빠지게 해서는 안 된다. 이와 같이 상대방의 처지를 잘 생각해가며 의견을 펴고, 상대방을 자극하는 일이 없도록 말을 조심해야 한다.

예전에 이윤伊尹이 요리사가 된 것과 백리해가 포로가 된 것은 모두 임금에게 접근하기 위해서였다. 이들 두 사람은 성인인데도 불구하고 임금에게 접근하기 위해서 스스로 천한 몸이 되었다. 그것은 임금을 설득시키려는 사람이 임금에게 접근하기 위해 자신의 말에 높낮이를 두는 것과 같은 것이다. 그렇게 해서 자신의 의견이 임금의 귀에 들어가고 세상을 건지게 된다면 조금도 부끄러워할 것이 못 된다. 임금에게 끝내 신임을 얻으면 비밀리에 가담해서 꾀를 말하더라도 의심받지 않으며, 반대의견을 개진해도 벌을 받지 않게 된다. 이해관계를 낱낱이 파헤쳐서 좋은 성과를 거둘 수 있고, 시비를 칼로 자르듯 분명히 밝혀냄으로써 도리어 이쪽의 이름이 올라가게 된다. 그리하여 상대와 이쪽이 다 같이 이익을 얻을 수 있다면, 설득은 완전한 경지에 다다른 것이 된다.

상대에 따라 다르게 말한다

정鄭나라 무공이 호胡나라를 칠 때의 일이다. 그는 우선 자기 딸을 호나라 임금에게 주어 그의 마음을 산 다음 신하들에게 "나는 영토를 확장하려고 한다. 어느 나라를 치는 것이 좋겠는가?"라고 물었다. 대부인 관기사가 답하기를 "호가 좋을 줄로 압니다."라고 하자, 무공이 크게 노하며 "호나라는 혼인한 사이가 아닌가? 그곳을 치다니 무슨 엉뚱한 소리인가?"라며 관기사를 죽였다. 호나라 임금은 그 말을 전해 듣고, 마음을 턱 놓고 정나라에 대한 방비를 풀어버렸다. 그 틈을 타서 정나라는 호나라를 쳐서 차지했다. 신하 한 사람을 희생시켜서 나라 하나를 얻은 것이다.

또 이런 이야기가 있다. 송나라 어느 부잣집의 담이 비가 내려 무너졌다. 그 집 아들이 말하기를 "이대로 두면 도둑이 들게 됩니다."라고 했는데, 이웃집 사람도 똑같이 말했다. 그날 밤 두 사람의 말대로 부잣집에 도둑이 들어와 몰래 도둑질을 해갔다. 도둑이 들어오리라는 것을 미리 알고 있었으니 얼마나 슬기로운 아들인가. 부자는 아들의 선견지명에 감탄했다. 그렇지만 이웃집 사람도 담이 무너진 것을 알고 있었으므로 그가 범인이 아닌가 하고 의심을 하게 되었다.

관기사나 이웃집 사람의 경우, 그들이 한 말은 둘 다 들어맞았다. 그런데 한 사람은 죽임을 당하고 한 사람은 의심을 받게 되었다. 말하자면 일을 안다는 것이 어려운 것이 아니라, 안 다음에 어떻게 처신하느냐에 그 어려움이 있다. 진晉나라의 계략을 꿰뚫어본 진秦나라 요조가 남의 나라에서는 성인이라는 평을 들었으면서도 자기 나라에서는 죽임을 당한 것도 똑같은 예다. 요조가 성인이라는 평을 들을 수 있었던 것은 그 나라의 내부를 능수능란하게 헤엄쳐 다녔기 때문이었고, 요조가 죽임을 당한 것은 사람의 마음처럼 불안정한 것은 없다는 사실을 간과했기 때문이다. 그러므로 같은 말을 할 때에도 상대에 따라 다르게 해야 한다는 것을 잊어서는 안 된다.

역린을 건드리면 안 된다

미자하彌子瑕라는 어여쁜 소년이 위衛나라 영공의 사랑을 받았다. 위나라에서는 임금의 수레를 몰래 탄 사람은 용서 없이 발을 끊는 형을 받았다. 어느 날 밤 미자하는 어머니가 위독하다는 소식을 받고, 임금의 명령이라고 속여 임금의 수레를 타고 나갔다. 그것을 들은 영공은 죄를 묻기는커녕 크게 칭찬하며 "효성이 지극하구나. 어머니를 생각한 나머지 제 발이 잘리는 것도 잊었구나."라고 했다. 또 어느 날은 영공을 모시고 과수원으로 산책을 나간 일이 있었다. 복숭아를 먹던 미자하는 너무나도 복숭아가 맛있는지라, 먹다 남은 나머지 반을 영공에게 권했다. 그러자 영공이 "임금을 사랑하는 마음이 극진하구나. 제가 먹던 것도 잊어버리고 내게 먹으라고 권하다니."라고 칭찬하였다.

그러나 세월이 흘러 미자하가 늙자, 미자하에 대한 영공의 사랑도 식었다. 그러자 미자하가 앞서 한 일들이 괘씸하게 느껴졌다. 그래서 말하기를 "이놈은 거짓말로 내 수레를 타고 나간 적이 있었다. 또 언젠가는 먹다 남은 복숭아를 과인에게 먹인 일도 있었다."라며 노여워했다. 미자하가 한 행동은 하나뿐이었다. 그런데도 그것이 전에는 칭찬거리였으나 나중에는 벌을 받게 되었다. 단지 영공이 사랑하는 마음으로 바라보던 시각이 나중에는 미워하는 시각으로 변했기 때문이다.

상대방이 나를 좋아할 때에는 옳은 말을 하면 금방 마음에 들어하며 더욱 가까이 하게 된다. 그러나 처음부터 미워하고 있다면 옳은 말을 해도 받아들여지지 않고 더욱 멀어질 뿐이다. 의견을 말하고 일깨워주려면, 먼저 상대방이 나를 어떻게 생각하고 있는가를 파악한 다음에 그것을 적절하게 실행해야 한다.

용이라는 동물은 길만 잘 들이면 사람이 타고 다닐 정도로 유순한 짐승이다. 하지만 용의 턱 밑에 직경이 한 자나 되는 비늘이 거슬러 나 있는데, 그것을 건드리면 용은 반드시 사람을 죽인다. 임금에게도 이같이 거슬러 난 비늘이 있는데, 이것을 역린이라고 한다. 이 역린을 건드리지 않고 임금을 설득할 수 있다면 일단은 성공했다고 볼 수 있다.

붙임말

제1장에 있는 이병二柄과 제12장에 나오는 비내備內는 한비가 임금의 입장에서 쓴 문장들이다. 즉 임금인 강자의 입장에서 법술의 필요성을 말한 것이다. 그러나 한비 자신은 임금이 아니고 신하에 불과한 몸이었다. 그래서 본 장에서 말하는 세난說難은 신하로서의 한비가 약자의 입장에서 써내려간 문장이다.

그리하여 임금을 설득하는 것이 얼마나 어려운 것인가를 설명하였고, 다양한 예를 들면서 임금의 뜻에 맞지 않았을 때에는 목숨마저 위태롭다는 것을 설명하였다. 그래서 설득의 상대인 임금의 심리를 먼저 파악해야 한다고 하였고, 미자하의 실례를 들면서 애증의 변화에 대해서도 설명하였다. 이처럼 신하의 입장에서 임금을 보았을 때에도 한비의 날카로운 논지는 임금의 입장에서 신하를 보았을 때와 조금도 변함이 없다. 그러나 설득의 상대는 임금이었다.

당시 전국시대의 사회상으로 보았을 때, 자신에게 죄가 있든 없든 그 죄가 무겁든 가볍든 간에, 나를 살리고 죽이는 것은 임금의 자유였다. 내가 아무리 순수하고 정당하다 할지라도 임금의 역린을 건드리게 되면 내 목숨은 이미 내 것이 아니었다. 생사의 위험 앞에서 조금이라도 서툰 짓을 하게 되면 자기의 목숨을 내놓아야 했다. 그러한 위험 속으로 들어가서 상대방에게 인정을 받아내려면 어떻게 해야 하는지에 대하여 말하고 있다.

그러나 모든 경우마다 완벽할 수는 없는 법이다. 한비는 진秦나라로 초대받다시피 갔지만 동문수학하던 이사의 참소로 죽게 되는데, 세난에서는 그 운명의 한계를 보여주는 것 같다. 그래서 사마천은 『사기』에 세난 전문을 기록하고 나서 다음과 같이 덧붙였다. "한비가 세난을 썼으면서도 자기 자신의 화를 면하지 못한 것을 나는 슬프게 생각한다."

제8장
화씨
和氏

옥을 바치고 다리가 잘린 변화卞和

　　본 장에서는 화씨와 더불어 오기와 상앙의 고사를 인용하면서 이론을 전개하고 있다. 내용이 많지 않아서 간략하게 세 단계로 나누어, 설화에 대한 해설과 역사적인 사례를 들어 설명하고 있다. 화씨는 초나라에 살았던 평범한 사람이다. 화씨가 옥을 발견하여 그것을 왕에게 바쳤는데 옥으로 인정받지 못하였다. 거기에다가 인정은커녕 임금을 속였다 하여 발뒤꿈치를 자르는 월형刖刑에 처해졌다. 원래 옥이란 임금이 갖고 싶어하는 귀한 보물인데도, 그것을 바친 사람이 이렇게 불행을 당하게 되었다.

　　그렇다면 임금의 측근들이 가장 싫어하고, 임금 자신도 탐탁하게 여기지 않는 법과 술을 바친 사람의 운명은 어떻게 되는 것인가? 화씨가 바친 구슬이 처음에는 아름답게 보이지 않았지만, 그렇다고 임금에게 해가 되는 것은 아니었다. 그런데도 두 발이 끊기고 나서야 보배라는 것을 인정받게 되었으니, 진실을 말하고 그것을 인정받는다는 것이 얼마나 어려운 일인가를 화씨를 통해서 말하고 있다.

진실은 인정받기 어렵다

옛날 초楚나라에 화씨라는 사람이 살고 있었다. 어느 날 그는 초산楚山이라는 곳에서 돌 모양으로 된 옥 덩어리를 발견하고 그것을 초나라 여厲임금에게 바쳤다. 임금이 보석 감정가인 옥인에게 그것을 보여주었다. 옥인은 보자마자 대단한 물건이라는 것을 직감했으나, 자신이 바치고 벼슬길에 오른 옥보다 돋보이기를 꺼려했다. 그래서 좋은 옥은 아니라고 에둘러 말했다. 그러자 곁에 있던 신하들이 고개를 갸우뚱했다. 이에 옥인이 아예 돌덩이 취급을 하며 임금에게 아뢰기를 "초산에 가면 널려 있는 게 이런 돌덩어리들입니다."라고 했다. 그러자 임금은 벼슬길에 눈이 멀어 거짓을 고하였다며 화를 버럭 내면서 "저놈의 왼쪽 발뒤꿈치를 잘라서 만백성들의 본보기로 삼으라."고 명했다.

여가 죽고 무武가 임금에 오르자 화씨는 또다시 같은 옥 덩어리를 바쳤다. 무임금 역시 옥인에게 감정시킨 결과 전과 똑같이 돌덩어리라는 판정이 나왔다. 임금은 화씨가 거짓말로 사람들을 현혹시킨다면서 다시 월형에 처해, 그의 남은 오른쪽 발뒤꿈치마저 잘랐다. 무가 죽고 문文이 즉위했다. 화씨는 발이 없어 갈 수가 없으므로 옥 덩어리를 품에 안은 채 매일같이 초산의 기슭에서 울었다. 사흘 밤

옥을 바치고 다리가 잘린 변화卞和

낮을 울고 나자 눈물은 말라버리고 피가 흘렀다.

그때 임금이 그 소식을 듣고 관리를 보내 이유를 알아오라고 하였다. 관리가 다그치듯이 물었다. "세상에는 발뒤꿈치가 잘리는 월형을 받은 사람이 많은데, 유독 너만이 그렇게 슬피 우는 이유가 무엇이냐?" 화씨가 대답하기를 "저는 뒤꿈치가 잘린 것이 원통해서 우는 것이 아닙니다. 보석이 돌덩이 취급을 당하고, 정직한 사람이 거짓말쟁이가 되었으므로 그것이 슬퍼서 우는 것입니다."라고 하였다. 임금이 세공인에게 그 돌덩어리를 쪼고 다듬게 하였더니 과연 아름다운 보석이었다. 임금이 옥인이 아닌 다른 감정사에게 보였더니, 감탄을 금치 못하면서 온갖 찬사를 쏟아냈다. 이로부터 임금이 이 옥의 이름에 화씨를 붙여서 화씨벽和氏璧이라고 부르게 되었다.

요즘의 임금들은 법술을 대할 때 화씨의 구슬을 구하는 것처럼 하지 않는다. 바꿔 말하자면 신하들과 백성들의 잘못을 애써 금하려 하지 않는다는 뜻이다. 그래도 법술을 터득한 선비가 아직 죽임을 당하지 않은 것은, 제왕이 가질 만한 옥과 같은 법술을 아직 임금에게 바치지 않았기 때문이다. 만약 임금이 화씨벽을 찾아내듯이 법술을 채택해서 나라를 다스린다면, 대신들은 감히 국정을 농단할 수 없고 측근들도 감히 임금의 권력을 팔 수 없게 된다.

법술을 싫어하는 까닭

무릇 임금이 법술을 원하는 정도는 화씨벽을 애써서 갖고 싶어하는 마음에는 미치지 못한다. 그렇다고 임금이 신하들이나 백성들의 숨은 악을 뿌리뽑고 싶어하지 않는다는 것은 아니다. 다만 막연하게 어찌 할 방도를 찾지 못하고 있다. 만일 법술을 주청하는 사람의 말대로 임금이 법술을 쓰게 된다면, 대신은 함부로 재단하지 못하고 가까운 신하도 감히 권세를 팔지 못한다.

법이 나라에 행해지면 떠돌아다니던 백성들은 돌아가 경작을 하게 되고, 거들먹거리며 돌아다니던 병사들은 전쟁터에 나가 위험을 무릅쓰고 싸우게 될 것이다. 그러므로 법술은 신하와 백성들에게는 재앙이 된다. 따라서 임금이 신하들의 반대와 백성의 비난을 물리치고 법술에 귀 기울이지 않는다면, 설령 누군가 목숨을 걸고 의견을 개진해보았자 법술이 임금에게 채택될 리가 없다.

옛날 오기鳴起는 초나라 도왕에게 나라의 현황을 아뢰었다. "대신은 지나친 권력을 가지고 있고, 영지를 가진 신하는 너무 많습니다. 이대로 가면 그들이 위로는 국왕의 권력을 침범하고, 아래로는 백성들을 괴롭히게 될 것입니다. 나라는 가난해지고 군사는 약해질 뿐입니다. 영지를 가진 신하에게는 삼대까지만 작록을 받게 하고, 그이후로는 반환시키는 것이 좋을 듯합니다. 모든 관리들의 녹봉을 깎고 불필요한 벼슬을 폐지시켜서, 그 녹을 훈련받는 사병들에게 돌려야 됩니다." 초나라 도왕은 이 말을 받아들여서 열심히 시행했으나 불과 일 년 만에 죽고 말았다. 그러자 오기는 그의 제안으로 해를 입은 사람들에 의해 수족이 잘리는 형벌을 받으며 죽임을 당했다.

상앙商鞅은 진秦나라 효공孝公에게 정치의 요점을 이렇게 설명했다. 첫째는 다섯 집과 열 집을 한 조로 묶어서 서로가 서로의 잘못을 고발하여 연대책임을 지도록 한다. 둘째는 문학이니 역사니 하는 책들을 불살라버리고 법령을 분명히 한다. 셋째는 백성들이 집을 떠나 벼슬을 찾아다니는 것을 금지한다. 넷째는 나라에 변이 있을 때 병역에 종사하는 백성에게는 표창한다. 효공이 그대로 받아들여서 실행에 옮기자, 임금의 지위는 높아지면서 안정되었고 나라는 풍족해지고 군사력은 강하게 되었다. 그러나 팔 년 뒤 효공이 세상을 떠나자, 상앙은 그동안 불평불만을 품었던 자들에 의해 수레에 매달려 사지가 찢겨지는 거열형을 받고 죽었다.

초나라는 오기가 말한 정책을 폐지한 것만으로도 외부의 우환에 위협당하고 내란에 시달렸다. 진나라는 상앙이 말한 법의 정책에 의해 부강한 나라가 되었다. 두 사람의 말은 정당한 것이었음에도 초나라에서는 오기를 죽여 손발을 끊고, 진나라에서는 상앙을 수레로 찢어 죽였다. 대신들은 자기를 괴롭힌 법을 방해물로 여겼고, 백성들은 빈틈없는 정치를 싫어했기 때문이다.

오늘날의 세상은 옛 진나라와 초나라에 비교가 안 될 정도로 대신들의 세력은 커졌고 백성들은 난에 익숙해 있다. 그런데도 임금은 초나라 도왕이나 진나라 효공과는 달리 사람들의 의견을 들으려 하지 않는다. 이렇게 된다면 오기나 상앙과 같은 상황은 되풀이 될 것이고, 위험을 무릅써가며 법술을 말할 사람은 나올 리 없다. 이런 까닭에 세상은 어지러운 혼란의 연속인데도 세상을 평정할 만한 패왕이 나타나지 않는 것이다.

　오늘날에는 최첨단 과학의 산물과 눈부신 문명의 발전으로 역사 이래 가장 풍요로운 생활을 영위하고 있다. 그렇지만 사실 우리는 인정받지 못했을 때의 화씨처럼, 두 발이 잘린 채 불구로 살아가고 있는지도 모른다. 나중에 보석으로 인정받은 화씨벽처럼, 살면서 자기 자신을 충분히 갈고 닦았다고 자부할 수 있는 사람이 과연 몇이나 될까.

　전국시대에 살았던 한비는 대신과 귀족들이 실권을 쥐고 사리사욕을 꾀하는 정치에 맞서서, 그들의 권력을 누르는 군권강화君權強化정치를 주장했다. 그것의 실현을 위해서『한비자』를 저술하면서 반복적으로 되뇌이다 보니 어느덧 그의 사상이 되었고, 실현가능성이 있다고 스스로 판단했다. 그 수단이 바로 법이고 술이었다.

　그러나 법술은 어디까지나 지배자의 입장에서 피지배자인 신하와 백성들을 용서하지 않고 다스리는 통치술이기 때문에 신하와 백성들로부터 심각한 저항과 비난을 받았다. 그런데 정작 법술을 가장 필요로 하는 임금이 아예 관심조차 보이지 않으니, 오로지 부국강병을 말하는 법가의 논객들은 모두 비극을 맞을 수밖에 없었다.『오자』라는 병서를 남긴 오기나『상자』를 지은 상앙이나 모두가 같은 길을 걸었다. 그리고 한비 역시 이 운명에서 벗어날 수 없었다.

　지금까지 보아온 것처럼 한비는 공리공론을 일삼는 학자들을 몹시 경멸하였으나, 한비 자신은 학자라는 명분 그 이상으로 고금의 학문이나 역사, 일화 등 모르는 것이 거의 없었다. 그의 저술에 이렇게 다양하고 풍부한 인용이 없었다면 설득력도 그만큼 줄어들었을 것이다. 그가 인용한 것이 언제나 적절한 것은 아니라 할지도, 본 장에 등장하는 화씨는 역사적인 이야기가 교묘하게 살려져 있는 작품이다. 원래 화씨벽은 조나라 혜문왕惠文王이 손에 넣었을 때, 진나라 왕이 열다섯 개의 성과 바꾸자고 할 정도로 유명한 옥이었다. 한비는 이 유명한 옥이 세상에 나오기까지의 일화를 설득력 있게 인용해서 사람들을 끌어당기는 한편, 오기와 상앙의 예를 들어 법술이 채택되지 않은 불행한 사실들도 설명하였다.

제9장
간겁시신
姦劫弑臣

간사함으로 군주를 해치는 신하

간姦은 '간사하다', 겁劫은 '빼앗다', 시弑는 '죽임'을 말하고, 신臣은 '대신'을 뜻한다. 그러므로 간겁시신은 '간사한 계략으로 임금을 해치는 신하'를 뜻한다. 간사한 신하는 인간의 본성을 이용하여 임금이 옳다고 여기는 것은 찬성하고, 임금이 옳지 않다고 여기는 것은 반대하면서 신임과 총애를 받으려고 애를 쓴다. 그런 다음 임금의 창과 방패를 사용하여 자기들의 욕심을 채우고, 세력을 확보한 후에는 임금에게 위협을 가한다. 이에 대한 대비책으로, 한비는 나라를 다스리는 법률을 명확하게 제정하고 법령을 엄격하게 시행해야 한다고 말한다.

따라서 본 장에서는 임금을 협박하고 죽이는 신하를 유형별로 모아서 소개하고 있다. 모든 인간관계의 원리는 이해利害에 있기 때문에 임금은 인의와 도덕은 뒤로 하고, 이득이 되고 해가 되는 원칙을 천하에 제시함으로써 신하가 따르게 된다는 점을 강조하고 있다.

임금을 제멋대로 조종한다

간신은 임금의 마음속으로 파고들어가서 비위를 맞추고 신임과 총애를 받는다. 그런 다음 요직에 등용되어 권력을 움켜쥐고 그 세력을 유지한다. 임금이 좋다고 여기는 것은 간신도 그림자가 따르듯이 쫓아서 칭찬하고, 임금이 싫어하는 것은 그 뜻에 영합하여 헐뜯고 비난하여 선의의 피해자가 생겨난다. 사람은 대체로 좋고 싫음의 선택이 같으면 서로 합치고, 그 반대의 경우에는 서로 배척하는 경향이 있다. 취하고 버리는 것이 일치하는데도 서로 반목하는 경우는 거의 없다. 이것이 바로 신하가 임금으로부터 신임과 총애를 받으면서 출세하는 비책 중에 하나이다.

임금은 반드시 위에서 가려져 속임을 당하고, 신하는 반드시 아래에서 자신들의 세력을 단단하게 굳힌다. 그래서 이를 일컬어 신하가 임금을 마음대로 조종한다고 말한다. 나라 안에 임금을 제멋대로 조종하는 신하가 존재하게 될 경우, 다른 많은 신하들은 자신의 힘과 지혜를 다 바쳐서 임금에게 충성하려고 해도 이루지 못한다. 또한 많은 관리들이 나라의 법령에 따라서 판결하려고 해도 그 뜻을 이루지 못한다.

나라를 다스리는데 이러한 폐단이 생기게 되면 임금이 제아무리 신하들의 간교함이 없기를 바라고, 관리들이 법령에 따라서 맡은 바 직무에 충실하기를 바란다 하더라도 먹혀들지 않는다. 임금을 좌우에서 보필하는 신하들이 충성을 다하고 신의를 지킨다 할지라도, 자기들의 안전이 보장되지 않는다는 것을 알게 되면 그들은 이렇게 말할 것이다. "나는 전심전력을 다하여 나라를 위하고 임금을 섬기면서 일신의 안위를 추구하였지만, 그것은 마치 장님이 흑백을 가리려는 것과 같은 것으로 도무지 가망이 없는 일이다. 또한 도를 바탕으로 올바르게 행동하면서 일신의 안위를 바란다는 것도 귀머거리가 맑은 소리와 탁한 소리를 구별하여 듣고자 하는 것과 같아서 더더욱 쓸모없는 일이다. 이 두 가지 방법으로도 편안함을 얻지 못하니, 이럴 바에는 나도 이참에 패거리를 만들어 임금을 속이고 중신에게 아첨하여 입신출세하는 것이 옳지 않겠는가."

임금과 신하는 본래 남남이다

임금과 신하는 혈육으로 맺어진 사이가 아니므로 본래부터가 남남이다. 그렇기 때문에 올바른 방법으로 자신의 안위와 이익을 얻을 수 있다면 신하는 있는 힘을 다하여 임금을 섬길 것이다. 그러나 안위와 이익을 얻을 수 없다면 그 신하는 사사로운 방법으로 이익을 꾀하면서 임금에게 중용되기를 바랄 것이다. 현명한 임금은 이것을 잘 알고 있기 때문에 나라의 법을 따르면 반드시 상을 받게 되고, 법을 어기면 반드시 벌을 받는다는 원칙을 정해놓고 이를 세상에 널리 공포한다. 그런 까닭에 임금이 몸소 나서서 수많은 관리들을 가르치

간사함으로 군주를 해치는 신하

거나 간신을 찾아내지 않아도 나라는 잘 다스려지게 된다.

임금이라 할지라도 눈이 특별히 밝은 것도 아니고, 귀가 특별히 잘 들리는 것도 아니다. 임금이 잘 볼 수 없기 때문에 術술에 맡겨 나라를 다스려야 하는데, 그렇게 하지 않고 자신의 밝음만 믿는다면 거기에는 반드시 한계가 있기 때문에 간신의 농간에 가려지게 된다. 또한 임금의 귀라고 하여 특별나게 잘 들을 수 있는 것은 아니기 때문에 세력에 의지하여 나라를 다스려야 하는데, 그렇게 하지 않고 자신의 총명함만 믿는다면 실제로 듣는 소리에는 한계가 있기 때문에 간신에게 속지 않을 수 없다.

현명한 임금은 세상 사람들로 하여금 임금을 위하여 보지 않을 수 없게 만들고 듣지 않을 수 없게 만들어서, 세상 사람들이 모두 자신의 눈과 귀가 되도록 만든다. 그래서 몸은 비록 깊은 구중궁궐에 있을지언정, 그의 눈과 귀는 세상에서 일어나는 모든 일들을 속속들이 보고 듣는다. 그렇기 때문에 제아무리 간악한 신하라 할지라도 이것을 가리지 못하고 속이지도 못한다.

개미무덤과 큰 언덕의 차이

세상의 어리석은 학자들은 어떻게 하면 나라가 잘 다스려지고 혼란스러워지는가의 실정도 모르면서 제멋대로 말만 늘어놓는다. 진부한 옛 서적을 들추고 외우면서 세상을 혼란스럽게 하고 정치를 어지럽힌다. 그뿐만이 아니다. 그들의 부족한 지혜로는 아주 평범한 일조차도 제대로 하지 못하면서 감히 법술을 터득한 선비를 비방한다.

그들의 견해를 듣는 사람은 일신이 위태로워지고, 그들이 도모하는 바를 활용하는 사람은 나라를 어지럽게 만든다. 이 또한 어리석고 우매하기 짝이 없는 일로서 세상에 미치는 영향이 매우 심각하다. 그들은 법술을 터득한 선비와 더불어 이야기를 나누고 토론하는데, 비록 명성은 있지만 사실에 근거해볼 때 서로의 차이는 천리만리의 거리가 있다. 명성은 같을지 모르지만 그 진실은 다른 것이라고 볼 수 있다.

대체로 세상의 어리석고 사상이 진부한 학자와 법술을 터득한 선비를 비교한다면, 이것은 마치 개미무덤과 큰 언덕을 서로 견주는 일과 다름이 없으니 서로의 거리는 엄청나게 먼 것이다. 어리석은 사람은 나라가 잘 다스려져서 부강해지기를 바라면서도 나라를 잘 다스리는 방법은 외면하고, 나라가 위태로워지는 것은 싫어하면서도 위태로워지는 방법은 오히려 감싸고 있다.

무릇 성인이 법을 새롭게 제정하고 시행할 때에는 반드시 일반적인 사람들의 견해와는 다르게 마련이다. 그렇다 할지라도 근본적으로는 도와 덕의 원리에 따를 수밖에 없다. 성인의 도를 깨우친 사람은 정의로움을 따르고 세속적인 것에는 반대하지만, 성인의 도를 미처 깨우치지 못한 사람은 의로움을 반대하고 세속적인 견해에 동조한다. 그리하여 성인의 도를 깨달은 사람은 적을 수밖에 없으니, 세상은 오히려 의로운 것을 잘못된 것으로 단정짓게 된다.

간사함으로 군주를 해치는 신하

자의 법칙과 먹줄의 힘

많은 학자들이 임금을 설득할 때에 임금의 근엄한 태도와 위세만이 간사한 신하들을 통제할 수 있다고 말하지 않고, 오직 인의와 자애로움으로 아랫사람과 신하들을 대하라고 부추긴다. 세상의 임금들이 인의라는 명분에 만족하게 되면 진실을 살피지 못하고, 나라에 도움이 되지 않는 바를 미처 생각하지 못하게 된다. 그리하여 인의를 행하여 화가 클 경우에는 나라가 망하고 임금 자신도 죽음을 면치 못하게 되며, 그 화가 작을 경우에는 영토가 줄어들고 임금의 권위도 힘을 잃게 된다.

무릇 가난한 사람에게 은혜를 베푸는 것을 인의라 하고, 불쌍한 백성에게 형을 가하지 않는 것을 자비라고 한다. 그러나 가난하다는 자체만으로 인의를 베푼다면 공을 세우지 않은 사람도 상을 받게 되고, 죄인에게 벌을 내리지 않는다면 불량한 무리들의 난폭한 행동을 막을 수 없게 된다.

무릇 엄한 형벌은 백성이 두려워하며 무거운 처벌은 모든 백성이 싫어한다. 성인은 백성들이 두려워하는 형벌로 간악한 행위를 금하고, 백성이 싫어하는 형벌로 비열한 행위를 방지한다. 이렇게 제재를 가함으로써 나라는 안정되고, 난폭하거나 불미스러운 일이 생겨나지 않는다. 이런 까닭에 인의나 자애와 같은 사랑은 소용이 없고, 오로지 법과 형벌을 엄히 하고 무겁게 하는 것만이 나라를 다스릴 수 있는 방법이다.

말을 부리는데 재갈이나 채찍이 없다면 비록 조보 같은 사람일지라도 말을 능숙하게 부리지 못한다. 또한 그림쇠나 자의 법칙이나 먹줄의 바름이 없다면, 왕이王爾와 같은 명장도 동그라미나 네모를 제대로 그려내지 못할 것이다. 마찬가지로 위엄이 있는 권세나 상벌이 없다면, 비록 요순과 같은 성인이라 할지도 나라를 편하게 할 수 없었을 것이다.

붙임말

제아무리 똑똑하고 현명한 사람일지라도 군주에게 간교한 계략을 함부로 쓸 수는 없다. 더군다나 간교한 계략으로 군주를 협박하거나 시해한다는 것은 불가능에 가까운 일이다. 그런데 그 불가능을 가능하게 만들어주는 것이 바로 군주 자신이다. 간사한 사람이란 여름에는 부채를 바치고 겨울에는 화로를 바치는 사람이다. 부채와 화로는 군주가 보고 싶어하는 것만을 보여주며 현혹시키고, 군주가 듣고 싶어하는 것만을 들려주면서 어둡게 만드는 것을 말한다. 즉 군주가 듣고 싶어하는 이론과 정책만을 바치고, 군주가 원하는 일만을 골라서 할 수 있도록 만들어주는 것이다.

결국 어두워진 군주는 그들의 언행이 옳다고 믿게 되면 자신의 창을 내주어 휘두르게 하고, 그다음에는 자신의 방패도 내주어서 어떠한 반대 세력도 막아낼 수 있도록 해준다. 그리고 한 술 더 떠서 군주는 그들을 나라의 대들보라고 칭찬하면서 충신이라고 치켜세워준

간사함으로 군주를 해치는 신하

다. 이렇게 되면 막강한 힘을 가진 무소불위의 간신이 탄생하게 되는 것이다. 그리하여 마지막 창끝의 목표물은 군주 자신이 된다는 것을 지나온 역사는 수도 없이 증명해주었다. 조선의 창업 과정에서 창과 방패가 없는 고려에 줄을 섰던 정몽주와 같은 사람은 불과 몇 안 되었다. 힘 있는 권신들은 모두가 이성계의 등 뒤로 줄을 섰다. 그것이 세상의 인심이다. 절개를 지킨다면서 욕하고 반대했지만 패가망신하면서 목숨만 파리 목숨처럼 날아갔다.

현대사회에서도 크게 다르지 않다. 내가 하고 있는 모든 일이 순조롭게 잘 풀리고 승승장구할 때에는 온갖 사람들이 구름처럼 몰려든다. 그래서 『명심보감』에서는 "가난하면 번화한 곳에 살아도 아는 이 없지만, 부유하면 깊은 산골에 살아도 멀리서 찾아오는 친구가 있다."고 하였고, 『사기』에서는 "복숭아와 오얏은 말을 하지 않아도 나무 밑에 저절로 길이 생긴다."고 하였다. 그러나 지위를 잃거나 사업이 어려워져 곤궁한 처지가 되면 주위에는 개미새끼 한 마리도 없다. 그렇게 되면 참기 힘든 배신감도 들고 자괴감도 밀려올 것이다. 그래서 옛사람들이 세찬 바람이 불어야 억센 풀인지 알 수 있고, 추워진 뒤에야 잎이 늦게 떨어짐을 볼 수 있다고 한 것이다.

제10장
망징
亡徵

나라가 망하는 조짐

징徵은 '부르다'라는 뜻을 가지고 있으니, 본 장에서는 '나라가 망하는 징조'를 의미하고 있다. 이 세상에 넘어지지 않는 나무가 없듯이 망하지 않는 나라도 없었다. 한비는 여러 나라의 흥망성쇠와 그 발자취를 더듬어가며 망국의 징조가 어디에서 나타나는지를 구체적인 예를 들어가면서 설명하고 있다. 망국의 징조를 질병에 비유한다면, 초기에 적절한 치료를 받아야 목숨을 건지고 생명을 유지하게 된다. 반대로 적국의 망징亡徵을 더욱 극대화시킬 수 있다면, 전쟁에서 승리를 거머쥐기란 누워서 떡먹기처럼 아주 쉽다.

만약 요堯와 같은 성인이 동시대에 두 사람이 있었다고 가정한다면 누가 왕이 될지 가늠할 수 없고, 또한 못된 임금으로 유명한 은나라 마지막 왕인 주와 같은 사람이 둘 있었다고 가정한다면 어느 쪽이 망하게 될지 모를 일이다. 그래서 한비는 임금을 둘러싸고 있는 왕족들, 좌우 중신들의 부정부패와 전국시대의 사회 말기적인 현상들을 낱낱이 들춰내서 설명하고 있다. 과연 어느 곳에 나라를 망하게 하는 징조가 있는지 살펴보자는 것이다.

망국의 징조가 나타나는 열 가지

첫째,　대신들의 살림살이 규모가 임금의 살림살이보다 크고, 임금의 권위는 가벼운데 신하를 따르는 사람이 임금을 능가한다.

둘째,　임금이 법치를 가볍게 알고 모략과 책략에만 의존하다가, 마침내는 내정의 혼란을 가져와서 이웃나라의 세력에 의존하려고 한다.

셋째,　신하들이 쓸데없는 학문을 익히고 그 자식들은 공리공론에만 몰두하며, 일반 백성들은 그저 주먹에 의존한다.

넷째,　임금이 화려한 궁궐과 정원을 만드는 데 열중하고, 큰 수레와 화려한 옷으로 치장하기를 즐겨한다.

다섯째, 때가 어떻고 일진日辰이 어떻고 하는 데 신경 쓰며, 귀신 섬기기를 좋아하고 사주나 점 같은 것을 그대로 믿으면서 제사지내기를 좋아한다.

여섯째, 신하들의 진언이 마음에 든다고 먼저 작록을 내리고 일의 성과는 중요시하지 않으며, 접견이나 외교를 특정 신하에게 일임하여 외부와의 접촉이 걸러진다.

일곱째, 중신에게 잘 보이면 관직에 오를 수 있고, 뇌물을 바치면 승진하고 작록을 받게 된다.

여덟째, 임금이 어둡고 무능하여 무슨 일에나 우유부단하고, 중신들의 의견에만 이끌려다니며 자기주장이 없다.

아홉째, 지나친 탐욕으로 이익이 되는 것이라면 분별없이 뛰어들고, 여색을 지나치게 밝힌 나머지 남의 아내까지도 겁탈한다.

열째, 법과 원칙을 따르지 않고 분별없이 상과 벌을 내리고, 공리공론에 귀 기울여 현실에 도움이 되는지의 여부를 고려하지 않고 겉치레만을 일삼는다.

화근을 불러오는 일곱 가지

첫째, 임금의 사람됨이 가볍고 속이 얕아서 있는 그대로 털어놓고 감춰두는 일이 없으며, 신하들이 말한 진언을 이 사람 저 사람에게로 옮긴다.

둘째, 임금의 고집이 강하고 독선적이라 남들과 화합할 줄 모르고, 진언하는 말만 들으면 화를 내고 이겨먹기를 즐겨한다.

셋째, 먼 곳에 있는 나라와의 동맹이나 원조에만 의지하고, 가까운 이웃나라들과의 외교를 등한시하거나 무시한다.

넷째, 다른 나라에서 와서 더부살이하는 선비가 가족과 재산은 본국에 그대로 둔 채 국가의 계획과 정책에 이르기까지 모든 국정에 관여한다.

다섯째, 민심은 이미 임금을 떠나 재상에게로 쏠리고 있는데도 그

재상을 파직하기는커녕, 국가의 중대사를 맡기며 충성하기를 바란다.

여섯째, 나라 안의 뛰어난 선비를 무시하고 외국에서 선비를 모셔와 중용함으로써 기존의 신하들보다 귀하게 만든다.

일곱째, 정실의 공자를 가볍게 만들어 다른 공자들이 동등한 세력을 갖고, 그런 상태에서 태자를 세우기도 전에 임금이 죽고 만다.

남을 경시하여 망하는 일곱 가지

첫째, 임금이 태만하여 반성할 줄을 모르고, 나라가 어지러워도 스스로 과신하며 자부심이 넘친다. 나라 안의 경제력은 헤아리지 못하면서 이웃에 경계한 나라를 얕본다.

둘째, 약소국임에도 강한 척하면서 강대국을 경계하지 않는다. 국경을 맞대고 있는 강대국을 우습게 여기며 예로써 대하지 않는다.

셋째, 태자가 이미 정해졌는데도 임금이 강국에서 새 부인을 맞아 정실로 들인다. 이 때문에 신하들은 새 부인 쪽으로 쏠리며 동요한다.

넷째, 임금이 겁이 많고 일정한 신념이 없다. 그래서 지레짐작은 하면서도 결단을 내리지 못하고 망설이다가 때를 놓치고 만다.

다섯째, 임금이 외국에 체류하고 있는데 그 사이에 반대세력이 새 임금을 옹립하거나, 태자가 다른 나라에 인질로 가 있는 동안 임금이 태자를 바꿔버린다.

여섯째, 대신들을 소홀히 대하거나 모욕을 주어 자존심에 흠집을 낸다. 백성들에게 엄한 형벌을 가하고 혹독한 사역에 시달리게 한다.

일곱째, 대신들이 서로 권력을 다투고 임금의 형제들은 세력이 강하여 당파를 만들며, 외국의 원조를 받아들여 서로가 자기 세력을 키워나간다.

무시하여 망하는 여덟 가지

첫째, 애첩들의 부탁을 무작정 들어주고 아첨하는 무리들의 말을 그대로 받아들여, 세상의 비난이 높아가는데도 법에 어긋난 짓을 거듭한다.

둘째, 대신들의 의견을 무시하고 종친의 윗사람에게 무례한 짓을 하며, 백성들을 괴롭히며 무고한 사람을 사형에 처한다.

셋째, 형편이 여의치 못하면 구실을 붙여서 법을 고치고, 기회만 있으면 공적인 일에 사사로운 감정을 개입시킨다. 그래서 아침의 명을 저녁에 고치면서 잇달아 새로운 법령을 만들어낸다.

넷째, 지리적인 요새가 없는데도 성곽이 견고하지 못하고, 군비를 축적해둔 것도 없는데 생산능력마저 부족하다. 오랜 전쟁을 견딜 만한 힘이 없는데도 경거망동해 싸움걸기를 좋아한다.

다섯째, 임금의 집안이 대대로 단명하여 즉위하자마자 죽고, 그래서 철없는 어린 임금이 즉위하여 대신이 권력을 잡는다.

여섯째, 후계자인 태자의 명성이 높아짐에 따라 강력한 파벌이 생겨나고, 태자가 큰 나라와 결탁하는 등 일찍부터 태자의 세력이 강대해진다.

일곱째, 임금의 시야가 좁고 성질이 급해서 쉽게 행동하고, 식견이 부족하여 앞뒤를 헤아리지 못하고 분간하지도 못한다.

여덟째, 불끈불끈 화를 잘 내면서 전쟁을 즐기고, 근본인 농사일에 힘쓰지 않고 가볍게 군사를 징발한다.

혼란을 불러오는 여섯 가지

첫째, 대신들이 기세를 부리고 서로 반목하여 다른 나라의 힘에 의지한다. 백성들을 움직여 사사로운 싸움을 하는데도 처벌하지 않고 바라만 보고 있다.

둘째, 임금보다 그 형제가 인물이 뛰어나다. 태자에게 권위가 없어 다른 공자들이 대항하며 세력을 펴고, 관리보다도 백성들이 더 강하다.

셋째, 임금이 고함을 쳐야 하는데도 가슴에 품은 채 내색하지 않고, 신하들의 죄가 뚜렷한데도 죄목만 들출 뿐 처벌하지 않는다.

넷째, 군의 지휘관이나 변경에 있는 장수에게 큰 권한을 주어, 임금과 상의도 없이 제멋대로 군령을 내릴 수 있게 한다.

다섯째, 왕후가 음란하고 태후가 추한 행동을 하여 조정 사람들이 내실과 함부로 통하며, 내전에서 정치에 간섭하고 마침내는 왕후와 태후가 맞서며 안주인이 둘이 된다.

여섯째, 정실보다도 측실의 권세가 높고 태자보다 서자가 더 존경을 받는다. 대신이 무시되고 측근이 실권을 잡아서, 내전과 조정에 다 같이 대립이 생긴다.

나라가 망하는 아홉 가지

첫째, 대신의 권력이 지나치게 커져서 강력한 파벌을 형성하고, 임금의 결재가 있기도 전에 마음대로 국정을 요리한다.

둘째, 대신을 비롯해 유력한 배경이 있는 신하만이 등용되고, 공신들의 자제는 냉대를 받는다. 항간의 사소한 선행에도 상을 내리면서 관직에 있는 사람들의 노고는 평가되지 않는다.

셋째, 국가의 재정은 바닥이 나 있는데도 대신들의 집에서는 돈을 주체하지 못한다. 조상 대대로 뿌리박고 사는 농민과 병사들은 가난한데, 다른 나라에서 온 사람들과 장사치와 하찮은 일에 종사하는 사람들만이 부를 얻는다.

넷째, 큰 이로움을 눈앞에 놓고도 기회를 놓치고, 재앙이 닥쳐올 것을 예측하면서도 그에 대한 대책을 세우지 않는다. 이와 같이 기회나 방비에서나 별로 아는 것이 없으면서도 인의仁義의 헛된 명분으로 일신을 꾸미고자 한다.

다섯째, 임금다운 효도를 생각하지 않고 일반 백성들과 똑같은 효도에만 급급하다. 국가의 미래를 고려하지 않고 어머니인 태후의 말에만 순종하여, 결과적으로는 여자가 국정을 움직이고 환관이 세력을 잡는다.

여섯째, 임금이 말은 잘하지만 이치에 어긋나고, 총명하기는 하지만 소중한 술術을 알지 못한다. 재능은 있으나 법에 따라 일을 처리하지 않는다.

일곱째, 오래된 신하들은 푸대접 받고 풋내기들이 실권을 잡는다. 실제로 수고하는 사람의 지위는 낮고, 공이 없는 사람이 높은 자리에 앉는다.

여덟째, 임금의 종친이나 대신들이 그들의 공로보다 높은 녹과 작위를 받으며, 생활이 분수에 넘치게 사치스러운데도 임금이 그것을 그대로 방치한다.

아홉째, 임금의 사위나 손자인 종친들이 민가에 살면서, 이웃주민들에게 오만하게 굴고 폭력을 휘두르며 백성들을 우습게 여긴다.

준비하면 기회는 온다

본래 망징이라는 것은 그것이 나타났다고 해서 반드시 나라가 망한다는 말이 아니라, 단지 '망할 가능성이 농후'하다는 것이다. 예를 들어서 나무가 부러지는 것은 벌레가 나무 속을 갉아 먹었기 때문이고, 담장이 무너지는 것은 어딘가에 틈이 있었기 때문이다. 그러나 일련의 것들이 실제로 부러지거나 넘어지려면, 강풍을 맞든가 큰 비가 내린다든가 하는 하나의 계기가 필요하다. 따라서 만승의 나라를 다스리는 임금이 힘을 비축하고 있다가 망징이 나타나는 나라가 생겼을 때, 그 나라를 향하여 강풍이나 호우와 같은 역할을 한다면 쉽게 손에 넣을 수 있다.

붙임말 징조나 조짐이란 좋은 일이 생기거나 나쁜 일이 생길 기미가 보이는 현상을 가리킨다. 즉 무슨 일이 일어나기 전에 나타나는 수상한 신호와 같은 것이다. 흔히 마른하늘에 날벼락이 친다고 하면 지나친 기우라고 하고, 자라 보고 놀란 가슴 솥뚜껑 보고 놀란다고 하면 지나치게 소심하다고 치부한다. 하지만 작게는 개인의 일상에서부터 크게는 국가의 중대사에 이르기까지, 어떤 일이 일어나기 전에는 반드시 어떤 조짐이 있다. 본래 조짐이란 바다를 항해하는 배의 옆구리에 생긴 가느다란 금을 뜻한다. 먼바다를 항해하는 배의 한 부분에 작은 틈새가 생겼다면 선장들은 과연 어떻게 대응할까.

어떤 선장은 별거 아니라고 웃어넘길 수도 있고, 어떤 선장은 소스라치게 놀라면서 두렵게 여길 수도 있다. 또 한편으로는 아예 그런 틈새가 있는지조차도 모르고 느긋하게 항해하는 선장도 있을 것이다. 배의 운명은 바로 선박의 항해를 책임져야 하는 선장의 판단력과 역량에 달려 있다.

만승의 나라를 책임져야 하는 천자나, 천승의 나라를 책임져야 하는 제후도 선장의 역할과 조금도 다르지 않다. 국가적으로 크고 작은 금이 가거나 틈새가 생겼을 때 대수롭지 않게 여기는 군주도 있을 것이며, 놀라서 대응하는 군주도 있을 것이고, 눈이 가려지고 귀가 막혀서 깜깜무소식인 군주도 있을 것이다. 어느 경우가 되었건 미세한 틈새로 배가 침몰하듯이 나라가 망한다면, 그것은 현명하지 못한 군주와 무능한 신하들의 합작품이다.

그래서 본 장에서는 군주 자신은 물론, 군주를 중심으로 한 종친이나 측근, 대신들의 부정부패뿐만이 아니라 그 당시 상류계층을 둘러싸고 있는 무리들을 포함하여, 타락한 사회 말기적인 현상을 날카롭게 지적하였다. 한비의 서술방식은 대부분 논문체의 문장으로 구성되어 있는데, 본 장인 망징에서는 요점을 정리해놓은 것처럼 간단 명료하다. 망국의 조짐이라고 여기는 상황을 아무런 논평 없이 마흔일곱 개의 항목으로 간단하게 열거하였다. 그래서 읽는 사람에게 새로운 맛과 신선함을 안겨주고, 동시에 독특한 설득력을 갖게 해준다. 본 장에서 보듯 문장의 형태는 단순한 형식의 문체가 아니라, 한비가 사고하는 방법을 풀어내는 또 하나의 문체였다고 볼 수 있다.

제11장
삼수
三守

군주의 세 가지 철칙

삼수는 '임금이 나라를 다스리는 데 필요한 세 가지 원칙'에 대하여 논하고 있다. 삼수三守로 인하여 임금은 권력을 움켜쥐고 유지할 수 있다고 보았고, 다른 한편으로는 삼겁三劫에 대하여 논하면서 세 가지 위험요소를 제거해야만 나라와 임금이 평안함을 얻을 수 있다고 말한다.

삼수란 첫째로 임금은 신하로부터 들은 말을 누설하지 말라는 것이고, 둘째로는 측근들의 의견에 좌우되지 말라는 것이며, 셋째로는 자신이 해야 하는 일은 신하에게 맡기지 말라는 것이다. 삼겁이란 첫째로 허명虛名에 의한 위협이고, 둘째는 나랏일을 빌미로 하는 위협이며, 셋째는 신하가 형벌의 권한을 장악하고 하는 위협이다.

이렇듯 삼수는 임금이 반드시 지켜야 할 것들인데, 이 세 가지를 지킨다면 나라는 평안하고 일신은 영화를 누릴 수 있다. 삼겁은 임금

군주의 세 가지 철칙

이 권력을 어떻게 침해당하는지에 대하여 자세하게 설명해주고 있는데, 만약 이 세 가지를 방어하지 못한다면 나라는 위태로워지고 일신은 위험에 처하게 된다는 것을 말하고 있다.

임금이 지켜야 할 세 가지

첫째, 신하들 중에서 어떤 이가 나라를 걱정하는 심정으로 요직에 있는 관리들의 잘못된 실태를 고하거나, 능력이 있고 실적이 좋은 관리의 실상을 임금에게 독대의 형태로 넌지시 보고하는 경우가 있다. 그러면 임금은 그러한 사실들을 혼자서 마음속에 담아두고 진위 여부를 가려보아야 한다. 하지만 사실관계도 확인해보지 않은 채 보고받은 그대로 측근들에게 발설해버리는 임금이 있다. 그렇게 되면 충언한 신하는 임금에게 향후 어떤 견해를 밝히고 싶어도 점점 꺼리게 되고, 더군다나 측근들의 비위에 거슬리는 말은 아예 입 밖으로 꺼내지도 못하게 된다. 그렇게 되면 올바른 말을 하거나 올곧은 행동을 하는 신하는 만나보기 힘들어지고, 정직하고 충성스런 신하는 나날이 임금과 멀어지게 된다.

둘째, 임금이 어느 한 사람을 총애하는 경우가 있는데, 임금의 권위로써 그 사람을 칭찬하지 않고 모든 신하들이 그를 칭찬하기를 기다렸다가 비로소 이롭게 해준다. 반대로 임금이 어느 한 사람을 미워하는 경우가 있는데, 임금의 권위로써 그 사람에게 해로운 조치를 취하지 않고 모든 신하들이 그를 탄핵하기만을 기다렸다가 처벌한다. 이렇게 두 가지 오류를 범하게 되면 임금의 권위는 땅바닥에 떨어지고, 권력은 자연스럽게 좌우 측근의 신하들에게로 옮겨간다.

셋째, 임금이 나라를 다스리는 중차대한 일을 번거롭게 여기거나 귀찮게 생각하는 경우가 있다. 그래서 여러 신하들에게 정사를 담당하여 처리하도록 전권을 위임하게 되면 날이 갈수록 모든 결정권은 신하에게로 옮겨가고, 결국에는 그들이 정권을 장악하게 된다. 그렇게 되면 사람을 죽이고 살리는 결정권이나, 벼슬과 봉록을 주거나 혹은 빼앗는 권한이 신하의 수중으로 들어간다. 결국 임금은 신하들로부터 점차 간섭을 받게 되고, 나중에는 위협까지 받는 불상사를 겪게 된다.

신하에게 금해야 할 세 가지

첫째, 신하가 재상이라는 높은 지위를 이용하여 국정을 장악하고, 말단에 있는 신하들은 재상을 통하지 않고서는 어떤 일도 불가능하게 만들어놓는 경우가 있다. 그렇게 되면 아무리 착하고 똑똑한 사람일지라도 재상에게 거슬리면 화를 당하게 되고, 능력이 없고 사악한 사람일지라도 재상에게 아부하면 이익을 얻게 된다. 그래서 많은 신하들은 나서서 임금에게 충성하거나 나랏일과 종묘사직에 대하여 논하지 않게 된다. 임금이 비록 현명하다 할지라도 자기 혼자서 나랏일을 꾸려갈 수는 없는 노릇이니, 그 나라는 곧 망국의 길로 접어들게 되는 것이다.

둘째, 신하가 임금의 총애를 미끼로 국가권력을 제 맘대로 휘두르는 경우이다. 모든 인사와 이권을 좌지우지하면서 이익을 취하고, 임금에게는 거짓으로 고한다. 그래서 임금은 점점 더 총애하는 신하의 말을 믿게 되고, 나라의 모든 역량을 기울여 그 신하가 하는 일들을 돕게 만든다. 그래서 일이 실패하면 임금은 그 신하와 더불어 재앙을 나누어 갖지만, 일이 성공하게 되면 그 신하 혼자서 공을 독차지하게 된다. 그래서 정무를 처리하는 사람들은 하나같이 그 신하의 뛰어난 점만을 들춰내어 말할 뿐이고, 혹여 누군가 나서서 잘못된 점을 직언해도 임금은 이를 믿지 않게 된다.

셋째, 금령이나 형벌의 제도는 물론 관청이나 감옥에 이르기까지 신하가 제 멋대로 일을 처리하는 것이다. 이를 일컬어 형벌을 앞세워 임금을 협박한다고 말한다.

이렇게 위와 같은 세 가지를 금하거나 방어하지 못하면 세 가지의 위협이 일어나고, 지켜야 할 세 가지 일을 완전하게 이행한다면 임금이 신하에게 위협당하는 일은 그치게 된다.

붙임말

걱정거리 없이 편안하게 살아가고 싶은 게 보통 사람들의 마음이다. 그러나 편하게 살고 싶다고 해서 저절로 되는 것은 아니고, 나 혼자 독불장군처럼 열심히 산다고 해서 잘살아지는 것도 아니다. 반드시 인연을 맺고 있는 주변 사람들의 우호적인 협조가 있어야만 가능하다. 그러려면 나 또한 최소한의 원칙을 정해놓고 꼭 지켜야 한다. 그 원칙이 무너지게 되면 소유한 모든 것들이 줄어들거나 무너지기 때문이다.

또한 최소한의 인정과 도리 정도는 남들에게 베풀면서 살아가야 위급할 때 도움을 받을 수도 있다. 개인의 삶이나 단체나 회사라는 조직에서도 이와 같은데, 하물며 한 나라를 통째로 거머쥐고 있는 옛날의 임금에게 있어서는 더 말할 나위가 있겠는가. 그래서 한비는 인간의 본능에 따른 상대적이면서도 필연적인 인간관계의 중요성을 강조하고자 삼수三守를 지었는지도 모를 일이다.

군주가 제 아무리 현명하더라도 혼자서 나라를 지키면서 백성들을 풍요롭게 만들 수는 없는 노릇이다. 누군가에게는 국방을 책임지는 병권을 맡겨야 하고, 누군가에게는 죄인을 다스리는 사법권을 맡겨야 하며, 또 누군가에게는 먼 지방을 다스리는 제후나 수령의 자리도 맡겨야 한다. 맡긴다는 것은 위임한다는 뜻이니, 그로 인하여 정치라는 큰 그림이 비로소 그려지게 되는 것이다.

군주는 신하를 자식처럼 자애하는 마음으로 신뢰해야 되고, 신하된 자는 국가와 군주에게 오로지 충성하면 되는 것이지만, 실상은 거기에서 알력과 괴리가 생겨나게 마련이다. 서로 간의 이익이 상반되고, 그 이익이라는 것은 제로섬 게임처럼 하나를 놓고 다투어야 하기 때문이다. 그래서 본 장에서는 군주가 지켜야 하는 세 가지와 경계해야 하는 세 가지에 대하여 다루었다. 군주가 평안해야 나라가 평안하고, 나라가 평안해야 백성들도 평안해진다는 한비의 기본적인 사상이다.

제12장
비내
備內

측근을 경계하라

비備는 '갖추다', 내內는 '안'을 뜻하니, 비내는 '자기 안을 방비한다'는 의미이다. 여기서 안이란 가장 믿게 되는 왕비와 후궁은 물론 태자와 같은 가족 구성원들을 가리키며, 측근의 신하들과 임금을 모시는 시종들도 포함된다. 그래서 비내는 '내부의 인물들에 대비해야 한다'는 뜻이다.

임금이 나라를 다스리기 위해서는 어느 누구건 지나치게 믿어서는 안 된다. 특히 가까이 있는 사람에게 속을 보여서는 안 되는데, 그것이 여자일 경우에는 더욱 그러하다고 하였다. 정실이든 측실이든 가까이하고 있는 여자들은 실제로 임금이 죽기를 은근히 바라기도 하는데, 그것이 무엇 때문인지에 대하여 본 장에서는 적나라하게 설명하고 있다. 한비는 남자는 쉰 살이 되어도 여색을 즐기고 좋아하는데 변함이 없지만, 여자는 그보다 일찍 어여쁜 빛이 시들어지기 마련이고, 그런 까닭에 여자들에게는 질투와 시기하는 마음이 일어나게 되므로 여인을 경계하라고 말한다.

믿어서 이로울 게 없다

임금의 재앙은 남을 너무 믿는 데서 생겨난다. 어떤 상대를 전적으로 신뢰했다가는 상대방의 뜻대로 이용당하기 십상이기 때문이다. 따라서 임금이 남을 믿는다는 것은 해로운 일에 속한다. 남을 지나치게 믿으면 나 자신은 그들에게 눌리게 되는 결과를 초래한다. 그것은 군신관계가 핏줄로 맺어진 것이 아니라, 단지 임금의 위세에 억눌려서 마지못해 복종하며 섬기고 있기 때문이다. 따라서 신하는 임금의 마음에 끼어들기 위하여 잠시도 쉬지 않고 기회를 엿보고 있지만, 임금은 모르는 척하면서 그런 신하들을 무관심하게 대하고 있다. 이런 이유 때문에 임금은 지위를 위협당하기도 하고 죽임을 당하기도 하는 것이다.

임금이 자기 자식의 말을 덮어놓고 믿을 경우에 속 검은 신하들은 그 자식에게 빌붙어 사욕을 채우려고 한다. 이태李兌가 조나라 혜문왕을 섬기면서 그의 아버지인 무령왕을 굶어 죽게 만든 예가 그것이다. 임금이 왕비를 덮어놓고 믿을 경우에도 신하는 역시 그 왕비를 이용해서 사욕을 채우려 든다. 우시優施가 진晉나라 헌공의 측실인 여희를 섬기면서 태자 신생을 죽이고, 여희의 아들 해제를 태자로 봉하게 했던 예가 그것이다.

이처럼 임금은 자기 부인과 자식까지도 믿어서는 안 되는 지경인데, 그 밖에 믿어도 좋을 사람이 누가 있겠는가. 뿐만 아니라 다른 사람도 아닌 왕후가 자기 남편인 임금이 빨리 죽기를 바라는 경우도 있다. 만승의 천자나 천승 제후의 왕후나 부인도 자신이 낳은 적자가 태자로 책봉되어 있을 경우에 임금이 빨리 죽기를 바라는 것이다. 그 이유는 무엇일까? 부부란 원래가 핏줄에 의해 맺어진 것이 아니기 때문이다. 사랑을 받는 동안은 가까이 지내지만, 사랑이 식어지면 자연히 멀어지게 된다. 속담에 "어미가 사랑스러우면 그 자식도 끌어안는다."는 말이 있듯이, 어미가 미움을 받게 되면 그 자식도 멀리하게 된다는 뜻이다.

여자는 나이가 들면서 미모가 쇠하고 시들어진 몸으로는 아무래도 남편의 마음을 끌 수가 없으므로, 아내는 차츰 시기심을 일으키고 조바심을 내게 된다. 내가 소외됨으로써 내 자식이 뒤를 잇지 못하는 것은 아닐까 하는 이유로, 정실부인과 측실은 임금이 죽기를 바라게 되는 것이다. 자기가 낳은 아들이 임금이 되기만 하면 모든 것이 다 뜻대로 된다. 남녀 간의 즐거움은 남편이 죽은 뒤에도 얼마든지 즐길 수 있고, 나라를 자기 마음대로 움직여도 누구 한 사람 시비하지 못한다. 그래서 독약을 먹이거나 목 졸라 죽이는 소동이 일어나는 것이다.

그래서 『도좌춘추桃佐春秋』에서 말하기를 "올바른 죽음을 한 임금은 전체의 반도 되지 않는다."고 하였다. 즉 천수를 다하거나 병으로 죽는 임금이 반도 되지 않는다는 뜻이다. 임금들이 이것을 깨달지 못하면 의문의 죽음은 끊이지 않고 이어질 것이다. 그래서 임금의 죽음으로 이익을 얻는 사람이 많으면 많을수록, 그 임금의 목숨은 위태롭다고 하는 것이다.

늘 경계해야 한다

수레를 잘 몰기로 유명한 왕량은 말을 사랑했고, 월나라 왕 구천은 사람을 사랑했다. 말은 타고 달리기 위해서이고, 사람은 전쟁에 반드시 필요하기 때문이다. 의사가 환자의 상처를 빨고 고름을 입에 머금는 것은 골육의 친함과 같은 사랑이 있어서가 아니라, 다만 이익을 얻기 때문이다. 수레를 만드는 사람은 많은 사람들이 부자가 되기를 바라고, 관을 짜는 사람은 사람들이 빨리 죽기를 바라는 것 역시 같은 이치에서이다. 전자가 착하고 후자가 악해서 바라는 바가 다른 것이 아니다. 다만 부자가 되지 않으면 수레를 살 수 없고, 죽지 않으면 관을 사주지 않기 때문이다. 즉 상대방을 축원하거나 미워해서가 아니라, 그래야만 자신에게 이익이 생겨나기 때문이다.

왕후나 측실이나 태자의 측근들이 임금의 죽음을 바라는 것도 그가 죽지 않으면 자기들의 세력이 뻗어나가지 못하는 까닭이다. 즉 임금을 미워하는 것이 아니라, 임금의 죽음으로 인하여 얻어지는 이익이 막대하기 때문이다. 따라서 임금이 경계해야 할 사람은 자기가 죽을 경우 이익을 얻게 되는 사람이다. 제아무리 밖에서 노리는 도둑을 경계할지라도 진짜로 무서운 도둑은 안에 있고, 미운 자들만을 조심해본들 오히려 화는 아끼는 자들로부터 생겨난다. 이런 까닭에 현명한 임금은 여러 단서를 비교검증하지 않은 일은 거론하지 않으며, 평소에 늘 먹던 음식이 아니면 입에 대지 않는다. 또한 먼 곳의 일에는 귀를 기울여 듣고 가까운 곳의 일은 눈여겨보며, 조정의 안팎에서 일어나는 일을 잘 살펴서 그냥 지나치는 일이 없도록 해야 한다.

신하들의 말이 서로 어긋나는 점을 살펴서 당파의 갈래를 알아내고, 신하들이 임금 앞에서 한 말과 그들이 행한 결과를 비교함으로써 무책임한 말을 함부로 하지 못하게 한다. 그래서 신하가 밖으로 내뱉은 말에 대해서는 그 결과에 대하여 반드시 책임을 지도록 해야 한다. 그 기준은 법의 잣대에 의지함으로써 신하를 통솔할 수 있다. 그래야 요행으로 상을 받는 일이 없고, 상을 받기 위해 직책에서 벗어나는 행동을 하지 않게 된다. 그리고 죄를 진 사람에게는 반드시 그 죄를 물어 죄인이 빠져나가지 못하게 해야 한다. 이렇게 하면 간악한 무리들의 사욕을 억제시킬 수 있다.

부역의 폐단

부역賦役이란 나라의 공익사업을 위하여 '보수 없이 백성들에게 의무적으로 책임을 지우는 노역'을 말한다. 재해로 인하여 도로나 다리가 파손되거나 제방이 무너졌을 경우에는 불가피한 일이다. 또한 전쟁이 발발하여 젊은 사람들이 징집되는 경우도 이에 해당한다고 볼 수 있다. 하지만 백성들의 생업에 지장을 주면시까지 성곽을 쌓아서 넓히거나, 궁궐을 새로 짓기 위하여 백성들을 동원한다면 백성들은 괴로워한다. 백성들이 괴로워지게 되면 관리의 권세가 일어나게 되고, 관리의 권세가 일어나면 백성들은 뇌물을 바치게 되어 관리들은 부유해진다. 즉 임금이 권세를 일으키게 만들어서 신하들에게 위임하거나 빌려주는 것이니, 이것이 바로 나라가 강제로 동원하는 부역의 폐단이므로 장기적인 방안이 아니다.

부역이 적당하거나 적어져야 백성들은 편안하고, 백성들이 편안해야 관리들이 권한을 강화하지 못한다. 신하와 관리들이 스스로 권한을 강화하지 못하면 권세는 사라지게 되고, 그 은덕은 임금에게로 향하게 된다. 이것은 물이 불을 이길 수 있는 것과 같은 이치이니, 물이 불을 제압할 수 있는 것처럼 법은 간사한 무리들을 얼마든지 제압할 수 있다. 바꿔 말하면 조정에서 머리를 조아리는 신하들에게 일선에서 일하는 관리들이 상납하는 고리를 차단하는 것이다. 그러므로 광의의 관점에서 보았을 때, 이것도 안內을 방비하는 비내備內에 해당한다고 볼 수 있다.

붙임말 첫 장에서 두 개의 칼자루를 쥐고 날카로운 시각으로 신하의 입장을 살펴보았던 한비는, 이제 그 날카로운 시선을 왕비와 후궁은 물론 태자에게로 돌린다. 이들은 임금에게 가장 믿을 수 있고 가까운 사람들이라서 근친하기 때문에 아예 경계하지 않을 수 있다. 그러나 가장 가까운 사람일수록 한번 어긋나서 등을 돌리게 되면, 미치게 되는 악영향이 상상을 초월한다. 그에 따르는 배신감도 이루 말할 수 없다. 그렇다고 해서 임금의 가족이나 측근들 자체가 나쁘다고 말하는 것은 아니다. 환자의 고름을 빠는 의사나 수레나 관을 짜는 목수와 마찬가지로, 임금의 근친한 가족들 역시 자기 이익에 따를 뿐이라는 것을 말하는 것이다.

한비의 이러한 인간관은 그의 스승이자 성악설로 유명한 순자로부터 받은 영향이 컸을 것으로 보인다. 한비와 순자는 사상적인 측면에서 많은 차이점이 있지만, 인간은 오로지 자기 자신을 위해서 힘쓰고 행동한다는 측면에서는 큰 차이가 없다. 그러함에도 순자는 "어떤 평범한 사람일지라도 착한 일을 거듭 쌓아서 그것을 완전히 몸에 담게 되면 성인이 된다."고 하였다. 즉 인간이 태어나면서 갖추고 나온 품성은 비록 악하지만, 후천적인 노력에 따라서 얼마든지 선한 사람으로 바뀔 수 있다고 하였다. 반면에 한비는 인간은 현실적인 욕망에 따라 움직이므로 이에 대한 대책이 필요한데, 그 대책이 바로 '법과 술'에 의한 것이라며 순자의 철학과는 결을 달리하였다.

제13장
식사
飾邪

사악한 행위를 경계하라

식飾은 '꾸민다'는 뜻이지만 여기서는 '경계한다'는 의미로 쓰였으니, 식사는 '사악邪惡을 경계한다'는 말이 된다. 본 장에서 말하는 사악은 점술이나 미신을 가리키지만, 한 발 더 나아가서는 외국의 힘에 의존하는 것까지 포괄하여 지칭한다. 그래서 사악한 것을 믿고 전쟁에 임해서는 안 된다고 말한다. 예를 들어 거북의 등껍질에 구멍을 내고 불에 구워 점괘를 얻고, 산가지를 헤아려 점괘를 얻거나 하는 귀신의 보살핌으로는 전쟁에서 승리할 수 없다. 또한 하늘의 별자리가 길조라 하여 점괘대로 승리할 수도 없다. 그런데도 이런 점괘나 귀신을 믿고 전쟁을 벌인다면 어리석기 짝이 없는 일이라는 것이다.

한비는 이런 점으로 미루어보았을 때 전국시대의 사람으로서는 상당히 객관적이고 의식이 깨어 있는 사람이라고 보인다. 그는 원칙을 세워놓고 현실에 맞는 정치를 구현한다면, 나라는 잘 다스려지고 부국강병을 이룩할 수 있다고 말한다.

거북점을 믿고 싸우다 노예가 되다

예전의 선왕들은 백성들을 자애하고 보살피는 데 정성을 다했고, 법을 세우고 밝히는 데에도 있는 힘을 다했다. 법을 명확하게 시행하면 신하들은 나라를 위하여 능력을 다 바쳐서 충성하고, 간사한 신하들은 못된 짓을 그치게 된다. 이처럼 간사한 신하가 사라지고 충신들이 힘을 다하면서, 영토는 넓어지고 임금의 권위는 존귀해진 나라가 바로 진秦이다. 신하들이 패거리를 짓고 사익을 위하여 그릇된 짓을 일삼다가, 나라의 영토는 줄어들고 임금의 권위는 비천해진 나라가 바로 전국칠웅 중 산동의 여섯 나라이다.

월나라 구천은 대붕이라는 거북껍질의 점괘를 믿고 오나라로 의기양양하게 쳐들어갔다. 결국에는 포위당하여 항복하고 오나라로 끌려가서 신하가 되었으며, 노예가 되다시피 생활하면서 오를 섬겼다. 이후에 복권이 되어 자기 나라로 돌아오자, 거북점과 같은 점괘는 믿을 것이 못 된다며 배척하고 법을 밝혔다. 그러면서 백성들을 따듯하게 보살피고 힘쓴 결과, 패배를 설욕하고 오나라를 굴복시켰다. 그러므로 귀신이나 미신에 의지하면 법을 소홀히 하게 되고, 부강한 이웃나라나 제후국들의 도움에 지나치게 의존하면 나라는 위태로워진다.

지금 약소국인 한韓나라는 나라를 다스리는 일에는 힘쓰지 않

　　　　　　　사악한 행위를 경계하라

고, 오로지 강대국인 진나라와 위나라를 따르며 이웃 나라들과는 국교를 소홀히 하고 있다. 이는 작은 나라가 무턱대고 큰 나라에 의지하게 되면서 점점 멸망을 재촉하는 지름길이다. 다른 나라에 지나치게 의존하게 되면 자국의 영토는 더 이상 넓힐 수 없다는 것을, 지금 한나라는 알지 못하고 있다.

영토와 백성이 없는 임금

상벌을 시행할 때 일정한 법도가 없다면, 비록 나라는 크더라도 군사력이 약해진다. 그렇게 되면 영토가 있어도 다스릴 수 없는 영토가 되고, 백성이 있어도 다스릴 수 없는 백성들만 있게 된다. 임금이 다스리는 영토가 없고 다스릴 수 있는 백성이 없다면 요순과 같은 성인도 임금이 될 수 없고, 하물며 강대국이 된다는 것은 더더욱 어불성설이다.

임금이 공로 이상의 상을 내리게 되면 신하는 요행을 바라게 되고, 아무 공적도 없는 사람에게 상을 내리게 되면 실제로 공로가 있어도 존중받지 못한다. 또한 공적이 없는 사람이 상을 받게 되면 상이 남발하여 나라의 재정은 궁핍해지고, 백성들은 임금을 원망하게 된다. 그리하여 소외된 신하들과 백성들은 나라를 위하여 힘쓰지 않게 된다.

따라서 상을 잘못 주면 백성의 마음은 갈라지고, 형벌을 적용함에 있어서도 법에 근거하지 않으면 백성은 두렵게 생각하지 않는다.

이렇게 된다면 비록 나라가 크고 많은 백성들이 있다 할지라도 임금은 반드시 위태롭게 된다. 그러므로 작은 지혜를 가진 사람에게 국가의 대사를 맡겨서 이익을 꾀하지 못하게 해야 하며, 작은 충성이 있는 사람에게 법을 맡겨서 시행하는 일이 없도록 해야 한다.

거울이 움직이면 올바로 볼 수 없다

위나라는 법을 확립하고 이를 중시하여 만백성이 순종하며 따랐다. 공이 있는 사람은 상을 받고 죄를 범한 사람은 처벌하였는데, 그 강함이 모든 제후들을 바르게 하였고 그 위력은 사방의 이웃 나라에까지 널리 미쳤다. 그런데 나라가 안정되자 법은 경시되어 갔고, 함부로 상벌을 남발하게 되자 국력은 나날이 쇠퇴해졌다.

연나라도 법률을 신봉하고 논공행상을 공정하게 했을 때에는 남쪽으로는 중산 땅을 빼앗아 영토를 넓히고, 동쪽으로는 제나라를 거느렸다. 그러나 부강한 나라가 되자 법률을 가벼이 여기면서 관리들이 태만해졌고, 임금의 측근들은 서로 다투고 상벌에 대한 시비가 끊이지 않았다. 결국 병력은 약해지고 영토는 줄어들어 이웃나라의 지배를 받게 되었다.

조나라는 법률을 중시하며 대군을 이끌고 있을 때에는 인구도 많고 군사력도 막강하여, 제나라와 연나라에까지 영토를 넓혀갔다. 그러나 법률이 경시되고 법을 집행하는 관리의 힘이 약해져서 백성들을 다스릴 수 없게 되자, 나라의 영토는 엿판처럼 토막나기 시작

사악한 행위를 경계하라

했다.

그러므로 법을 밝게 세우는 나라는 강해지고, 법을 경시하고 함부로 하는 나라는 약해지는 것이다. 한 나라가 강해지거나 약해지는 것이 이처럼 분명한 것이다. 그럼에도 지금의 임금들은 이에 힘쓰지 않고 있으니 나라가 망하는 것은 당연한 결과이다. 그래서 예로부터 집안에 일정한 생업이 있으면 비록 흉년이 들어도 굶지 않고, 나라에 법이 존재하면 위험에 처해도 망하지 않는다고 하였다.

거울은 맑음을 지키면서도 움직이지 않아야 올바로 볼 수 있고, 저울은 흔들림이 없어야 물건의 중량을 정확하게 측정할 수 있다. 그런데 거울이 움직이고 저울이 흔들린다면, 바르게 볼 수 없고 바르게 잴 수도 없다. 나라의 법률도 이와 같아서 올바로 세우고 집행하지 않으면 무용지물이나 마찬가지가 된다. 그래서 옛날의 성군들은 도를 만물의 근본으로 여겼고, 법을 나라를 다스리는 근본으로 삼았던 것이다.

공과 사를 분명하게 한다

현명한 임금은 반드시 공과 사의 구분을 분명하게 하고, 법을 세우고 밝힐 뿐 사사로운 은혜는 베풀지 않는다. 그리하여 한번 내린 명령은 반드시 행하게 하고, 한번 금지하면 반드시 그치도록 하는 것이 현명한 임금이 백성들을 위해서 해주는 의로운 은전恩典이 되는 것이다. 신하가 동료들과 사귀어 믿음을 얻고 그로 인하여 사적인 의리가 횡행하게 되면 나라가 어지러워지겠지만, 임금이 강력하게 공적인 의리를 행하도록 하면 나라는 잘 다스려지고 공과 사는 분명하게 구분된다.

현명한 임금이 권좌에서 호랑이의 눈으로 바라보면 신하는 사심을 버리고 공익을 추구하겠지만, 어리석고 아둔한 임금이 권좌에 있으면 신하는 공익은 뒤로 하고 사심을 추구하게 된다. 그래서 임금은 나라를 잘 다스리고 자신의 지위를 굳건히 하고자 현신을 기르며, 신하 역시 자신의 이해를 헤아리면서 이익을 얻고자 임금을 섬기는 것이다. 이와 같이 임금과 신하는 서로의 이해관계를 헤아리는 것이 분명하다. 그러므로 나라를 해쳐가면서까지 측근의 이익을 도모해주는 임금이 있게 되면, 자신의 몸을 해쳐가면서까지 나라를 위하는 신하는 없게 된다.

그렇지만 나라가 풍전등화의 위기에 처하였을 때, 죽음을 무릅쓰며 지혜를 짜내고 그 능력을 다하는 것은 법이라는 존엄이 있기 때문이다. 옛날의 성군들은 이러한 이치를 알았기 때문에 법으로 신하들의 지혜와 능력을 모으고 그것을 부릴 수 있었던 것이다.

붙임말 고대사회에서는 거북의 등껍데기에 열을 가하여 터진 금을 보고 점치는 점술이 있었는데, 이를 귀복龜ㅏ이라고 하였다. 또한 산가지를 헤아려 섬쾌를 얻기도 하고, 별자리를 보고 길흉을 점치기도 하였는데, 이는 왕실을 비롯한 귀족들이나 평범한 백성들에 이르기까지 일상적인 일이었다.

실제로 전국시대의 조趙나라는 거북의 등껍데기를 굽고 산가지를 헤아려 매우 길하다는 점괘가 나오자, 연나라를 쳐서 승리하였다. 조나라의 내정은 불안정하였지만 연나라와의 전쟁에서 승기를 거머쥐자 조나라 왕은 의기양양하였다. 그래서 위세를 몰아 강대국인 진나라를 감히 쳐보려고 다시 점괘를 보니, 아주 길하다고 나왔다. 그리하여 조나라는 진나라와 전쟁을 벌였지만 결국 패하였다. 조나라는 길조라는 점괘에 따라 전쟁을 벌여 약소국인 연나라에는 승리하였지만, 진나라에 패하여 영토를 빼앗기고 왕은 죽임을 당하였다. 이를 두고 한비는 "조나라의 거북이 멀리 있는 연나라에 대해서는 잘 알고 있었지만, 가까이에 있는 진나라에 대해서는 잘 모르고 있었나보다." 라면서 죽은 조나라 왕을 조소했다.

우리나라에서도 허름한 골목길로 들어가보면 점보는 집이 골목마다 하나씩은 있다. 점보는 집이 많다는 것은 점보는 사람이 많다는 것이고, 점보는 사람이 많다는 것은 아직도 점괘에 의지하는 사람들이 많다는 얘기다. 자신의 땀과 노력에 의지하지 않고 점괘에 의지하게 되면, 검은 그림자가 등 뒤를 따르듯이 실패가 뒤따르는 것은 당연한 귀결이다.

제14장
안위
安危

나라의 안정과 혼란

안위安危는 '안전하다', '위태롭다'는 뜻인데 본 장에서는 '나라를 평안하게 하는 일곱 가지 원칙'과 '나라를 위태롭게 하는 여섯 가지 원칙'에 대하여 설명하고 있다. 법치사상을 기본 전제로 하면서, 유가사상과 도가사상을 한데 합하여 이론화시켰다고 볼 수 있다. 또한 『묵자』와 『순자』에서 거론했던 이야기가 상당수 있는 것도 사실이다. 만인지상의 위치에 있는 임금은 자의적인 판단을 자제하고 늘 객관적인 입장에서 정사를 돌보아야 한다는 것을 권고하는 한편, 신하들에게는 자신의 삶을 적극적으로 즐기되 동시에 죽음을 두려워해야 한다는 점을 강조하고 있다.

나라를 안정시키는 일곱 가지,
위태롭게 하는 여섯 가지

나라를 안정시키고 평안하게 하는 방법에는 일곱 가지가 있고, 나라가 혼란스럽고 위태롭게 되는 길에는 여섯 가지가 있다. 나라를 안정시키는 방법은 아래와 같다.

첫째,　상과 벌은 행실의 옳고 그름에 따라야 한다.

둘째,　화와 복은 그 행실의 선과 악에 따라서 베풀어야 한다.

셋째,　죽이거나 살리는 중대한 결정은 법과 도리에 따른다.

넷째,　현명한 것과 우매한 것을 판단할 때는 사적인 감정을 배제해야 한다.

다섯째, 지혜로운지 어리석은지를 판단할 때는 여론을 배제해야 한다.

여섯째, 일정한 법도는 주관적인 억측보다는 객관적인 시각으로 보아야 한다.

일곱째, 신의를 소중하게 여기고 거짓은 행하지 않는다.

나라가 위태롭게 되는 길은 아래와 같다.

첫째,　법을 지키지 않고 일을 제멋대로 처리한다.

둘째,　법을 벗어나서 자의적으로 결정한다.

셋째,　타인에게 해가 되는 것을 자신의 이익으로 삼는다.

넷째,　타인의 재앙을 보고 즐긴다.

다섯째, 타인의 행복을 위태롭게 만든다.

여섯째, 가까운 사람을 사랑하지 않고, 미워하는 사람을 멀리하지
　　　못한다.

　　이와 같이 된다면 백성들은 살아가는 즐거움을 상실하게 되고,
죽음이라는 두려움에 대해서도 중압감을 잊고 살게 된다. 백성들이
삶을 즐거워하지 않으면 임금을 경외하지 않게 되고, 죽음에 대한 두
려움이 없어지면 임금의 명령은 시행되지 않는다.

당연한 것을 당연히 여기도록 한다

　　모든 사람들이 그들의 지혜를 다하되 정도를 따르고, 역량을 다
하되 법규를 준수한다면, 임금이 한번 움직이면 크게 이룰 것이고
멈추면 평안할 것이다. 모든 사람들이 행복한 삶을 영위하는 것을 바
르게 여기고 일신의 안위만을 생각하는 이기주의는 옳지 못하다고
여긴다면, 그 사회는 나날이 건강해지고 풍요로워질 것이다.

　　임금이 수레를 미친 듯이 거칠게 몰아간다면 공자와 같은 성인
도 타지 않을 것이며, 거친 풍랑 속으로 나아가는 배에는 백이와 같
은 청절지사도 타지 않을 것이다. 따라서 한 나라의 법과 제도는 수
레나 배와 같은 것이어서, 안정되면 백성들이 지혜롭고 선해지지만
혼란스러워지면 백성들은 사나워지고 간사해지는 것이다. 나라를 평
안하게 하는 일곱 가지와, 나라를 해롭게 하는 여섯 가지의 규칙을
따르면서, 배가 고프면 먹고 추우면 옷을 입듯이 누가 시키지 않아
도 저절로 그렇게 되어야 하는 것이다. 이는 요순임금이 시행했던 방

법이기도 하다.

뼈를 찔러야 병이 낫는다

앞으로 제18장에서 다루게 될 유로喩老에서 편작이라는 명의는 중병을 치료할 때는 칼로 환자의 뼈를 찔렀다고 한다. 이처럼 스스로 충신이라고 생각한다면, 나라가 위태로울 때에는 임금의 귀에 거슬리는 직언을 서슴지 말아야 하는 것이다. 속살을 드러내고 뼈를 찌름으로써 고통은 클 수 있겠지만 환자의 몸은 오래도록 건강할 것이며, 당장 비위에 거슬리는 말은 듣는 이의 속을 뒤집어놓겠지만 오래도록 평안함을 얻게 해줄 것이다. 그래서 큰병을 앓는 사람에게는 참을 수 없는 고통을 견뎌내야만 이로움이 있고, 백척간두에 서 있는 임금에게는 언짢은 직언을 소화시킬 수 있어야 복이 된다.

큰병을 앓는 사람이 고통을 참아주었기 때문에 편작은 그의 의술을 다 발휘할 수 있었고, 임금이 귀에 거슬리는 말을 참고 들어주었기 때문에 오자서와 같은 신하는 충언을 할 수 있었던 것이다. 이것이 바로 사람이 건강하게 장수하고, 나라는 태평성대를 유지하는 비결인 것이다.

옳고 그름을 구분하지 못하다

요임금은 백성들과 어떤 약속도 한 적 없었지만 그 당시에는 도가 잘 행해졌고, 순임금은 영토가 손바닥만했어도 그 은덕은 백성들의 마음속에 전해져 내려오고 있다. 그런데 지금의 임금들은 스스로 수신을 다하여 요순과 같은 성군이 되고자 하는 마음은 없이 신하들에게만 충성을 요구하는 것은, 포악한 주왕이 은나라의 모든 백성들에게 비간과 같은 충신이 되기를 바라는 것과 같다. 만약 만백성들이 비간과 같은 충신이었다면 임금은 나라를 빼앗기지 않았을 것이고, 백성들도 그들의 하나뿐인 목숨을 잃지 않았을 것이다.

그러나 임금이 신하들의 능력을 제대로 헤아리지 못하는 까닭에 전성자와 같은 역신이 나타났는데도, 신하들이 그저 막연하게 비간과 같은 충신이기를 바라고만 있었으니 나라가 망하지 않을 수 없었던 것이다. 그래서 주나라가 비틀거리는 은나라를 빼앗는 것이 마치 땅바닥에 떨어진 물건을 줍는 것처럼 쉬웠던 것이다. 안으로 견고하지 못하면서 국경이 멀쩡하기를 바라는 것은 어불성설이다.

만약에 요순과 같은 임금을 폐위하고 걸이나 주와 같은 폭군을 즉위시킨다면, 백성들은 공을 세워도 성공할 수 없다고 판단할 것이며, 잘못을 반성하고 고쳐야 되겠다는 생각도 하지 않을 것이다. 만백성들이 있는 힘을 다하지 않게 되면 나라에는 공적이 없어지고, 만백성들이 자신의 잘못을 반성하고 고치지 않는다면 나라는 어지러워지고 망국의 길로 접어들게 된다. 이와 같으면 아랫사람은 윗사람을 섬기기는커녕 업신여기게 되고, 또한 윗사람은 아랫사람을 부릴 수 없게 된다.

그래서 제나라는 만승의 큰 나라였는데도 이름과 실제가 일치

나라의 안정과 혼란

하지 않아서 위로는 임금의 지위가 견고하지 못하였고, 임금이라는 이름보다 신하의 실권이 강하여 신하가 임금을 죽이고 그 자리를 빼앗았던 것이다. 또한 은나라는 천자의 나라였는데도 무엇이 옳고 그른지의 기준조차도 없었다. 그래서 공이 없는데도 상을 내리고, 남을 비방하고 아첨하는 사람만이 높은 지위를 얻는 한편, 선량한 사람이 비천하게 되고 죄 없는 사람이 죽임을 당하였다. 거짓과 속임수를 옳다고 여기고, 성품이 바르고 인자한 사람을 그르다고 하였으니, 비록 만승의 나라일지라도 작은 나라에 먹히는 것은 당연한 결과였다.

붙임 말 현명한 군주는 먼저 자기 자신을 수신함에 정성을 다하고, 안으로는 마대자루의 주둥이를 붙들어 매듯이 견고하고도 단단하게 한다. 가까운 곳에서 실패하는 사람은 밖에 나가서도 별 볼일이 없다. 만약 은나라가 조정 안에서 추호의 허물도 짓지 않았다면, 주나라와 같은 약소국이 어떻게 국경을 넘을 수 있었겠는가. 하지만 은나라는 부패와 실정이 곪을 대로 곪아서 터질 지경이었으니, 주나라가 은나라를 집어삼키는 일은 길바닥에 떨어진 물건을 줍는 것처럼 쉬웠다.

본 장에서는 나라를 평화롭게 안정시키기 위해서는 상벌이나 화와 복은 물론이고, 현명하고 어리석음을 판단함에 있어서도 일정한 기준을 세워야 한다고 말하고 있다. 그래서 맨 위에 군림하는 군주의 정치는 자의적인 판단이 아닌, 여러 사람들의 의견을 청취하면서 객관적이어야 한다고 강조한다. 그래서 전한의 유안劉安이 편찬한 『회남자淮南子』에서는 "인주지거야人主之居也 여일월지명야如日月之明也"라고 하였다. 즉 '군주의 자리는 해와 달과 같이 밝아야 한다'는 뜻이다. 반면에 당상 아래에 있는 신하들은 삶은 즐기되, 죽음을 두려워하는 상황에 있어야 된다고 하였다. 삶을 즐긴다는 것은 허기지고 굶주리면 배불리 먹고, 더우면 벗고 추우면 껴입으면서, 대자연의 섭리에 따르는 일상적인 즐거움을 말한다. 그 즐거움이 지극히 평범한 일상의 범위를 벗어나게 되면, 정치로 인한 효과는 더 이상 향상되지 않는다.

죽음을 두려워하는 상황에 있어야 한다는 것은 중신들이 왕권에 도전하려는 불충에 대한 이야기로, 한비 본인의 정치적인 철학이나 사상이라기보다는 유가와 도가의 사상을 바탕으로 설명하였다. 신하된 자로서 자신의 분수를 모르고 제위에 도전한다는 것은 마치 연못에 있는 잉어가 제 분수를 모르고 못을 뛰쳐나오면 죽는 것과 같은 이치이다. 자신의 능력을 과대평가하게 되면 스스로 화를 부르고, 결국에는 우물 속으로 자신을 내던지는 것과 다를 바가 없기 때문이다.

제15장
수도
守道

나라를 지키는 방법

수도는 마땅히 '지켜야 할 것을 지킨다'는 뜻으로, '국가를 보존하는 방법'에 대하여 설명하고 있다. 수도라고 하면 언뜻 유가나 도가에서 쓰는 용어로 비춰질 수도 있지만, 수도는 수국지도守國之道를 줄인 말로, 한비만의 독특한 표현방식이다.

법은 선을 드러내고 악을 억제하는 무위無爲의 작용을 하고 있기 때문에, 나라를 통치하기 위해서는 법을 세우는 일이 무엇보다도 중요하다고 하였다. 그래서 상벌에 있어서 상은 선을 권장하는 데 필요하고, 벌은 악을 징계하는 데 필요하다는 것을 다시 한번 강조하면서, 상벌을 명확히 하는 것이 곧 국가를 보존하는 근본이라고 설명하고 있다.

상하가 서로 적합하다

옛날의 선왕들이 제정한 법과 제도는 포상의 기준이 엄격하여 선행을 권장하기에 충분하였고, 그 위엄은 뇌성과 같아서 흉악한 짓을 금하기에도 충분하였다. 또한 정사를 돌보는 신하들 중에서 공적이 많은 자는 지위를 높여주었고, 맡은 바 소임에 충실한 자는 봉록을 올려주었다. 그래서 선은 이른 봄에 새싹이 돋아나듯이 앞을 다투었고, 악은 늦가을에 서리 맞은 초목이 제 명을 다하고 시들어지듯이 그 힘을 잃게 되었다. 그리하여 백성들은 선을 좇으며 생업에 힘쓰는 것을 즐겁게 여겼으니, 이를 두고 위와 아래가 서로 적합하다고 말하는 것이다.

위아래가 서로 적합하게 되면, 힘을 쓰는 자는 법을 지켜가면서 예전의 임비처럼 뛰어나게 힘이 센 사람이 되고자 할 것이고, 병졸은 죽기를 각오하며 예전의 하육이나 맹분처럼 용감한 군사가 되기를 바랄 것이다. 또한 도를 지키는 사람은 곧은 마음으로 오자서와 같은 충절지사가 되기를 바랄 것이다. 모두가 이와 같이 된다면 임금은 남쪽을 바라보며 유유자적하게 쉬고 있어도, 나라를 지키고 보존하는 수도守道는 이미 완벽하게 완성된 것이나 마찬가지이다.

도척이라도 훔치지 못한다

옛날의 현명한 임금은 엄격한 형벌을 씀으로써 가벼운 범죄조차도 일어나지 않도록 하였으며, 지키기 어려운 것을 씀으로써 쉽사리 저지르는 허물조차도 용인하지 않았다. 그래서 소인배와 같은 사람일지라도 군자와 더불어 올바른 삶을 추구하려고 노력했고, 도척과 같은 큰 도적일지라도 중삼이나 사어와 더불어 깨끗한 삶을 추구하려고 했던 것이다. 소인과 도적이 그와 같이 천지개벽한 데에는 이유가 있었다. 제아무리 탐욕스러운 도둑일지라도 산을 타고 내려와서 금은보화를 훔치려 들다가는 곧바로 목이 달아났기 때문이다.

현명한 임금은 법을 세우고 법령을 철저하게 집행함으로써 하육이나 맹분처럼 호랑이 같은 사람도 법에 묶여서 그 힘을 함부로 쓰지 못하게 했고, 도척처럼 큰 도적도 법이라는 그물에 걸려서 함부로 남의 것을 빼앗지 못하게 했다. 이처럼 어느 누구도 법을 어기지 못하도록 단단하게 지켜간다면 포악한 사람이나 사악한 사람도 삼가는 마음이 깊어지게 된다. 그렇게 되면 모든 백성들은 자연스럽게 올바름을 따르게 되고, 순한 양처럼 오로지 임금에게 의지하면서 나라는 안정된다.

법을 세우고 기준을 정하다

지금처럼 각박한 세상에는 백이와 같이 청렴한 사람은 줄어가고, 간사한 사람은 끊이지 않고 오히려 늘어나고 있다. 이런 형편이니 임금은 법을 세우고 일정한 기준을 정해야 한다. 그 기준에 믿음이 있으면 백이와 같은 선행은 계속 이어질 것이며, 도척과 같은 악행은 꼬리를 감출 것이다. 또한 꾀 많고 영리한 사람이 어리석고 순진한 사람을 농락하지 못할 것이며, 강자가 약자를 제압하지 못하고, 탐욕스러운 사람들이 무리를 지어 집단 행동하는 것을 두려워하게 될 것이다.

요임금이 그랬던 것처럼 이상적인 법에 의거하여 나라를 다스린다면 선비들은 자신의 분수를 잃지 않을 것이고, 간사한 사람은 거저 얻는 요행을 바라지 않을 것이다. 호랑이를 가두는 우리를 만드는 것은 쥐를 막기 위함이 아니라, 겁이 많은 사람도 호랑이를 쉽게 다룰 수 있도록 하기 위함이다. 법률을 제정하는 목적은 증자와 같은 군자를 경계하는 것이 아니라, 도척과 같은 도적을 막아내기 위한 것이다. 증명하는 문서를 작성하는 것은 미생처럼 약속을 잘 지키는 사람에 대비하는 것이 아니라, 백성들이 서로 속이지 못하게 하고 거짓이 난무하는 것을 방지하기 위함이다. 따라서 임금이 세상에 덕을 베풀고자 하고 신하가 임금에게 충성하고자 한다면, 법술로 세상을 다스리는 것보다 더 이롭고 좋은 방도는 없다.

붙임말 본 장에서 말하는 수도守道는 나라를 지키는 도리이다. 즉 나라에 법을 세워서 군주의 권위를 보존하고, 국가의 기강을 바로잡아야 한다는 것을 말하고 있다. 그래서 현명한 군주는 나라를 위해서 공을 세운 자에게는 벼슬과 봉록을 내리면서 선을 권장하고, 죄를 지은 자에게는 그에 합당한 형벌을 내리면서 악을 방지하였다. 『주역』에서는 이를 두고 "선왕이先王以하여 명벌칙법明罰勅法한다."라고 하였다. 즉 선왕이 형벌을 밝히고 법을 만들었다는 뜻이다. 하늘에서 번개가 치고 천둥소리가 울리면 누구나 두려운 마음을 갖게 된다. 날카로운 번개의 빛은 법의 명확성을 나타내고, 우렁찬 천둥소리는 법의 엄중함을 상징한다. 선왕은 이러한 자연의 형상을 보고 법을 제정하였으며, 이로써 범죄를 경계하고 형벌로써 엄히 다스렸다는 것을 말한다.

형벌은 폭력이 아니므로 형을 집행할 때 객관적이어야 하고, 모든 사람들이 납득할 만한 기준이 있어야 한다. 지나치게 약하면 범법 행위를 막는 데 한계가 있으며 백성들에게 죽음의 길이 무엇인지를 명확하게 일깨워주지 못한다. 그러나 세상의 모든 일에는 양면성이 있어서, 지나치게 강하면 정상참작을 할 수 없게 되므로 또 다른 피해자를 양산할 수도 있다.

동한東漢의 서간徐幹은 이렇게 말한다. "하늘이 백성을 낳아서 기르니 그 정감은 누구나 동일하다. 몸에 해가 미치는 것은 누구나 싫어하는 일이고, 살아 있을 때 빛을 보거나 죽어서 이름을 남기는 것은 누구나 좋아하는 일이다. 상해를 받거나 빛을 보는 일은 매일 일어나지만, 그런데도 여전히 자신을 잘 다스리지 못하는 이유는 무엇인가? 바로 상을 주어야 할 때 상을 주지 못하고, 벌을 주어야 할 때 바로 벌을 주지 못하기 때문이다." 그러므로 한비는 이러한 일련의 원칙들을 아울러 나라를 지키는 도리라고 하였다.

제16장
용인
用人

인재를 쓰는 방법

용인은 말 그대로 '사람을 쓰는 것'이니, 임금이 신하를 '어떻게 등용하고 어떻게 활용하는가'에 대한 방법론이다. 그러나 한비는 임금이 단순하게 신하를 종 부리듯이 우려먹는 것이 아니라, 군신 간에 일어날 수 있는 불협화음을 사전에 제거하면서 상호협력해야 한다는 이론을 제시하고 있다. 여기서도 법치를 중요시하면서, 아무리 훌륭한 인재가 등용되었다 할지라도 법으로 통제하지 않으면 나라를 바르게 다스릴 수 없다고 말한다. 그렇지만 한비의 전체적인 논리와는 다르게, 본 장에서는 도가의 사상인 도道와 덕德을 함께 아울러서 병기하고 있다는 점이 눈에 띈다.

각자 맡은 바에 충실하도록 한다

예나 지금이나 사람을 잘 쓰는 사람은 반드시 하늘의 이치에 따르고, 사람의 타고난 본성인 성정性情에 의거하여 상벌을 명확하게 하였다. 사람이 하늘의 이치에 따라서 일을 하게 되면 힘쓰는 것이 적어도 반드시 공이 있고, 천성적인 성정에 따르면 형벌이 과하지 않아도 법령이 잘 이행된다. 거기에다가 상벌을 명확하게 시행한다면, 청렴결백한 이와 도리에 어긋난 이가 뒤섞이는 일이 없게 된다. 그로 인하여 흑과 백이 분명하게 드러나는 것이다.

나라를 다스리는 신하는 공을 세운 만큼의 벼슬을 하사받고, 일선의 관리는 능력을 발휘한 만큼의 관직을 맡아서 법도에 따라 성심성의껏 수행하게 된다. 모든 신하들은 능력에 맞는 자리에서 주어진 직책을 담당하고, 남은 능력을 어디에 써야 할지를 궁리하지 않아야 한다고 강조하였다. 그래야 나라 안에서 원한을 품고 내란을 일으키는 일이 생겨나지 않고, 밖으로는 힘에 겨운 싸움을 하다가 패배하는 재앙이 일어나지 않는다는 이론이다.

현명한 임금은 각자의 권한을 명확히 하여 분쟁이 일어나지 않도록 한다. 신하와 일선 관리에게는 겸직을 불허하여 각자의 기능을 발전시키며, 사람들에게 공을 같게 하지 않음으로써 서로 다투는 일이 없다. 이렇게 되면 크고 작은 분쟁이 그치고 강한 사람과 약한 사람이 힘을 겨루는 일이 없어지므로, 얼음과 숯처럼 상반되는 것들이 뒤섞이지 않는다. 또한 각자의 분수를 지키면서 서로 비난하고 해치는 일이 없게 되니, 이것이 바로 나라를 다스리는 최선의 방법이다.

스스로 힘쓰게 한다

임금이 법술을 버리고 그때그때 마음 가는 대로 나라를 다스린다면 요순과 같은 성군일지라도 나라를 바르게 다스릴 수 없다. 그림쇠를 쓰지 않고 눈짐작으로 측량을 하면 해중과 같은 명인도 수레바퀴를 만들지 못할 것이며, 자를 쓰지 않고 목재의 길고 짧음을 짐작으로 한다면 왕이와 같은 목수도 집을 짓지 못할 것이다. 그렇지만 평범한 임금일지라도 반드시 법술을 지키고, 평범한 목수일지라도 반드시 그림쇠와 자를 쓰게 한다면 실수하는 일이 적어질 것이다. 따라서 현명한 임금이나 뛰어난 장인도 이룩할 수 없는 공적을 거저 바라지 말고, 평범한 임금이나 목수들도 실패하지 않는 법술이나 도구를 쓴다면 사람들이 힘을 다하여 공을 이루게 될 것이다.

현명한 임금은 누구든지 쉽게 받을 수 있는 포상제도를 만들어서 착한 일을 널리 장려하고, 어느 누구도 피해갈 수 없는 형벌제도를 만들어서 사악한 짓을 자제시켜야 한다. 그러면 똑똑한 사람은 상을 받기 위해 노력할 것이고, 불초한 사람은 행동거지를 삼가여 벌을 받지 않도록 노력할 것이다. 옛사람이 말하기를 천길 물속은 알아도 사람의 마음속은 알 수 없다고 하였다. 또한 어떻게 하면 기뻐하고 성낼지는 더욱 알기 어렵다고 하였다. 그래서 다른 것과 구별할 수 있는 표지標識를 세워서 눈으로 볼 수 있게 하고, 북을 울려서 들을 수 있게 하며, 법으로써 백성들의 마음을 일깨워주어야 한다.

이처럼 임금이 쉽게 시행할 수 있는 방법을 버리고 알기 어려운 마음에 의지하여 나라를 다스리려고 한다면, 임금은 신하에게 노여움이 쌓이고 신하는 임금에게 원망하는 마음이 쌓이게 된다. 이렇게 임금에게 쌓인 노여움으로 신하들에게 쌓인 원망을 통제하려고 한다면, 임금은 물론이거니와 신하들까지도 다 함께 위태로운 지경에 놓이게 된다. 그러나 위 세 가지의 방법으로 나라를 다스린다면 표식은 쉽게 볼 수 있기 때문에 매사를 명확히 분별할 수 있고, 북처럼 울리는 가르침은 쉽기 때문에 말을 잘 알아듣게 되며, 법으로 일깨워주었기 때문에 법령은 잘 이행될 것이다.

은혜란 서로 주고받는 물건과 같다

부끄러움은 모든 동물 중에서 오로지 사람만이 느낄 수 있는 감정이다. 그래서 현명한 임금은 백성들에게 부끄러움을 알고 깨우치도록 장려하고, 인의에 따르는 언행을 높게 평가하였다.

진나라에 아무런 벼슬도 없는 개자추라는 평범한 사람이 살고 있었다. 그는 문공이 망명길에 오르자 충성과 절의를 지키는 마음으로 문공을 따르며 수행하였는데, 첩첩산중을 넘어가는 길에 문공이 굶주림을 참지 못하자 개자추는 자신의 허벅지 살을 도려내어 허기를 면하게 하였다. 그래서 문공은 개자추의 은혜로운 마음을 잊지 않고 있다가 훗날 포상하고, 사서史書에도 그의 충정을 기록하게 하였다. 임금도 사람인지라 백성들이 나라를 위하여 있는 힘을 다하는 것을 기쁘게 여기고, 사사로운 마음으로 임금의 권위를 찬탈하려들면 괴로워하는 법이다.

현명한 임금은 충성하는 신하들의 어려움을 덜어주고 어진 신하들은 임금이 기뻐하는 일을 추구한다면, 군신 간에 이보다 더 이롭고 미래지향적인 일은 없을 것이다. 그럼에도 불구하고 신하의 집에서 끼리끼리 모의하는 일을 살피지 못하고, 중차대한 일을 사사로이 여기며, 무거운 죄를 솜방망이로 처벌하고, 작은 허물을 들춰내어 크게 원망한다면 수시로 은덕을 베풀더라도 재앙을 면하기 어렵게 된다. 이는 생니를 뽑아내고 금니를 박는 것과 같기 때문에, 욕심 많고 간사한 신하들에 의하여 임금의 자리를 빼앗기는 불행이 일어나게 되는 것이다.

이치에 어긋나지 않아야 안정된다

백성들이 지키기 어려운 법과 제도를 만들어놓고 그것을 따르지 않는다고 백성들을 죄로 다스리게 되면, 백성들은 임금을 원망하면서 등을 돌리게 된다. 신하들이 있는 힘껏 역량을 발휘하는데도 임금은 더 잘하기를 바라며 신하들에게 무리한 요구를 한다면, 보이지 않는 원한이 쌓이게 된다.

신하들에게 애로사항이 있는 것을 알면서도 이를 해결해주지 않고, 집안에 우환이 있거나 슬픔이 있는데도 임금이 위로는커녕 모르는 척 외면거나, 화가 나면 군자도 우습게 여기며 비하하거나 욕을 보이면, 신하들은 임금에 대한 의리를 저버리게 된다.

설상가상으로 어떤 임금이 내 나라의 백성은 하찮게 여기면서 이웃나라의 백성을 자애한다면, 백성들의 마음은 임금과 소원해져서 아무짝에도 쓸모가 없는 백성이 된다. 그렇다고 이웃나라의 백성들이 이웃나라의 임금을 따르는 것도 아니다. 왜 그럴까? 이웃나라의 백성은 사랑을 받기는 하지만 목숨을 내놓으면서까지 남의 나라 임금을 섬기려 하지 않기 때문이다. 그렇게 되면 신하들은 임금의 빈틈을 공략하여 제거할 기회를 노리기 때문에 임금은 고립될 수밖에 없다.

붙임말 본 장에서는 훌륭한 인재를 등용하여 그 인재들로 하여금 나라를 다스리게 하는 이치에 대하여 설명하였다. 또한 용인用人이라는 제목이 말해주듯이 군주가 신하를 쓰는 방법과, 군신 간에 일어날 수 있는 불미스러운 일을 사전에 방지해야만 오해의 소지가 없게 되고 상호 협력할 수 있다는 이론을 전개하였다.

이에 대하여 『중용』에서는 "군자는 사람으로서 사람을 다스린다."라고 정의한 바가 있다. 이 말을 곡해하면 다른 사람을 이용하라는 뜻으로 받아들일 수도 있지만 그런 의미가 아니다. 인류학자들의 공통된 견해를 빌리자면, 한 사람이 인적으로 교감할 수 있는 인원은 대략 오백 명 정도가 한계라고 한다. 그러므로 사람으로서 사람을 다스린다는 것은 그 한계를 뛰어넘을 수 있는 유일한 방법이다. 많은 사람들의 재능을 최대치로 활용하는 것이 조직의 지휘능력이며 지도자의 역량이다. 지도자의 능력 여하에 따라서 그 무리의 운명이 좌지우지된다. 그래서 한비는 한 사람의 힘으로는 대세의 힘에 대항할 수 없고, 한 사람의 지혜로는 모든 사물을 전부 다 파악할 수 없다고 보았다. 따라서 군주라면 혼자의 힘으로 어떤 것을 달성하려 애쓰지 말고, 사안에 따라서는 나라 전체의 힘을 동원하기도 해야 한다고 하였다. 그래서 예로부터 많은 사람들과 함께하는 것을 군주의 복이라고 했던 것이다.

한비는 본 장의 서두에서 나라를 다스리는 신하에게는 공을 세운 만큼의 벼슬을 하사하고, 일선의 관리는 능력을 발휘할 수 있을 만큼의 관직을 부여해서 법도에 따라 성심성의껏 수행하도록 한다고 하였다. 그런데 『주역』에서는 "개국승가開國承家하니 소인물용小人勿用이다."라고 하였다. 제후를 봉하고 대신을 삼을 때, 소인은 쓰지 말라는 뜻이다. 무릇 군주란 먼저 자신을 돌아보고 그다음에 다른 사람에게서 구하는 사람이다. 먼 곳에서 찾을수록 어긋나게 되고, 공을 들여 구할수록 벗어나게 된다.

위대한 군주는 큰 전쟁이 끝난 후에 공신은 제후로 봉하고, 장수는 대부의 벼슬을 주면서 논공행상을 한다. 그러나 소인은 공이 있어도 조정에 등용하면 안 되니 재물을 상으로 듬뿍 준다. 왜냐하면 소인을 등용하게 되면 나라를 어지럽히고 백성들을 괴롭히기 때문

인재를 쓰는 방법

이다. 군주를 대신하여 백성들을 다스리려면 덕이 있고 인품이 있어야 하는데, 소인은 공직을 사사로이 여긴다. 관리가 부정축재나 일삼고 사리사욕에 눈이 멀게 되면 선량한 백성들은 몸 둘 데가 없어지기 때문이다. 그래서 한비는 상벌을 명확하게 시행하면 청렴결백한 이와 도리에 어긋난 이가 뒤섞이는 일이 없게 된다고 하였다.

제17장
해로
解老

노자의 이론을 해석하다

해解는 '풀어헤치다'라는 뜻이며 로老는 '노자老子'를 가리킨다. 한비는 노자의 사상을 연민하여 최초로 『도덕경道德經』을 해석하고 풀이하였다. 그래서 그것은 현존하는 노자의 주석본 가운데서 가장 오래된 문헌이며, 한비의 사상과 철학이 『도덕경』에 이입된 문헌이기도 하다. 본래 노자는 자연의 이치에 따를 뿐 덧없는 행동은 하지 않아야 한다는 무위자연無爲自然을 주장한 도가의 창시자이다.

반면에 한비는 법술을 주장한 법가사상가인데, 노자의 사상과 한비의 사상이 상반됨에도 불구하고 『도덕경』을 해제하였다. 왜냐하면 노자가 주장하는 도의 이론에 내재된 보편성과 객관성, 무차별성 등의 이론이 한비가 주장하는 법치사상의 철학적 토대였기 때문이다. 또한 사물이 변화하는 이치와 도라는 것은 때에 따라 변하므로 정해진 바가 없다는 것에 두 사람이 공통된 견해를 가지고 있다.

지극한 덕은 아무것도 하지 않는 것이다

덕은 내면에 갖추는 것이며 득은 외부로부터 얻어지는 것이다. 그래서 최상의 덕은 덕이 아니라고 하였다. 이는 곧 '내면의 정신은 바깥 사물에 의해 좌우되지 않는다'는 것을 의미한다. 정신이 외물에 의해 좌우되지 않으면 그 몸은 자연히 온전해지고, 그 몸이 온전해진 것을 덕이라고 하였다. 덕이라는 것은 스스로 얻는 것이지 외물에 의해서 얻을 수 있는 것이 아니다.

덕이란 아무것도 하지 않음으로써 모아져서 쌓이고, 욕심을 없앰으로써 이루어지며, 아무런 생각도 일으키지 않는 가운데서 안정되며, 아무런 행위도 하지 않는 데에서 견고해진다. 그래서 덕을 얻으려고 무엇인가를 행하게 되면 덕은 머물지 않고, 덕이 머물지 않으면 완전해지지 못한다. 그래서 노자가 말하기를 "최상의 덕은 덕이라고 하지 않는다. 이로써 덕이 있다."고 하였다.

허심虛心이라는 것은 뜻이 외물에 묶여 있지 않는 상태를 말한다. 하지만 굳이 마음을 비워야겠다고 생각한다면 그 생각이 바로 마음을 비우지 못하고 있다는 증거이다. 마음을 비우고 있는 사람이 아무런 작용도 하지 않는 상태라는 것이 바로, 아무런 작용도 하지 않겠다는 생각 그 자체를 하지 않는 것이다. 그래야 비로소 마음을 비울 수 있으며, 마음을 비우게 되면 덕이 왕성해지고, 덕이 왕성해지는 것을 상덕上德이라고 한다. 그러므로 노자가 말하기를 "지극한 덕은 무위無爲라서 어떤 일도 하지 않는 것이다."라고 하였다.

인이야말로 진정한 사랑이다

의義라는 것은 사람으로서 지켜야 하는 마땅한 도리이다. 즉 윗사람과 아랫사람이 맡은 바 직분을 다하는 것이고, 아버지와 아들의 엄연한 차이이며 서로의 마음을 헤아릴 줄 아는 친구와의 교제이고, 근친한 자와 소원한 자를 가까이할 것인가 멀리할 것인가를 구분하는 일종의 규범이다. 그래서 아랫사람이 윗사람에게 머리를 숙이고, 신하가 임금을 섬기며, 자식이 부모를 섬기고, 친한 친구 사이에 서로 돕는 것이 마땅하다. 이렇게 모든 것이 마땅하기 때문에 실천해야 하는 것이다. 그러므로 노자가 말하기를 "으뜸가는 의는 그것을 실천하는 데 있어 꼭 해야 할 일이기 때문에 하는 것을 말한다."고 하였다.

인이라는 것은 단순히 사랑하는 행위가 아니라, 진심으로 흔쾌히 사랑하는 것을 의미한다. 내가 아닌 남이 행복해지는 것을 즐겁게 여기며, 남에게 화가 미치는 것을 걱정하는 마음이다. 이런 마음은 누구에게나 잠재적으로 내재되어 있기에 억누를 수 없는 곳에서 저절로 생겨나는 것일 뿐, 무엇인가 보답을 바라는 것이 아니다. 그러므로 노자가 말하기를 "지극한 인은 실천하면서도 의식적으로 하지 않는다."고 하였다.

사람은 감정의 동물이기 때문에 외부의 자극에 따라 움직이는 경향이 있는데, 자신의 마음가짐을 나타내는 그 자체가 자신을 위한 예禮인 줄은 알지 못한다. 내가 정중하면 상대방도 나를 정중하게 대

　　　　　　　　　　노자의 이론을 해석하다

하고, 내가 냉대하면 상대방도 냉담해지는 것이 인지상정이다. 그래서 성인은 공경하는 도를 실천하고 몸가짐을 바르게 하며, 예를 다하는 일에 게을리하지 않는다. 그러므로 노자가 말하기를 "예를 행했는데도 응답이 없으면 팔을 걷어붙이고 잡아당겨야 한다."고 하였다.

재앙은 복의 근원이다

대장부大丈夫란 건장하고 씩씩한 사내를 뜻하지만, 노자가 말하는 대장부는 지혜가 뛰어난 사람을 가리킨다. 노자가 "후한 곳에 몸을 두고, 박한 곳에는 몸을 두지 않는다."고 말하는 것은 마음속에 있는 진실 그대로 행할 뿐, 형식에 얽매인 헛된 예의는 취하지 않는다는 뜻이다. 노자는 "그것을 버리고 이것을 취한다."고 하였는데, 이 말은 형식적인 예의나 지나친 추측을 버리고, 도리를 바탕으로 하는 내적인 마음의 진실을 취한다는 뜻이다.

사람이 재앙을 만나면 두려운 마음이 들고, 두려운 마음이 생기면 행동이 조심스러워지며, 행동이 조심스러워지면 생각이 깊어지고, 생각이 깊어지면 모든 일의 이치인 사리事理를 터득하게 된다. 행동이 단정해지면 재앙을 만나지 않게 되는데, 재앙을 만나지 않게 되면 천수를 누리게 되고, 사리를 터득하면 반드시 성공하게 된다. 천수를 다한다는 것은 목숨을 온전하게 하는 것이고, 반드시 성공한다는 것은 부귀영달이 따른다는 것을 의미한다. 이렇게 목숨을 온전히 하고 부귀해지는 것을 다른 말로는 복이라고 한다. 이로 미루어

볼 때 복의 근원은 재앙이라고 볼 수 있다. 그러므로 노자가 말하기를 "재앙은 복이 의존하는 곳이다."라고 하였다.

사람은 누구나 재물이 많아서 부귀하기를 바라고 천수를 다하면서 장수하기를 바라지만, 가난하고 비천하며 요절하는 것을 누구나 피할 수 있는 것은 아니다. 그것은 길을 잘못 접어들어서 함부로 행동했기 때문이다. 이것이 바로 사리에 어두워서 진실을 가리지 못하고 헤맨다는 미망迷妄이다.

성공을 바라는데 오히려 실패한다

노자는 방方을 말하였는데 본 뜻은 방향이나 방위이지만, 노자의 방이란 '생각하는 마음과 밖으로 드러내는 행동이 서로 응하는 것'이다. 즉 '말과 행동이 일치하는 것'을 말한다. 노자는 염廉을 말하였는데 본 뜻은 '청렴이나 검소함'이지만, 노자의 염이란 '생사의 운명은 하늘에 맡기고, 재물과 부귀를 가벼이 여기는 것'을 말한다.

노자는 직直을 말하였는데 본 뜻은 '곧음'이지만, 노자의 직이란 '내세우는 주장은 반드시 공정하고, 마음가짐은 언제나 한쪽으로 치우치지 않고 바르게 해야 한다'는 것을 의미한다. 노자는 광光을 말하였는데 본 뜻은 '빛남'이지만, 노자의 광이란 '벼슬이 높고 봉록이 많으며, 외모와 차림새가 매우 고귀한 것'을 말한다.

요즘 도를 터득한 선비는 안으로는 진실되고 밖으로는 행동이 공손하여 많은 사람들로부터 존경을 받는다. 그림에도 자신을 자랑

　　　　　　　　　　노자의 이론을 해석하다

하지 않고, 타락한 사람을 비방하거나 책망하지 않으며, 의리를 위하여 목숨을 버리고, 재물을 가벼이 여겨 있는 것을 자랑하지 않으며, 무능한 사람을 우습게 여기지 않고 욕심 많은 사람도 욕하지 않는다. 또한 행실을 정의롭게 하여 당파를 만들지 않으면서도 그것을 앞세워서 사심을 가진 사람을 물리치거나, 사사로운 이익을 취하는 사람도 벌하지 않는다.

이러한 연유가 무엇일까? 만약에 길을 잃고 헤매는 사람이 먼저 도를 터득한 사람의 고견을 듣고 지혜로운 사람의 가르침을 받는다면, 갈피를 잡지 못하고 헤매는 일은 없을 것이다. 오늘날 수많은 사람들이 성공하기를 바라지만 오히려 실패하는 이유는 도리를 모르면서도 아는 사람에게 묻지 않고, 능력 있는 사람의 가르침을 외면하기 때문이다.

세속의 사람은 많고 성인은 극히 적은데, 적은 숫자가 많은 숫자를 이기지 못하는 것은 정해진 이치이다. 지금 몸을 일으켜 세상 사람들을 원수로 삼는다면, 그것은 몸을 온전히 하고 삶을 오래도록 누리는 길이 아니다. 그러므로 자신의 행실은 절도에 맞게 하면서도 남의 허물은 탓하지 않으며 세상을 살아가는 도리밖에 없는 것이다. 그래서 노자가 말하기를 "바른 행동을 하면서도 남을 책망하지 않고, 스스로 청렴하면서도 남을 헐뜯지 않으며, 스스로는 올곧더라도 자신의 생각대로 남을 강제하지 않고, 밝게 빛나더라도 세상에 드러내어 자랑하지 않는다."고 하였다.

성인은 침착할 뿐이다

지혜롭고 총명한 것은 인간이 은혜롭게도 하늘로부터 부여받은 천성이고, 움직이고 때로는 멈추며 생각하는 것은 오로지 사람의 힘으로 이루어지는 인위人爲이다. 그래서 인위라는 것은 태어날 때부터 부여받은 시각에 의해서 세상 만물을 보게 되고, 청각에 의해서 들을 수 있으며, 하늘로부터 부여받은 지혜로 인하여 밝게 생각한다.

하지만 시력을 아무렇게나 사용하면 눈의 밝음을 잃게 되고, 청력을 지나치게 사용하면 잘 들을 수 없어서 소리가 멀어지며, 쓸데없는 생각을 지나치게 많이 하면 지혜는 혼란스러워진다. 그래서 눈이 밝지 못하면 흑백을 구분할 수 없고, 소리가 멀어지면 맑은 소리와 혼탁한 소리를 구분할 수 없으며, 지혜가 혼란스러워지면 이해득실의 사리를 올바르게 판단할 수가 없게 된다.

눈으로 흰색과 검은색을 가려내지 못하면 장님이라 하고, 귀로 여러 가지 소리를 구분하지 못하면 귀머거리라 하며, 이해득실과 일의 이치를 헤아리지 못하면 미혹하다고 한다. 그래서 장님이 되면 대낮에도 위험을 피하지 못하고, 귀머거리가 되면 뇌성의 피해로부터 벗어나지 못하며, 미혹하게 되면 나라의 법령을 준수하지 못해서 형벌의 화를 면치 못한다. 그래서 노자가 말하기를 "사람을 다스린다."고 하였는데, 이 말은 일상적인 행동을 절도 있게 하여 지나친 생각을 하지 않는 것이다. 또한 "하늘을 섬긴다."고 하였는데, 이 말은 하늘로부터 부여받은 총명함과 지혜를 소중하게 아낀다는 것으로, 이는 일치감치 자연의 순리에 복종하는 것이다.

뿌리가 깊어야 오래 산다

선대로부터 받은 나라가 있었지만 멸망했고, 부모로부터 받은 신체가 있었지만 재앙을 만났다면, 그 나라를 잘 보전하고 그 몸을 잘 보존했다고 말할 수 없다. 한 나라를 잘 보전하려면 반드시 사직을 편안하게 해야 마땅하고, 신체를 잘 보존하려면 반드시 도를 터득해야 한다. 도를 터득하면 지혜는 깊어지고, 지혜가 깊어지면 무슨 일을 계획하더라도 원대하며, 헤아림이 원대하면 뭇사람들은 그 궁극을 꿰뚫어보지 못하게 된다. 그러므로 노자가 말하기를 "그 일의 궁극을 알지 못하게 하면 나라를 보전할 수 있다."고 하였다.

나무에는 굵고 바르게 뻗은 뿌리가 있고, 옆으로 가늘고 길게 뻗은 뿌리가 있다. 곧게 뻗은 직근은 나무가 서 있게 해주는 바탕이 되고, 옆으로 뻗으면서 잔털을 거느리고 있는 뿌리는 나무가 건강하게 살 수 있도록 영양분을 공급해준다. 사람에게는 덕이 있는데 그것은 정신적인 바탕이 되며, 녹봉은 사람이 사람답게 살 수 있도록 영양분을 공급해준다. 덕은 도를 거듭 갈고 닦으면서 쌓여가는 것이므로, 도를 체득하는 사람은 그만큼 삶을 거듭하여 연장할 수가 있는 것이다. 그러므로 노자는 이렇게 말한다. "그 뿌리를 깊게 하고, 그 곧은 뿌리를 굳건하게 하는 것이 오래도록 살면서도 복록을 유지할 수 있는 도이다."

작은 생선을 조리하듯 한다

농사짓는 사람이 본래의 터전을 옮기게 되면 그 성과를 잃게 되고, 공인이 하던 일을 자주 바꾸면 공적을 잃게 된다. 왜냐하면 한 사람이 하루 일을 하면서 반나절을 허비했다고 치면, 열흘이면 다섯 사람이 일한 만큼을 허비하게 되는 셈이다. 더 나아가 일만 명이 작업을 하면서 하루에 반나절을 허비했다고 치면, 열흘이면 오만 명이 일한 만큼의 성과를 잃게 된다는 계산이 나온다. 그래서 자주 일을 바꾸게 되는 경우, 그 일하는 사람이 많으면 많을수록 손실은 눈덩이처럼 커지는 것이다.

한 나라의 법과 제도가 바뀌게 되면 서로의 이해관계가 바뀌게 되고, 이해관계가 바뀌게 되면 백성들이 하는 일도 바뀌게 된다. 나아가 많은 사람을 동원하면서 자주 일을 바꾸게 되면, 볏가마를 자주 옮기면서 나락의 손실을 초래하듯이 일의 성과는 작아진다. 그래서 한 나라를 다스리면서 자주 법령을 바꾸게 되면 백성들은 괴로워한다고 하는 것이다. 그래서 도를 터득한 임금은 마음을 비우고 고요하게 하는 것을 중하게 여기고, 법과 제도를 손바닥 뒤집듯이 바꾸는 것을 중하게 여기지 않는다. 그러므로 노자가 말하기를 "큰 나라를 다스리는 것은 마치 작은 생선을 조리하는 것과 같이 해야 한다."라고 하였다.

노자의 이론을 해석하다

탐욕보다 더 큰 죄는 없다

한 나라의 임금이 도를 알지 못하면 안으로는 백성들을 거칠게 다스리고, 밖으로는 이웃나라를 업신여기고 넘보면서 군침을 삼키게 된다. 안으로 백성들을 포악하게 다스리면 백성들의 생업은 점차 쇠퇴해지고, 밖으로 이웃나라를 우습게 알고 침략하게 되면 전쟁이 끊이질 않게 된다. 백성들의 생업이 쇠퇴해지면 가축은 줄어들고, 전쟁이 자주 일어나면 병사와 군량미는 줄어든다. 가축이 줄어들면 군마를 충당하기 어렵게 되고, 병사가 줄어들면 국경이 위태로워진다. 군마를 충당하기 어려워지면 임신한 암말까지도 징발하게 되고, 군사가 줄어들면 아녀자와 신료들까지도 징발하지 않을 수 없게 된다. 그러므로 노자가 말하기를 "세상에 도가 사라지면 농사짓던 말들이 전쟁터에서 새끼를 낳는다."고 하였다.

언제나 재앙은 사악한 마음에서 생겨나고 사악한 마음은 탐욕에 이끌려서 생겨난다. 탐욕을 일으키는 마음은 선량한 백성에게 간사한 짓을 하게 만들고, 간사한 일이 일어나기 시작하면 위로 거슬러 올라가서 임금에게까지 미치고, 아래로는 수많은 백성들이 다치게 된다. 이것이 죄가 아니고 무엇이겠는가? 그러므로 노자가 말하기를 "탐욕보다 더 큰 죄는 없다."고 하였다.

험지에서도 범을 만나지 않는다

사람은 태어나면서 360마디의 뼈와 네 개의 손발과 아홉 개의 중요한 구멍을 갖추고 나온다. 네 개의 손발과 아홉 구멍을 합치면 열셋이 되는데, 그 열셋이 움직이고 멈추면서 사람의 생명은 존속된다. 이것을 삶에 속한다고 말하며, 무리라고도 한다. 그래서 노자는 "삶의 무리가 열셋이다."라고 말하였다.

사람이 죽게 될 경우에는 이 열셋의 기관도 모든 역할을 거꾸로 돌려서 엄숙한 죽음으로 돌아가게 되므로, 죽음의 무리 역시 열셋이 되는 것이다. 삶이란 활동하는 것이고, 활동하는 것이 그치지 않으면 손상되는 것도 그치지 않는다. 손상되는 것이 그치지 않는다는 것은 삶이 다하고 있다는 것이며, 삶이 다했다는 것은 죽음을 의미한다. 그래서 노자가 말하기를 "사람이 삶을 영위하는 데 있어 산다는 것은 움직이는 것이고, 움직여 죽음의 땅으로 향하는 것이 또한 열셋이다."라고 하였다.

사람이 죽음으로 치닫는 것은 들소나 범 같은 맹수의 피해보다도 더 심각한 것이다. 들소나 범은 사람에게 위험한 존재이지만 정해진 활동영역이 있고 일정하게 휴식을 취하는 시간이 있어서, 그 영역을 피하고 그 시간을 살피면 피해를 면할 수도 있다. 그런데 사람은 단지 맹수들에게만 발톱과 뿔이 있는 줄로 인식하고 있을 뿐, 만물에도 제 나름대로의 발톱과 뿔이 있는 줄은 모르고 있다가 재앙을 입는다. 가령 폭풍우가 쏟아지는 넓은 광야에는 아무도 없지만 이른

노자의 이론을 해석하다

새벽부터 해가 질 때까지 산이나 강으로 분별없이 돌아다니게 되면, 대자연의 발톱과 뿔에 의해 해를 입게 된다. 또한 임금에게 충성을 다하지 않고 제멋대로 굴다가 법을 어기게 되면, 형벌이라는 발톱과 뿔에 의해 재앙을 당한다.

인간의 본성에 따른 탐욕이나 욕정을 자제하지 못하면서 움직이고 멈춤에 절제가 없으면, 질병과 지탄이라는 발톱과 뿔에 의해 해를 입는다. 또한 쥐뿔만한 지혜를 뽐내면서 꾀를 부리다가 도리를 저버리게 되면, 많은 사람들의 미움을 사게 되어 규범이라는 발톱과 뿔에 의해 재앙을 입는다. 하지만 들소나 범도 정해진 영역이 있고 만물의 재앙에도 정해진 근원이 있기 때문에, 그 영역을 피하고 조심한다면 얼마든지 재앙을 피할 수 있다.

성인이 넓은 마음으로 유유자적하게 살아가면 남을 해치고자 하는 흑심을 일으키지 않는다. 남을 해치고자 하는 마음이 없으므로 남으로부터의 피해도 없게 되고, 남으로부터 피해가 없으니 남을 경계하여 미리 방비할 필요도 없게 된다. 그러므로 노자가 말하기를 "험한 육지로 가도 사나운 들소나 범을 만나지 않는다."고 하였다. 그리고 다시 말하기를 "들소도 그 뿔을 쓸 곳이 없고, 범도 그 발톱으로 할퀼 곳이 없으며, 예리한 무기도 찌를 곳이 없다."고 하였다.

제18장
유로
喩老

노자의 사상을 설명하다

유喩는 '비유해서 깨닫다'라는 뜻이며, 로老는 '노자'를 가리킨다. 유로는 해로解老의 연장선상이라고 보면 된다. 단지 해로에서는 노자의 사상과 이론적인 내용을 위주로 다루었다면, 유로에서는 한비가 내세우는 설화를 주로 인용하고 해설하면서 실천적인 면을 강하게 부각시키고 있는 것이 특징이다. 한비는 『한비자』의 여러 곳에서 유가나 묵가의 사상은 공허한 학문이라고 폄훼하며 강하게 비판하고 있다. 하지만 한비의 사상적 토대가 된 노자의 사상만은 유독 많은 지면을 할애해가면서 깊이 있게 분석하였다.

잘 세운 것은 뽑히지 않는다

초나라 장왕이 진晉나라를 무찌른 공으로 손숙오에게 상을 주려고 했더니, 손숙오는 한수 근처의 자갈과 모래가 뒤덮인 척박한 땅을 원하였다. 초나라의 상속법에는 신하가 봉록으로 하사받은 땅은 2대까지만 경작할 수 있었는데, 오로지 손숙오만은 반납하지 않고 대대로 경작할 수 있게 해주었다. 나라의 법으로 환수하지 않은 까닭은 그 땅이 워낙 쓸모없는 땅이었기 때문이었다. 그래서 손숙오의 가문은 9대 자손까지 한수 일대의 드넓은 땅을 소유할 수 있었다. 그래서 노자가 말하기를 "잘 세운 것은 뽑히지 않고, 단단하게 품은 것은 떨어지지 않는다. 자손은 조상의 제사를 지내며 대대로 손이 끊이지 않는다."고 하였다. 바로 손숙오를 두고 한 말이다.

지배하고 통제하는 권력이 자기 손아귀에 있는 것을 가리켜 세력이 막중하다고 한다. 그리고 권좌에서 물러나지 않고 유지해나가는 것을 가리켜 안정되었다고 한다. 세력이 막중한 사람은 약하고 경박한 사람을 부리고 다스릴 수 있다. 또한 안정된 자리에 있으면 서두르는 사람을 좌지우지할 수 있다. 그러므로 노자가 말하기를 "무거운 것은 가벼운 것의 뿌리이고, 조용한 것은 서두르는 것의 주인이다."라고 하였다.

국가라는 것은 임금에게 있어서 온갖 보물과 군수품을 싣고 있는 보급차량과 같다고 볼 수 있다. 그래서 군자는 하루 종일 길을 가도 짐을 실은 수레인 치중輜重을 떠나지 않는다고 하였다. 조나라 임금인 주보가 살아 있으면서도 그의 아들 혜문왕에게 나라를 물려준 것은 소중한 치중을 떠났다는 것을 의미한다. 주보는 보위를 물려준 뒤에 전국을 여행하면서 여생을 즐겼지만, 이미 조나라를 통제할 수 있는 권한은 없었다. 큰 나라의 임금이었지만 권좌에서 물러나면서 세상 사람들로부터 자신을 가벼이 여기도록 했던 것이다. 그렇게 지휘봉을 내려놓고 권좌를 떠났기 때문에 산 채로 유폐되어 죽임을 당했다. 그러므로 노자는 "가벼우면 신하라는 뿌리를 잃고, 서두르면 임금의 자리를 잃게 된다."고 했다. 바로 조나라 주보를 두고 한 말이다.

제나라 간공은 재상인 전성에게 권력을 잃었고, 진나라 임금은 신하인 육경에게 권력을 빼앗겨버리자 나라는 망하고 자신은 죽임을 당했다. 임금의 권력이라는 것은 신하들과의 관계에서 자신의 자리를 공고히 할 수 있는 막강한 힘이다. 그러나 그 힘이라는 것은 한 번 잃게 되면 땅에 떨어져서 박살난 유리구슬처럼 다시는 손에 쥘 수 없다. 그러므로 노자가 말하기를 "물고기는 연못을 벗어나면 안 된다."고 하였다.

빼앗고자 한다면 먼저 주어라

월나라 구천은 오나라 부차의 신하로 들어가 있을 때 부차에게 북쪽의 제나라를 정벌하라고 부추겼는데, 그것은 오나라의 국력을 소모시켜서 피폐하게 만들려는 술책이었다. 그래서 오나라의 군대는 제나라와 싸워서 승리하여 양자강 일대와 황지에까지 세력을 넓혀 갔으나 국력은 쇠하게 되었다. 그리하여 월나라 구천은 마침내 오나라를 정벌하고 부차를 죽음으로 몰아갔다. 그래서 노자는 "장차 상대를 위축시키고자 한다면 반드시 먼저 그 힘을 펼치게 하고, 장차 약하게 만들려고 한다면 반드시 먼저 강하게 만들어야 한다."고 말했다.

진나라 헌공은 우나라를 치기 전에 먼저 귀한 옥과 천리마를 선물로 진상하였고, 지백은 구유라는 나라를 치기 전에 먼저 큰 전차를 진상하여 환심을 사면서 안심시켰다. 그러므로 노자가 말하기를 "남의 것을 빼앗고자 한다면 반드시 먼저 주어야 한다."고 하였다.

일은 커지기 전에 다스린다

대궐처럼 큰 집도 굴뚝의 틈새로 튀어나온 작은 불똥으로 재가 될 수 있고, 높이가 천 길이나 되는 제방도 개미가 뚫어놓은 미세한 구멍 때문에 무너진다. 그래서 노자는 "어려운 일은 아직 쉬울 때 대책을 강구하고, 큰일은 아직 작을 때 처리해야 한다."고 말했다. 그러므로 백규는 제방을 돌아보다가 작은 구멍이라도 보이면 즉시 막았고, 노인들은 굴뚝에 작은 틈새라도 보이면 곧바로 진흙을 이겨서 발랐던 것이다. 그러한 까닭에 백규는 수해를 당하지 않았고, 노인들은 화재를 미연에 방지할 수 있었다. 이런 사례들이 바로 일이 커지기 전에 다스린다는 것이다.

채나라 환공에게 명의인 편작이 말했다. "임금께서는 지금 피부에 병이 있습니다. 바로 치료하지 않으면 병이 깊어져서 고치기 어려울까 염려됩니다." 환공이 답하기를 "과인은 아무렇지도 않소."라며 태연스럽게 말했다. 편작이 물러가자 환공이 측근들에게 말하기를

"의원이라는 작자들은 하나같이 제 이익만 탐하여 병이 없는데도 치료를 해서 제 주머니를 채우려 한다."며 언짢아했다.

　그로부터 며칠 뒤에 편작은 환공에게 다시 "임금님의 피부병은 살 속으로 파고들어서 지금 당장 손을 쓰지 않으면 위태로워집니다."라고 했지만, 환공은 먼 산만 바라보며 들은 체도 하지 않았다. 다시 열흘이 지난 뒤에 편작은 멀리서 환공을 바라보고는 깜짝 놀라서 달아나버렸는데, 환공이 이상히 여기고 사람을 보내서 이유를 묻게 했다.

　편작이 말하기를 "피부에 병이 생겼을 때에는 따뜻하게 찜질을 해서 가라앉힐 수 있고, 살 속으로 파고 들어가면 침과 뜸으로 고칠 수 있으며, 병이 장 속으로 깊숙이 들어가면 탕제로 치료할 수 있습니다. 그렇지만 병이 골수로 파고들게 되면 그때는 손을 쓸 수가 없습니다."라고 하였다. 그로부터 다시 며칠 뒤 환공은 뼈마디가 쑤시며 심하게 통증을 느끼고 편작을 찾았으나, 그는 이미 다른 나라로 멀리 도망간 뒤였다. 결국 환공은 죽었다. 무릇 세상의 화도 병이 시작할 때 치료해야 하는 이치와 조금도 다르지 않다. 그래서 어떤 조짐이 보이면, 그 일이 커지기 전에 다스려야 한다는 것이다.

사소한 데서 큰 것을 헤아린다

　은殷나라 주왕은 상아로 만든 젓가락을 만들어서 사용했는데, 주왕의 숙부인 기자가 이를 보고 깜짝 놀랐다. 그는 나라의 앞날을 걱정하며 말하기를 "상아 젓가락을 만들게 한 것을 보면 장차 질그릇은 버리고 주옥으로 만든 술잔을 쓸 것이며, 상아 젓가락과 주옥으로 만든 잔을 쓰게 되면 거친 음식은 버리고 코끼리 고기나 표범의 태 같은 귀한 음식을 찾을 것이고, 그다음에는 비단옷을 입고 고대광실에서 살려고 할 것이다."라고 했다.

몇 년이 지나자 주왕은 고기를 늘어놓고도 짐승이나 사람을 통째로 굽는가 하면, 술찌끼로 만든 언덕에 올라앉아 술로 채운 연못을 바라보며 흥청망청하다가 멸망하였다. 그래서 노자는 기자가 상아 젓가락을 보고 재앙을 예견하는 것을 일러 "대수롭지 않은 것을 꿰뚫어보는 것을 일러 밝음이라 한다."라고 했다.

주나라 문왕은 은나라 주왕에게 옥문에서 심하게 조롱을 당했지만, 안색조차도 변하지 않고 태연하게 행동하였다. 그래서 훗날 목야의 전투에서 주왕을 토벌하고 사로잡을 수 있는 계기가 되었다. 그렇게 무왕이 임금의 자리에 오를 수 있었던 것은 구차할 정도로 조롱을 당했어도 꾹 참았기 때문이다. 그래서 노자는 "성인은 마음의 상처를 입지 않으니, 그것은 마음의 상처를 괴롭게 여기지 않기 때문이다. 이로써 상처가 없는 것이다."라고 말했다.

보배를 갖지 않는 마음이 보배이다

송나라 어느 시골의 촌부가 귀한 박옥을 얻게 되었다. 촌부는 재상인 자한에게 바쳤는데 자한은 박옥을 받지 않고 극구 사양하였다. 그래서 촌부가 말하기를 "박옥은 귀한 보배로서 응당 군자께서 지녀야 할 물건이지, 저같이 미천한 것이 가져서는 안 됩니다."라고 하였다. 이에 자한은 "그대는 구슬을 보배라고 생각하겠지만, 나는 그대로부터 구슬을 받지 아니하는 것을 보배로 생각한다."라고 대답하였다. 시골 촌부는 구슬을 탐하는 마음이 있었지만 재상인 자한은 구슬을 탐하지 않았던 것이다. 그래서 노자가 말하기를 "군자는 남들이 탐하는 것을 탐하지 않고, 구하기 힘든 재화를 귀중하게 여기지 않는다."고 했다.

옛날에 왕수라는 학자가 있었다. 그는 공부하기를 좋아하여 책을 짊어지고 다니다가 은사인 서풍을 만났다. 서풍이 말하기를 "일이라는 것은 실천함에 있는데, 같은 일을 하더라도 그때마다 결과는 다르니 언제나 똑같은 방법으로 처리할 수 없다. 책이란 옛사람들의 언행을 기록해놓은 것인데, 언행이란 지식에서 비롯된 것이므로 올바르게 알고 있는 사람은 책 따위를 끼고 다닐 필요가 없다. 그런데 그대는 어찌하여 책을 이고지고 다니는가?"라며 질책하였다. 그 말을 듣자마자 왕수는 책을 모두 불살라버리고 후련하게 생각했다.

그래서 지식을 함양한 사람은 말로만 가르치지 않고, 지혜로운 사람은 책을 쌓아두고 배우지 않는다고 하였다. 이와 같은 예는 대부분의 사람들이 한귀로 듣고 한귀로 흘려보내며 가벼이 여기지만, 왕수는 자신의 잘못을 깨닫고 곧바로 뭇 사람들이 배우지 않는 것을 배운 것이다. 그래서 노자가 말했다. "배우지 않는 것을 배워서, 세상에 많은 사람들의 잘못된 짐을 다시 되돌려놓으려고 한다."

하지 않아도 저절로 이루어진다

조나라 대부인 양주는 말을 다루는 기술을 양어기로부터 배웠다. 하루는 양어기에게 경마를 청하였는데, 세 번이나 말을 바꾸어 타고도 세 번이나 졌다. 이에 양주가 "그대는 나에게 말을 부리는 것만 가르치고, 정작 기술은 가르쳐주지 않은 것 같다."라고 하자, 양어기가 "기술은 벌써 다 가르쳐드렸는데 그 사용이 잘못된 것입니다. 말을 부리는 데 있어서 가장 중요한 것은 말의 몸과 수레가 일치해야 하고, 부리는 사람의 마음과 말이 조화를 이룰 때 비로소 빨리 달릴 수 있으며 멀리 갈 수 있는 것입니다. 그러나 지금 대부께서는 뒤지면 저를 쫓으려고 안달을 하고, 앞지르게 되면 제가 쫓아오지 않을까 초조해하셨습니다. 말을 달려서 먼 곳까지 경주하다보면 앞설 수도 있고 뒤쳐질 수도 있게 마련인데, 대부께서는 언제나 저에게만 마음을 쓰고 있으니 무슨 재주로 말과 혼연일체를 이룰 수 있겠습니까? 그런 까닭에 제게 진 것입니다."라고 하였다.

초나라의 백공승이 난을 일으킬 계획을 세우고 있었는데, 어느 날 조정에서 퇴청하다가 말채찍을 거꾸로 쥐는 바람에 뾰족한 끝이 턱을 찔러서 피가 땅에 떨어졌으나 알지 못했다. 정나라의 어떤 사람이 이 말을 전해 듣고는 "자기 턱의 상처를 느끼지 못할 만큼 무슨 일에 정신이 팔려 있다면, 장차 어떤 일에 또 정신이 팔릴지 알 수 없는 노릇 아닌가?"라며 경계하였다. 그래서 노자가 말하기를 "먼 곳으로 나아가면 갈수록 알게 되는 것은 점점 더 작아진다."고 하였다. 이 말은 지식이란 너무 먼 것만을 추구하게 되면 정작 알아야 하는 가까운 것을 소홀히 하게 된다는 뜻이다.

성인은 언제 어떤 일을 하겠다고 정해놓은 것은 아니지만, 항상 그때그때 지혜를 밝혀서 자연의 순리에 따라 행할 뿐이다. 이러한 까닭에 성인은 모든 것을 넓게 알 수 있는 것이다. 그래서 노자가 말하기를 "눈으로 보지 않아도 모든 것을 밝게 꿰뚫어 안다."라고 하였다. 또한 성인은 때에 순응하여 일하고 자연을 바탕으로 공을 세우며, 만물이 갖추고 있는 능력을 활용하여 이익을 얻는다. 그러므로 노자는 "일부러 하지 않아도 저절로 이루어진다."라고 말했다.

대기만성이다

초나라 장왕은 용상에 오른 지 삼 년이 지나도록 정사는 물론 어떤 왕명도 내린 바가 없었다. 하루는 측근에 있던 신하가 의문을 품고 수수께끼 같은 질문을 하였다. "새 한 마리가 남쪽 언덕에 앉아 있는데, 삼 년이 지나도록 날지도 않고 울지도 않고 전혀 움직임이 없습니다. 이 새의 이름을 무엇이라고 부르면 좋겠습니까?" 임금이 말하기를 "삼 년 간 날갯짓을 하지 않았다는 것은 장차 높이 날고 멀리 날고자 함이요, 날지도 않고 울지도 않는다는 것은 주변의 백성들을 살피고자 함이오. 비록 지금은 날지 않아도 한 번 날갯짓을 하게 되면 하늘 끝까지 비상할 것이고, 한 번 울게 되면 세상 사람들이 크게 놀랄 것이오. 그대는 걱정하지 않아도 된다. 과인은 그대의 말

뜻이 무엇인지 알고 있소."라고 답했다.

　그로부터 반 년쯤 지나자 임금은 몸소 정사를 살피기 시작했는데 열 가지 제도를 없애면서 아홉 가지 제도를 새롭게 만들었으며, 다섯 사람의 대신을 처벌하고 여섯 사람을 등용하면서 나라를 훌륭하게 다스렸다. 또한 군사를 일으켜서 제나라를 정벌하고, 강국인 진나라와 싸워 이기면서 제후들을 모두 불러 모아놓고 천하의 패자가 되었다. 이와 같이 장왕은 사소한 행동을 하지 않음으로써 큰 명성을 떨칠 수 있었고, 성급하게 자신의 능력을 드러내지 않음으로써 큰 공을 세울 수 있었다. 그러므로 노자는 이렇게 말한다. "큰 그릇은 늦게 만들어지며, 큰 소리는 잘 들리지 않는다."

　초나라 장왕이 월나라를 치려고 하자 장자莊子가 묻기를 "임금께서는 무슨 연유로 월을 치려고 하십니까?"라고 하자, 장왕이 "지금 월나라의 정치는 어지럽기 짝이 없고, 군사는 약하기 때문에 치려는 것이오."라고 대답했다. 장자가 다시 간하기를 "신이 생각하건데 지혜라는 것은 눈目과 같은 것이라고 봅니다. 눈이란 멀리는 볼 수 있지만 제 눈썹은 보지 못합니다. 지금의 초나라는 사방으로 수백 리의 영토를 잃었기 때문에, 이것은 곧 병력이 약하다는 것을 뜻합니다. 또한 나라 안에는 흉악한 도둑들이 들끓고 있는데 이마저도 다스리지 못하고 있으니, 이것은 곧 치안이 어지럽다는 뜻입니다. 지금 병력은 약하고 국내의 치안이 어지러운 것은 월나라보다도 더 심각한 지경인데, 오히려 월을 친다는 것은 눈이 눈썹을 보지 못하는 것과 다를 바가 없습니다."라고 하였다. 임금은 곧바로 고개를 끄떡이면서 월나라를 공격하겠다는 생각을 접었다. 이로 미루어보았을 때 안다는 것은 남을 볼 수 있느냐의 여부가 아니라, 자기 자신을 볼 수 있느냐의 여부가 중요하다. 그래서 노자는 "자기 자신을 볼 줄 아는 것이 밝음이다."라고 말했다.

노자는 중국 고대의 철학자이자 도가의 창시자이다. 사마천의 『사기』에 따르면 노자는 주周나라 왕실도서관의 관장으로서 당대 최고의 석학이자 지위가 높은 정치가였다고 한다. 노자는 그의 대표작인 『도덕경』을 통하여, 도라는 것은 기운을 머금고 있는 구름처럼 혼돈의 상태에 있다고 하였다. 그래서 손발이며 머리도 없고 어떻게 하려는 꾸밈도 없는데, 다만 스스로의 변화에 따라서 하늘과 땅을 낳고 만물을 기르는데, 이것을 도의 본성이라고 하였다. 노자는 상식적인 인의와 도덕에 구애받지 않고, 만물의 근원인 도를 따라서 살아가야 한다는 것을 역설하였다.

노자의 사상은 억지로 무엇인가를 하려고 하지 말고, 스스로 이루도록 기다려야 한다는 무위자연無爲自然의 마음가짐을 강조하였다. 또한 이름을 알리려고 애쓰지 말고, 혹시라도 명성을 얻었을 때에는 자신을 낮추어야 한다고 했다. 자신을 낮추는 방법으로는 공이 있으면 물러나야 한다는, 공수신퇴功遂身退의 처세술을 말하기도 하였다. 명성이나 재물을 가득 채우면 이후에 잃어버릴 일만 남게 된다면서

노자의 사상을 설명하다

비움의 미학을 강조하였고, 모두가 아름답다고 여기는 것은 더 이상 특별한 것이 아니기 때문에 아름다운 것이 아니라고 하였다.

아름답거나 추하다는 것은 상대적인 것인데, 이를 굳이 구분해서 판단하려는 것은 오히려 어리석은 짓이라고 지적하였다. 그러나 이와 같이 판단하고 행동하는 것에 대하여 오히려 많은 사람들이 비웃을 것이라면서, 뛰어난 재주는 서툴게 보인다고 했다. 그러면서 말하기를, 비웃음을 받지 않으면 도라 하기에는 부족하다고 하였다.

또한 노자는 최고의 선은 물과 같다는 그 유명한 상선약수上善若水라는 카드를 꺼내들면서, 물은 조건 없이 모습을 바꾸며 어디에도 적응하지 못하는 바가 없다고 하였다. 그리하여 사람들이 싫어하는 낮은 곳으로 흘러가서 거기에 머물며, 모든 사람에게 도움이 되지만 자만하지 않고 겸손하고, 그렇기 때문에 물처럼 사는 인생이 행복하다고 하였다. 이와 같은 노자의 사상을 한비는 해로와 유로에서 역사적인 고사들과 비교하면서 자세하게 설명해주었다.

제19장
설림·상
說林·上

이야기의 숲

설說은 '말하다', 림林은 '수풀'이니, 한마디로 '이야기의 숲'이다. 옛날의 역사적인 이야기나 구전되어 오는 일화나 설화들을 추려 모은 것이다. 대부분 단문으로 구성되어 있지만 재치가 넘쳐흐르고, 이따금씩 심금을 울리는 이야기도 있다. 한비의 재주가 다방면인 것을 보여주고 있으며 곳곳에 날카로운 비평과 익살, 빛을 발하는 명언들이 숨겨져 있다.

한비는 결국 이익이 된다면 누구든지 맹분이나 전제와 같은 용감한 무사가 된다고 하였고, 모든 일에 주의해가면서 행동한다면 실패하는 일이 적어진다고 말한다. 또한 제나라의 관중과 같은 위대한 인물도 친구인 포숙아의 도움이 있었다면서, 세상에 독불장군은 없는 법이니 상부상조가 답이라는 사실도 강조하고 있다.

　　　　　　　　　　　　　　　　　　　　　이야기의 숲

애국보다 우선하는 열등감

은나라 탕왕이 하나라 걸을 정벌하고 정권을 잡았으나, 세상 사람들이 천자의 자리를 탐냈다고 여기는 것 같아서 마음이 편치 않았다. 그래서 무광務光에게 양위하겠다며 속에도 없는 소리를 했는데, 무광이 정말로 물려받을까봐 사람을 보냈다. 사자使者가 말하기를 "탕왕이 그의 임금인 걸왕을 죽이고 왕권을 빼앗았는데, 그 악명이 세상에 퍼지자 그대에게 덮어씌우려고 천하를 물려준다고 한 것입니다."라며 은근히 압박하자, 무광은 황하에 투신했다. 일가족이 몰살당하는 것보다는 자신의 한 몸으로 대신하는 것이 낫다고 판단한 것이다.

진나라 무왕이 공을 세운 감무에게 외교를 관장하든가 측근의 시종이 되든가, 택일하라며 선택권을 주었다. 그때 감무의 친구가 조언하기를 "그대는 시종을 맡는 것이 좋을 것이오. 그대는 외교에는 이미 능통하므로 시종이 되더라도 임금이 필요할 때마다 외교문제를 그대에게 일임할 터이니, 그렇게 되면 그대는 시종의 벼슬을 하면서도 외교를 관장할 수 있으니 결국 두 가지 벼슬을 하게 되는 것이오."라고 했다.

자어子圉가 상나라 대신에게 공자를 소개했다. 공자가 돌아간 뒤 자어는 대신에게 공자에 대하여 물었다. 그러자 대신이 "공자를 만나고 나서 당신을 보니, 당신이 마치 벼룩이나 이처럼 보이는구려. 내곧 공자를 임금에게 소개할 생각이오."라고 하였다. 자어는 공자가 자기보다 더 중하게 쓰여질 것이 두려워서 이렇게 말했다. "임금께서 공자를 만나보시면, 이번에는 당신이 벼룩이나 이처럼 보이게 될 것이오." 결국 대신은 공자를 임금에게 보이지 않았다.

갖고자 하거든 먼저 주어라

진나라가 형나라를 침범하자 제나라 환공이 출병하여 형나라를 구하려고 했다. 그러자 대부인 포숙아가 꾀를 내어 말하기를 "군사를 보내서 구원하기에는 때가 이릅니다. 형나라는 아직 무너질 지경에 이르지 않았고, 진나라도 아직은 지치지 않았으므로 우리 제나라의 역할이 작습니다. 그러나 위기에 처한 나라를 구원해주는 공보다는 멸망한 나라를 다시 일으켜 세워주는 공이 훨씬 더 큰 것입니다. 그러니 진나라가 지칠 대로 지치고 형나라는 멸망에 이르는 지경까지 기다렸다가 출병하게 되면, 우리 제나라의 공적이 크게 빛날 것입니다."라고 간했다. 이에 환공은 전군의 출병을 보류하였다.

초나라 오자서가 오나라로 망명할 때, 국경에서 경비 중인 군사에게 붙잡혔다. 오자서가 말하기를 "임금이 나를 쫓아오고 있는 이유는 내가 귀한 보석을 가지고 있기 때문이다. 그러나 오다가 그것을 그만 잃어버렸다. 만일 나를 잡아 가둔다면 네가 그것을 빼앗아 삼켰다고 말할 것이다."라고 했다. 그러자 경비병은 배가 갈릴 것이 두려워서 소름이 돋으며, 오자서를 국경 밖으로 얼른 쫓아보냈다.

지백이 위나라 선자에게 땅을 달라고 엄포를 놓았으나 위선자는 주고 싶은 마음이 추호도 없었다. 이에 위나라 신하인 임장이 "어찌하여 주지 않으려고 하십니까?"라고 묻자, 위선자가 대답하기를 "아무런 이유도 없이 땅을 떼어달라고 하니, 어이가 없어서 내주지 않으려는 것이오."라고 하였다. 임장이 다시 정중하게 간하기를 "아무런 이유도 없이 남의 땅을 달라고 하니, 이웃나라들도 이를 보고 두려운 마음을 갖게 될 것이 뻔합니다. 임금께서 지백에게 땅을 내주게 되면 그는 교만해져서 반드시 다른 나라들까지도 업신여기게 될 것입니다. 그리 되면 이웃나라들은 두려운 나머지 서로 힘을 합치게 될 것이고, 그렇게 뭉쳐진 군대가 대항하면 지백의 목숨도 오래가지 못할 것입니다. 『주서周書』에서 말하기를 '장차 적을 무너뜨리려거든 반드시 그를 도와주고, 장차 취하려거든 반드시 먼저 주어야 한다'라고 했습니다. 그러니 임금께서는 땅을 잠시 그에게 빌려준다 생각하시고, 지백의 마음을 교만하게 만드십시오. 임금께서는 어찌하여 세상의 모든 제후들과 결탁하여 지백을 없애버릴 묘책을 버리시고, 홀로 지백의 공격 목표가 되고자 하십니까?"라고 했다.

위선자는 무릎을 탁 치면서 "맞다. 과연 옳은 말이로다." 하면서 지백에게 일만 호에 이르는 큰 고을을 내주었다. 그 일을 계기로 지백은 조나라에도 땅을 요구했는데 거절당하자 조나라 진양을 포위했는데, 한나라와 위나라가 반기를 들고 조나라와 호응하니 지백은 망하고 말았다.

눈엣가시를 제거하는 방법

소적매라는 사람이 고주망태가 되어 누워 있다가 귀한 가죽옷을 잃어버렸다. 송나라 임금이 이 말을 듣고는 "아무리 취했다고 어찌 자기가 입고 있던 옷을 잃어버릴 수 있는가?"라고 묻자, 소적매가 대답하기를 "하나라의 걸왕은 술에 취하여 천하를 잃어버렸는데, 그까짓 가죽옷 하나 잃어버린 것이 무슨 대단한 일이 되겠습니까? 『강고康誥』에 이르기를 무이주毋彝酒라고 하였으니, 언제나 술을 마시는 사람은 늘 취해 있게 마련입니다. 늘 취해 있게 되면 천자는 천하를 잃게 되고 필부는 몸을 잃게 되는 것입니다."라고 아뢰었다.

주周나라 임금은 한韓나라의 재상인 엄수와 사이가 좋지 않아서 항상 엄수를 해치려 했다. 주나라 임금의 뜻을 알아챈 풍저라는 사람이 말하기를 "엄수는 한나라 재상입니다. 그런데 한나라 임금은 한괴란 인물을 엄수보다 더 소중하게 생각합니다. 그러니까 먼저 한괴를 암살하십시오. 그러면 한나라 왕은 엄수가 한 짓으로 생각하고 엄수를 물리치게 될 것입니다."라고 하였다.

악양이 위나라 장수가 되어 중산을 공격할 때 그의 아들은 중산에 머무르고 있었다. 중산의 임금은 악양의 아들을 삶아서 그 국물을 보냈는데, 악양은 막사에 앉아서 자기 아들을 삶은 국물을 다 마셔버렸다. 그 소식을 전해들은 위나라 문후는 도사찬에게 말하기를 "악양은 과인을 위하여 자기 아들의 살까지 먹었다."라며 기특하게 생각했다. 그러자 도사찬이 아뢰기를 "악양은 자기 아들의 살까지 먹은 사람인데, 다음에는 누구인들 먹지 않는다는 보장이 있겠습니까?"라고 했다. 그 후 악양은 이를 부득부득 갈면서 중산을 멸망시키고 승전보를 울리며 귀국했다. 그러자 위나라 문후는 버선발로 내려와 그의 공로를 치하하면서도, 속으로는 심히 경계하였다.

얕은꾀에는 속지 않는다

증종자는 칼을 잘 감정하기로 이름이 나 있었다. 그 무렵 위나라 임금은 오나라 임금을 증오하고 있었는데, 증종자가 이를 알고 위나라 임금에게 고하기를 "오나라 임금은 칼을 좋아하나 칼을 볼 줄은 모릅니다. 하지만 신은 칼을 감정하는 데는 자신이 있습니다. 신을 오나라 왕에게 보내주시면, 오나라 왕 앞에서 칼을 뽑아 감정하는 척하다가 임금을 대신해 원수를 갚아드리겠습니다."라고 말했다. 그러나 위나라 임금은 증종자의 제안을 한마디로 거절하면서 "그대가 그런 생각을 하게 된 것은 충의를 위해서가 아니라 자신의 이익을 위해서일 것이다. 오나라는 부강한 나라이나 우리 위나라는 빈약한 나라다. 그대가 오나라로 갔다가, 그 다음에 오나라 왕을 위해 그런 수법을 내게 쓸 것이 두렵다."고 한 뒤 그를 쫓아버렸다.

주공이 무경의 난을 평정하고 그 근거지인 상개를 초토화시키려고 하였다. 이에 태사인 신공갑이 간하기를 "큰 나라는 정복하기 어렵고 작은 나라는 상대적으로 정복하기가 쉬우니, 먼저 작은 나라들을 여럿 친 후에 큰 나라를 치는 것이 순리입니다."라고 하였다. 이 말을 들은 주공이 동방에 있는 아홉 나라를 정복시키자, 상개는 스스로 나와서 머리를 조아리며 항복했다.

지나치게 많이 아는 사람

은殷나라 주왕은 밤을 새워가며 잔치를 벌이고 즐겨 노는 바람에 날이 가는 줄도 몰랐다. 어느 날 옆에 있던 신하에게 "오늘이 며칠이더냐?"라고 물었는데, 누구도 아는 사람이 없었다. 그래서 기자箕子에게 사람을 보내 물어오게 했다. 기자는 가신들을 돌아보며 이렇게 말했다. "천하의 주인으로 있으면서 온 나라가 날이 가는 걸 모르고 있었으니, 이래가지고는 천하를 보존하지 못한다. 온 나라가 다 모르는 것을 나 혼자 알고 있다면 내 몸이 위태로워진다." 그러면서 기자는 자신도 술에 취해 날을 모른다고 사자에게 대답해 보냈다.

위나라의 어떤 사람이 딸을 시집보내면서 이렇게 가르쳤다. "될 수 있는 한 남 몰래 재물을 많이 모아야 한다. 남의 집 며느리가 되면 쫓겨나는 것이 다반사이고, 끝까지 눌러앉아 있는 일은 드무니까 말이다." 딸은 시집가서 몰래 재물을 모으다가 결국 탄로나서 시어머니한테 쫓겨났다. 그러나 딸이 집에 돌아올 때 갖고 온 것은 시집갈 때 갖고 간 것의 두 배나 되었다. 그러자 아버지는 딸에게 가르친 것이 잘못되었음을 깨닫기는커녕 재산을 불리게 된 자신의 지혜를 자랑했다. 오늘날 벼슬자리에 있는 사람들은 모두가 이런 부류들이다.

제20장
설림·하
說林·下

서른일곱 가지의 고사

세상에 존재하는 모든 만물은 항상 변화하고 있으며, 언젠가는 소멸하고 새로운 형태로 나타나게 될 것이다. 인간도 예외일 수 없으니, 세상의 모든 만물은 모든 인간의 스승이다. 특히 지나온 역사의 발자취 속에는 선인들의 지혜와 오류가 무수히 널려있는데, 그중에 의의가 있는 것들을 발췌해서 기록해놓은 것이 한비의 설림이라고 해도 과언이 아니다.

한비가 이야기의 숲인 설림을 상하로 나눈 것은 서로 내용이 상이한 것이 아니라 편의상 분류한 것이다. 하지만 여기서 소개하는 설화들은 사물을 분별하는 데 필요한 내용만으로는 부족하다고 여겨, 설화가 성립하는 데 필요했던 배경과 여건들을 함께 엮어서 제시하고 있다. 한비의 문장력이자 배려이다.

이익에 따라 보는 눈이 달라진다

장어는 뱀을 닮았고 누에는 나비유충과 비슷하다. 사람들은 뱀을 보면 소스라치게 놀라고, 나비유충을 보면 질색을 하면서 피한다. 그렇지만 고기 잡는 어부들은 맨손으로 장어를 만지고, 비단 짜는 여자들은 누에를 아무렇지도 않게 만진다. 결국 이익이 된다면 누구나 맹분이나 전제와 같은 용감한 전사가 되는 것이다.

말을 잘 고르기로 유명한 백락은 그가 미워하는 사람에게는 천리마의 감정법을 가르치고, 마음에 드는 사람에게는 느리게 달리며 짐이나 끄는 말의 감정법을 가르쳐주었다. 그 이유는 천리마는 흔한 말이 아니므로 감정하는 사람의 벌이가 적다. 그러나 짐말은 매일같이 사고팔기 때문에 벌이가 많다. 이것이 바로 『주서周書』에서 말한 "명색은 천해도 쓰이기는 크게 쓰인다."는 것이다. 그래서 비속卑俗한 말들이 요긴하게 쓰일 때도 있는 법이다.

환혁이라는 사람이 말하기를 "나무로 사람의 상을 조각할 때는 코는 클수록 좋고 눈은 작을수록 좋다. 큰 코는 작게 만들 수 있지만, 너무 작은 코는 크게 만들 수가 없다. 너무 작은 눈은 크게 만들 수 있지만, 너무 큰 눈은 작게 만들 수 없다. 다른 일도 역시 마찬가지다. 다시 바로잡을 수 있도록 여지를 남겨두게 되면 실패하는 일이 적어진다."고 하였다.

부의 한계

승후와 오래는 은나라 주왕에게 온갖 충성과 아부를 다하였으므로 주왕에게 버림받지 않을 것임은 잘 알고 있었지만, 은나라가 주나라에 의해 멸망하고 주왕과 함께 죽임을 당하리라는 것은 알지 못하였다. 왕자였던 비간과 오자서는 그들의 나라가 멸망하리라는 것은 잘 알고 있었지만, 자기 자신들이 죽임을 당하리라는 것까지는 미처 헤아리지 못하였다.

그래서 말하기를 승후와 오래는 사람의 마음을 꿰뚫어보는 데에는 능통하였지만, 민심이 변하는 시국의 변천은 짐작하지 못하였고, 비간과 오자서는 민심이 변하는 시국의 변천은 꿰뚫어보았지만, 사람의 마음은 알지 못하였다고 한다. 그래서 성인이라면 이 두 가지를 모두 갖추고 있어야 하는 것이다.

제나라 환공이 관중에게 "부富에도 한계가 있소?"라고 묻자, 관중이 답하기를 "물의 한계는 물이 없는 것이고, 부의 한계는 사람이 부에 만족하는 것입니다. 그런데 사람은 만족할 줄 모르고 부를 탐내다가 마침내는 몸을 망칩니다. 어쩌면 이것이 부의 한계인지도 모릅니다."라고 하였다.

송나라의 거상 중에 감지자라는 사람이 있었다. 어느 날 유난히도 고운 백옥을 백금의 가격에 팔려는 사람을 만났는데 경쟁자가 있었다. 잘못하다가는 백옥의 가격이 천정부지로 올라갈까 염려하여, 그는 백옥을 감정하는 척하다가 일부러 떨어뜨렸다. 그러자 흠집이 생긴 백옥을 사려던 사람은 사라졌고 감지자는 쉽게 백금의 돈을 주고 사왔다. 집으로 돌아온 감지자는 온갖 정성을 기울여서 백옥을 깎고 다듬어서 열 배의 돈을 벌었다. 무엇인가 하다가 실패를 하더라도 아무것도 하지 않는 것보다 나은 경우가 있다. 때에 따라서는 감지자와 같이, 당장의 손해가 미래의 이익을 가져다준다는 것을 내다보고 행하는 경우도 있다.

겉모습으로 사람을 판단하다

돼지의 털 사이에 붙어 사는 이 세 마리가 서로 말다툼을 하고 있었다. 그 옆을 지나가던 다른 이 한 마리가 "뭘 가지고 그렇게 옥신각신하니?"라며 물었다. 이 세 마리가 동시에 "맛있는 곳을 서로 차지하려고 그래."라고 하자, 지나가던 이가 말하기를 "너희들은 섣달 제삿날이 되면, 사람들이 짚불을 피워놓고 돼지를 통째로 구워먹는 걱정은 하지 않고 무슨 엉뚱한 걱정들이냐?"라고 하였다. 그 말을 듣자 이 세 마리는 싸움을 그만두고 모여들어 돼지를 빨아먹기 시작했다. 그 때문에 돼지는 바싹 여위고, 섣달 제삿날이 되었는데도 사람들은 그 돼지를 잡아먹지 않았다.

요임금이 천하를 현인으로 추앙받고 있는 허유에게 주려고 하였다. 허유는 천자의 자리를 사양하고 멀리 달아나서 어떤 민가에 숨어 지내고 있었다. 그때 그 집 바깥양반은 허유가 가죽으로 만든 자신의 귀중한 갓을 훔쳐갈까봐 몰래 감추었다. 허유는 천자의 자리도

마다한 성인인데도 겉모습이 누추하다고 하여 좀도둑일지 모른다는 오해를 받았으니, 허유의 사람됨을 전혀 알지 못했던 것이다.

아주 못되먹은 망나니를 이웃으로 둔 사람이 집과 전답을 팔고 이사하여 그 행패를 피하려고 했다. 어떤 사람이 만류하며 "저 사람은 지은 죄가 넘칠 정도로 많아서 이제는 한계에 달했으니 곧 지칠 것입니다. 그러니 이제껏 참고 산 김에 조금만 더 기다려보십시오."라고 했다. 그러자 이사하려던 사람이 "나는 저 불량배가 나에게 횡포 부리는 것이 마지막이 될까 두려워서 떠나려는 것입니다."라고 대답했다. 그래서 옛말에 이르기를 어떤 일에서든 작은 징조라도 보이면, 망설이지 말고 단호하게 결단을 내려야 한다고 하였다.

비위를 맞추는 자는 속셈이 있다

진나라에 중행문자中行文子라는 사람이 모함을 받고 달아나다가 어느 마을에 이르렀다. 그때 하인이 "이 고을의 관리는 대감과 지난 날부터 잘 아는 사이인데, 잠시 쉬었다 가면 어떻겠습니까?"라고 물었다. 중행문자가 말하기를 "내가 음악을 즐겨하였더니 그는 나에게 거문고를 보내왔고, 내가 장식하는 옥을 좋아하였더니 그는 나에게 옥환을 보내왔다. 이로 미루어보았을 때 허물을 충고하려는 것이 아니라, 내 비위를 맞추어 자신의 영달을 꾀하려 했던 것이다. 그러므로 이번에는 나를 잡아서 다른 사람의 비위를 맞추려 할 것이니, 나는 그것을 염려하는 것이다."라면서 서둘러 고을을 벗어났다. 예상대로 그곳 관리는 중행문자를 잡으려고 뒤쫓았으나 놓치고, 그의 짐을 싣고 뒤에 따르던 수레만을 압수하여 진의 임금에게 바쳤다.

관중과 포숙이 서로 상의했다. "임금이 저토록 행동이 난잡하니 언젠가는 나라를 잃게 될 것이 뻔하다. 제齊나라 공자들 가운데 장래를 기대할 수 있는 사람은 공자 규糾와 소백小白뿐이다. 우리가 각각 한 사람씩 섬기고 있다가, 먼저 출세하는 사람이 다른 사람을 끌어주기로 하세."라며 암묵적인 합의를 하였다. 그리하여 관중은 공자 규를 섬기고, 포숙은 소백을 섬겼다. 그 뒤 임금인 제나라 희공이 반란이 일어나 죽고, 소백이 먼저 임금이 되었다.

관중은 공자 규와 노나라로 망명 가 있었다. 그런데 노나라가 관중을 잡아들여 제나라로 넘겼다. 제나라로 끌려온 관중은 처벌은커녕 포숙의 주선으로 재상이 되었다. 그러기에 속담에 "무당이 제 굿 못하고, 의원이 제 침 못 놓는다."고 하였다. 결국 관중 같은 위대한 인물도 포숙의 도움이 있어야만 했던 것이다. 관중은 가난했던 소년 시절부터 평생토록 조금도 변함없이 포숙아와 깊은 우정을 나누었다. 그래서 관포지교라는 말이 유래하게 되었다.

형荊나라 왕이 오나라를 치려 했다. 오나라는 저위와 궐융을 사신으로 삼아 형나라 진영으로 보냈다. 형나라 장군이 발끈하여 "저 두 놈을 당장 묶어라. 죽여서 그 피를 북에 바르겠다."라며 고함을 쳤다. 형나라 장군은 두 사람을 묶어 매달아놓고 "오나라는 점을 쳐본 뒤에 너희들을 보냈으렷다?"라며 문책하였다. 저위와 궐융이 "그렇소."라고 답했다. 형나라 장군이 "점괘가 좋다고 나왔더냐?"라고 묻자, 두 사신이 동시에 "물론이다."라고 답하였다. 형나라 장군이 "죽여서 피를 북에 바르는데도 좋단 말이냐?"라고 되묻자, 두 사신이 "그래서 좋은 것 아니오. 오나라가 우리를 보낸 근본적인 의도는 장군의 태도를 보기 위한 것이오. 장군이 노여워하면 오나라는 해자를 깊이 파고 성을 높이 쌓을 것이며, 장군이 성을 내지 않으면 서두르지 않을 것이오. 그러므로 우리들이 죽게 되면 오나라는 수비를 튼튼히 할 것이오. 또 나라에서 점을 치는 것은 신하를 위해서가 아니오. 신하 한 사람이 죽음으로써 한 나라가 무사하다면 그보다 더 좋은 일이 어디 있겠소? 또한 죽은 사람에게 혼이 없다면 그 피로 북을 발라보아야 무슨 소용이 있겠소. 만일 혼이 있다면 싸움이 시작되었을 때 우리는 북이 울리지 않도록 할 것이오."라고 하였다. 이 말을 들은 형나라 장군은 두 사람을 죽이지 않았다.

몰아붙여서 승리하다

형나라가 진陳나라를 칠 때, 오나라가 진나라를 도왔다. 형나라와 오나라 군사는 삼십 리 간격을 두고 대치해 있었다. 어느 날 밤이 되자 열흘이나 계속되던 비가 그치고 별이 보였다. 형나라 좌사가 장군에게 말하기를 "비가 열흘이나 계속 내리는 동안, 오나라 군사는 준비를 갖추었을 것입니다. 오늘 밤은 틀림없이 공격해올 것이니 대비를 하고 있는 것이 좋겠습니다."라고 했다. 곧 형나라 군사는 전투 태세에 들어갔다. 과연 준비가 미처 끝나기도 전에 오나라 군사가 밀어닥쳤다. 그러나 오나라 군사는 형나라 군사가 미리 대비하고 있었음을 알고 그대로 돌아갔다. 그러자 좌사가 다시 말하기를 "오나라 군사는 왕복 육십 리를 걸었습니다. 돌아가면 장수들은 쉬고, 병사들은 밥을 먹을 것입니다. 하지만 우리 쪽은 삼십 리만 걸으면 되니 지금 그들을 뒤쫓아서 치면 이길 것입니다."라고 조언하였다. 말이 떨어지기도 전에 형나라 군사는 오나라 군사를 뒤쫓아 갔다. 그리고 오나라의 군사를 쳐서 크게 승리하였다.

제나라가 노나라를 쳐서 이긴 다음, 노나라의 국보인 참讒이라는 솥鼎을 요구했다. 노나라는 이를 거절할 수가 없어서 가짜 솥을 사자에게 주어 보냈다. 그 사실을 알아차린 제나라에서 노나라에 따졌다. "이건 가짜가 아니냐?" 그러나 노나라에서는 진짜라며 고집을 부렸다. 이에 제나라 사람이 "그렇다면 귀국의 악정자춘을 데리고 오라. 그의 말이라면 믿겠다."라고 하였다. 노나라 임금은 악정자춘에게 적당히 거짓말을 해줄 것을 부탁했다. 악정자춘이 임금에게 "왜 참 물건을 주지 않았습니까?"라고 하자, 임금이 "보내기가 아까워서 그랬네."라고 대답하였다. 그러자 악정자춘이 말하기를 "신 또한 신의 진실을 아낍니다."라며 임금의 부탁을 정중히 거절하였다.

오나라 임금인 합려가 초나라 수도인 영을 세 번 쳐서 세 번 다 이겼다. 오나라 임금이 오자서에게 묻기를 "이 정도로 쓴맛을 보여줬으니 이제 그만두는 것이 어떻겠소?"라고 하자, 오자서가 답하기를 "안 됩니다. 사람을 물에 빠트려 죽이려면 한 번만 물을 먹게 하고 그만두어서는 실패합니다. 끝까지 내리누르고 있어야만 성공합니다.

서른일곱 가지의 고사

지금 상대방이 약해진 기회를 타서 완전히 쳐부숴야 합니다."라고 하였다.

붙임말　설림이란 자신의 의견을 남들에게 어필하고자 할 때 유용하게 쓰이는 이야기로서, 깊은 산속의 숲처럼 무한하다는 것이다. 한비가 자기 시대는 물론 그 이전의 역사나 전기 또는 일화 등을 더듬어본다는 것은 쉬운 일이 아니었을 것이다. 그것을 옮길 만한 종이라는 것도 없어서 집필한다는 자체가 불가능에 가까운 일이었다. 아마도 수많은 이야기들을 머릿속에 쌓아올렸다가는 허물고, 허문 뒤에 다시 쌓아올리며 각고의 노력을 기울여 신중하게 썼을 것이다.

이와 같이 어려운 작업을 무슨 일이 있어도 감당하고 완수해야 하는 데에는 한비 나름의 절박함이 있었다. 그것은 『한비자』에 있는 그의 사상과 철학들을 당시의 제후들에게 팔아넘기지 않으면 안 되었기 때문이다. 사실 팔아넘긴다는 것은 임금을 설득시킨다는 말과 동의어지만, 그 일 자체가 목숨을 걸고 하는 일이었으니 오늘날 작가들의 어려움과는 본질적으로 달랐다. 무엇보다도 내용 자체가 중요하고, 한비 자신이 확신을 가지고 있는 사실이 아니면 안 되었을 것이다. 그러면서도 동시에 임금들의 입맛을 돋우고 흥미를 끌지 않으면 안 되었다.

그러기 위해서는 한비의 말을 뒷받침해주는 다양한 사례와 증좌

가 필요했고, 이것이 설립이 탄생하게 된 배경이라고 볼 수 있다. 현세
의 사람들은 한비가 살았던 시대적 배경과 환경이 다르다 하여 먼 옛
날이야기로만 치부해서는 안 된다. 인간의 본질이라는 것은 언제나
변함이 없고, 원리원칙이라는 것도 언제나 서로 통하기 때문이다.

서른일곱 가지의 고사

제21장
내저설·상
內儲說·上

신하를 통솔하는 일곱 가지

저儲는 '쌓다'는 뜻이지만, 여기서는 '갖추어 모아두다'라는 의미로 쓰였다. 그래서 내저설은 '어떤 일을 설명하기 위한 사례'를 가리킨다. 내저설은 상하로 나누어져 있는데 상편에서는 칠술七術을, 하편에서는 육미六微를 말하고 있다. 칠술은 제1장인 이병에서 말한 '임금이 신하를 조종하는 일곱 가지 방법'이지만, 여기에다가 신하를 속여 시험하는 구체적인 예를 몇 가지 더했다. 그래서 비슷한 이야기는 제외하고 중요하다고 여겨지는 예만 골라서 초역했다.

한비자는 사랑이 지나치면 법은 시행되지 않고, 위엄을 보여주지 못하면 아랫사람이 윗사람을 업신여긴다고 하였다. 또한 포상이 박하고 믿을 수 없으면 신하들은 일을 하려 하지 않고, 상이 후하고 분명하게 행해지면 신하들은 목숨도 아끼지 않는다고 보았다. 그러면서 알고 있는 것이라도 모르는 척하고 물어보면 알지 못했던 것까지 알

수 있게 되고, 하나를 깊이 알게 되면 다른 이면까지도 알게 된다고
하였다.

칠술을 말하다

임금이 쓰는 술術에는 일곱 가지가 있고, 임금이 경계해야 할 미
微에는 여섯 가지가 있다. 일곱 가지 술이란 다음과 같은 것들이다.

첫째,　신하들이 한 말을 사실과 맞추어보고 비교해보아야 한다.

둘째,　법을 어긴 자는 반드시 벌을 내려서 임금의 위엄을 보여주어
　　　야 한다.

셋째,　공이 있는 자에는 반드시 상을 주어서, 있는 힘을 다하게 북
　　　돋아야 한다.

넷째,　모든 사람들의 말을 잘 들어보고, 말한 것에 대해서는 반드
　　　시 책임지도록 해야 한다.

다섯째, 임금의 명령을 의심하는 자는 벌해야 마땅하다.

여섯째, 임금이 이미 알고 있는 사실일지라도 모르는 척하며, 다시
　　　물어보는 것은 좋은 방법이다.

일곱째, 일부러 반대가 되는 말을 하기도 하고, 일을 거꾸로 하면서
　　　신하들의 반응을 살펴보기도 해야 한다.

이 일곱 가지를 임금이 사용해야 하는 술책이라고 한다.

신하들의 말을 사실과 맞추어볼 것

임금이 신하의 행동을 살피고 신하의 말을 듣더라도, 그것이 사실과 부합하는지 맞추어보지 않으면 진실을 알지 못한다. 또한 출입하는 문이 하나인 것처럼 한쪽 사람의 일방적인 말만 듣게 되면, 임금의 귀가 막히고 눈이 가려져서 두루 소통하지 못하게 된다.

하나의 예로 숙손은 노魯나라의 재상으로, 실권을 쥐고 국정을 마음대로 움직였다. 또한 숙손의 총애를 받고 있던 수우는 숙손의 이름을 빌려 제멋대로 행동했다. 그뿐만 아니라 수우는 숙손의 아들인 임을 질투하여 늘 해칠 기회를 노렸다. 어느 날 수우는 꾀를 써서 임을 데리고 노나라 임금이 있는 곳으로 놀러갔다. 그때 노나라 임금이 임에게 옥가락지를 주었다. 임은 그것을 받기는 했으나 즉시 손가락에 끼는 것을 삼가고, 수우를 통해 아버지인 숙손의 허락을 청했다. 그런데 수우는 숙손에게 전하지도 않고 "아버님께 말씀드렸더니 좋다고 하셨습니다."라고 거짓말을 하였다.

이에 임이 마음 놓고 옥가락지를 끼고 있는 것을 보자, 수우는 숙손에게 갔다. "임 공자를 임금님께 데리고 가서 인사드리는 것이 어떻겠습니까?" 이에 숙손이 "아직 어린아이인데 너무 이르지 않을까?"라며 망설였다. 수우가 다시 말하기를 "아닙니다. 공자께서는 벌써 몇 번이나 임금님을 뵌 적이 있습니다. 얼마 전에는 임금님이 옥가락지를 주기도 하셨습니다. 공자께서 지금 그것을 끼고 다니십니다."라며 거짓으로 고했다. 숙손이 임을 불러 살펴보니 과연 옥가락지를 끼고 있었다. 숙손은 화를 참지 못하고 임을 죽이고 말았다.

죽은 임에게는 병이라는 형이 있었다. 수우는 이 병마저도 미워하여 죽기를 바랐다. 마침 숙손이 병에게 종鍾을 만들어 주었다. 종이 다 되었으나 병은 그것을 즉시 울리지 않고, 먼저 수우를 통해 아버지인 숙손의 허락을 청했다. 그런데 수우는 임의 경우와 마찬가지로 병을 속였다. "말씀드렸더니 좋다고 하셨습니다."라고 하자, 병은 종을 울렸다. 그 소리를 들은 숙손은 화를 내면서 "내 허락도 없이 제멋대로 종을 울리는구나."라면서 병을 나라 밖으로 내쫓았다. 병은 달아나다시피 제나라로 갔다.

그 후 일 년이 지나서 수우는 병을 대신하여 용서를 빌었다. 그러자 숙손이 수우에게, 그러면 병을 불러오라고 하였다. 그러나 수우는 병을 불러오지 않고 숙손에게 고하기를 "공자를 부르러 사람을 보냈더니, 공자는 부친에 대한 화가 풀리지 않는다며 돌아오려 하지 않았습니다."라고 했다. 숙손은 화가 나서 사람을 보내 병을 죽였다. 이렇게 두 아들이 죽고 숙손은 병이 들어 누웠다.

수우는 자기 혼자 숙손을 병간호하며 아무도 들어오지 못하게 했다. 그리고 소문내기를 "숙손께서는 사람 소리를 듣기 싫다고 하십니다."라고 하였다. 그러고는 숙손에게 먹을 것을 주지 않아 마침내 굶어 죽게 만들었다. 수우는 숙손의 장례도 치르지 않고, 창고에서 귀중한 보물들을 훔쳐내어 제나라로 도망쳤다. 조금 어처구니없는 이야기 같지만, 신뢰한다고 생각하는 사람의 말을 액면 그대로 받아들여 부자가 모조리 죽음을 당한 것도 신하의 말을 확인해보지 않았기 때문이다.

　방공은 위나라 태자와 함께 조나라 수도인 한단에 인질로 가게 되었다. 출발에 앞서 그는 위나라 임금에게 "만일 누군가가 저잣거리에 호랑이가 나타났다고 하면 믿으시겠습니까?"라고 물었다. 이에 임금이 "믿을 수 없지."라고 하자, 방공이 "그렇다면 두 사람이 똑같이 저잣거리에 범이 나타났다고 말하면 어떻게 하시겠습니까?"라고 거듭 물었다. 임금은 역시 "그래도 믿지 않는다."라고 하였다.

　방공이 재차 "그렇다면 이번에는 세 사람이 똑같은 말로 저잣거리에 범이 나왔다고 한다면 임금께서는 믿으시겠습니까?"라고 물었다. 임금이 "그렇다면 그때는 믿어야겠지."라고 했다. 이에 방공이 말하기를 "저잣거리에 호랑이가 나타나지 않는다는 것은 누구나 다 아는 사실입니다. 그런데도 세 사람이 똑같은 말을 하면 믿게 됩니다. 한단은 아주 먼 외국입니다. 그만큼 한단의 일은 똑똑히 알기가 어렵습니다. 저희들이 한단에 다녀오는 동안 이러쿵저러쿵 말할 사람은 세 사람 정도가 아닙니다. 바라옵건대 이 점을 깊이 헤아려주십시오."라고 하면서 길을 떠났다. 그러나 그 뒤 한단에서 돌아온 방공은 임금을 두 번 다시는 볼 수 없었다.

법을 어긴 자는 벌할 것

　임금이 자애하는 마음이 깊으면 법은 제대로 시행되지 않는다. 또한 임금이 위엄을 보여주지 못하면 아랫사람이 윗사람을 업신여길 것이며, 임금이 형벌을 엄격하게 시행하지 않으면 금령禁令은 행해지지 않는다.

옛날 형나라의 남쪽지방인 여수에서 금이 많이 생산되었는데, 그 금을 몰래 캐는 사람이 많았다. 무단으로 금을 캐가는 것은 법으로 엄격히 금지되어 있었고, 붙잡히면 사람들이 보는 곳에서 못 박아 죽이는 형벌에 처하였다. 그리하여 처형된 무수한 시체들로 강물이 흐르지 못할 정도였으나, 금을 캐는 사람은 여전히 뒤를 이었다. 사람들이 보는 앞에서 못 박혀 죽는 것보다 더 중한 형벌이 없는데도 여전히 금 캐는 사람이 있는 것은, 반드시 붙잡히지는 않았기 때문이다.

한 가지 예를 들어보자. "너에게 천하를 주겠다. 그 대신 네 생명을 바쳐라."라고 한다면, 그때 천하를 받겠다고 할 바보는 없을 것이다. 천하를 얻는 것보다 더 큰 이익이 없는데도 그것을 받으려는 사람이 없는 것은 반드시 죽는다는 것을 알고 있기 때문이다. 그런데 만에 하나라도 붙잡히지 않는 경우가 있다면, 못 박혀 죽는 위험이 있어도 금을 캐는 사람은 끊이지 않는다.

노나라 사람들이 사냥을 하려고 적택이라는 곳에 불을 질렀는데, 마침 북풍이 불어와서 불길이 남쪽으로 향하는 바람에 도성으로 번질 위기에 놓였다. 이에 애공이 공자를 불러 대책을 논의하자, 공자가 말하기를 "짐승을 쫓는 일은 재미가 있으면서도 벌을 받지 않지만, 불을 끄는 일은 힘들면서도 상을 받지 못하니 이처럼 불을 끌 수 없는 것입니다."라고 했다. 그 말을 들은 애공이 옳은 말이라며 고

개를 끄떡였다.

그러자 공자가 이어서 말하기를 "지금은 사태가 급하니 상을 내릴 틈이 없습니다. 그렇다고 화재를 진압하는 사람 모두에게 상을 내리게 되면 나라의 재물을 다 써도 부족할 것이니 불을 끄지 않는 사람만 처벌하는 것이 좋겠습니다."라고 하였다. 애공이 좋다고 승낙하자, 공자가 명령을 내렸다. "불을 끄지 않는 사람은 적군에 항복하거나 전장에서 도망가는 사람과 같은 죄로 처벌할 것이며, 사냥을 하는 사람은 출입을 금하는 땅에 들어가는 사람과 같은 죄로 엄벌에 처하겠다." 그러자 명령이 두루 퍼지기도 전에 큰 화마는 진압되었다.

공로자에게는 반드시 상을 줄 것

상을 내림에 있어 인색하거나 객관적이지 않으면 백성들은 임금의 명령을 따르지 않는다. 그러나 상이 후하고 신뢰할 수 있다면 백성들은 포상을 좇아 일을 게을리하지 않는다. 이와 관련하여 주周나라 울요尉繚가 저술한 『울요자尉繚子』라는 병서에는 이런 말이 있다. "본보기로 죽인다면 가능한 한 지위가 높은 자가 좋다. 또한 상을 준다면 가능한 한 지위가 낮은 자가 좋다." 즉 상벌에는 믿음이 있어야 한다는 말이다.

위魏나라 무후 때 오기는 서하 태수가 되었다. 그런데 국경 가까이에 적국인 진秦나라의 작은 성채가 있어서 위협이 되었으므로, 오기는 어떻게 해서든지 이것을 없애야겠다는 궁리를 했다. 왜냐하면 그대로 둔다면 농민들의 농사일에 심각하게 지장을 주고, 그 때문에 군대를 동원하게 되면 진나라에 선전포고를 하는 것과 다름없었기 때문이다. 생각 끝에 오기는 수레의 나무 손잡이 하나를 북문 밖에 세워두고 널리 알리기를 "이 나무 손잡이를 남문까지 옮기는 사람에게는 좋은 땅과 좋은 집을 상으로 준다."고 포고하였다.

그러나 이 포고가 믿기지 않아서 옮기려는 사람이 좀처럼 나타나지 않았다. 그러다가 한 사람이 나타나서 거리낌없이 그것을 옮겨놓았고, 그는 포고대로 상을 받았다. 그러자 이번에는 팥을 한 섬 동문 밖에 놓아두고 널리 알리기를 "이 팥을 서문까지 옮기는 사람에게는 먼저와 똑같은 상을 내리겠다."고 하였다. 그러자 사람들이 앞다투어 서로 옮기려고 하였다. 마침내 오기는 목적한 대로 포고령을 내렸다. "내일은 적의 성채를 공격한다. 먼저 성채에 오른 사람에게는 관직을 하사하고 좋은 땅과 집도 주겠다." 그러자 사람들이 앞다투어 성채로 쳐들어가서 순식간에 점령해버렸다.

송나라 숭문거리에 사는 사람 중에 어떤 이가 부모의 상을 당하여 어찌나 슬퍼했던지 몸이 몹시 쇠약해져 있었다. 부모를 생각하는 마음이 가상하다 하여, 나라에서 그를 관리로 특별채용하였다. 그러자 그 다음 해에 상주노릇을 하다가 몸이 여위어 죽은 사람이 열도 넘었다. 자식이 부모의 상을 당하여 복服을 입는 것은 효성에서 우러나는 것이지만 상을 받기 위하여 말라죽기에 이르렀으니, 하물며 신하와 백성들이 임금을 위해 일하는 데 있어서는 포상에 의한 효과보다 더 큰 것은 없다.

자기 말에 책임을 지게 할 것

임금은 신하의 말을 제각각 다 들어보아야만 그 신하가 유능한지 무능한지를 분간할 수 있다. 또한 신하가 자신의 말에 책임지게 하고, 그 결과를 확실하게 검증해야 한다.

제齊나라 선왕은 큰 생황을 불게 할 때면 언제나 삼백 명으로 하여금 합주를 하도록 했다. 어느 날 벼슬을 하지 않고 초야에 묻혀 조용히 사는 처사가 선왕을 위해 생황을 불고 싶다고 청해왔다. 선왕은 이를 기뻐하며 그에게 녹을 주었다. 그러자 생황을 불겠다고 잇달아 자원한 처사가 수백 명에 이르렀다. 그 뒤 선왕이 죽고 민왕이 즉위하였는데, 민왕은 합주보다는 독주를 즐겼다. 그러자 처사는 도망쳤다. 이 이야기는 이렇게 전해지기도 한다. 한韓나라 소후가 말하기를 "연주하는 사람이 많아서는 누가 잘하는지 알지 못하겠다."라고 하자, 전엄이 말하기를 "독주를 시켜보면 알게 됩니다."라고 했다.

조나라는 한나라의 재상인 신불해를 통해 군사를 빌려서 위나라를 치려고 했다. 신불해가 이 일을 임금에게 말하고자 하였으나 자기가 조나라와 내통한다는 의심을 받을까봐 염려되었고, 말하지 않으면 조나라의 원망을 사지 않을까 걱정이 되었다. 그리하여 신불해는 측근을 시켜서 먼저 임금의 동향을 살핀 뒤에 조나라의 청을 전달하였다. 이로써 신불해는 안으로는 임금인 소후의 뜻을 파악할 수 있었고, 밖으로는 조나라의 인심을 얻는 효과를 거두었다.

뒷조사를 해볼 것

자주 만나면서도 오래도록 벼슬을 내리지 않게 되면 간사한 신하들은 사슴 떼처럼 흩어져 달아난다. 사람을 시켜 뒷조사를 하면 욕심을 꾀하지 못하고, 신하들에게 엉뚱한 것을 물어보면 속이지 못한다.

상商나라 재상이 소서자로 하여금 시장을 돌아보고 오게 했다. 그가 돌아오자마자 "시장에서 무엇을 보았느냐?"라고 물었다. 소서자는 "아무것도 볼 수 없었습니다."라고 했다. 재상이 "그렇지만 무엇이든 본 것이 있을 게 아니냐?"라며 묻자, 소서자는 "아, 시장 남문 밖에 소 수레들이 밀려 있어서 겨우 빠져나왔습니다."라고 답했다. 재상이 "그래? 내가 지금 물은 말은 어느 누구에게도 발설하지 말거라." 하고 소서자에게 당부하였다.

재상이 시장을 단속하고 관리하는 시리를 불렀다. "시장 문밖이 쇠똥으로 가득 차 있는데, 도대체 뭘 하고 있었던 게냐?"라고 야단치자, 시리는 '재상은 멀리 있으면서도 어느새 그것까지 알고 있는가?' 하고 놀란 나머지 다시는 직무에 소홀하지 못하였다.

모르는 척 시험할 것

이미 알고 있는 것이라도 모르는 척하고 물어보면 알지 못했던 것까지 알게 된다. 또한 하나를 깊이 알게 되면 다른 숨어 있는 비밀

신하를 통솔하는 일곱 가지

까지도 다 알 수 있게 된다.

한韓나라 임금 소후가 손톱을 깎은 다음, 그중 하나를 손에 감춰 쥐고는 옆에 있는 시종에게 말하기를 "손톱이 하나 없어졌다. 빨리 찾아라."라고 했다. 가까이 있던 한 사람이 재빨리 제 손톱을 잘라 내보이며 "여기 찾았습니다."라고 하였다. 그리하여 소후는 가까이 있는 시종들이 비위만 맞출 뿐 성실하지 못하다는 것을 알게 되었다.

주나라 임금이 굽은 지팡이를 찾으라는 명령을 내렸다. 그런데 관리들이 며칠을 찾아도 이를 발견하지 못하자 주왕이 몸소 민간인을 시켜서 찾도록 하니, 해가 저물기도 전에 찾아서 바쳤다. 임금이 관리들에게 "과인은 이제 관리들이 맡은 바 소임에 얼마나 부실한지 알게 되었다. 굽은 지팡이는 누가 찾아도 쉬운 일인데, 너희들은 찾는 척만 한 것이니 어찌 충신이라 할 수 있겠느냐?"라며 화를 내자, 관리들은 두려워하며 매사를 신중하게 처리하였다.

거짓말과 꾀로써 시험할 것

거짓말과 속임수를 써서 상대방의 수상한 점을 시험해보면 숨겨진 나쁜 짓을 알 수 있고, 마음에 없는 말이나 행동을 하여 의심스러운 바를 찾아낼 수도 있다. 어느 날 연燕나라 재상 자지子之가 집에 앉아서 주위 사람들을 떠보기 위해 이렇게 말했다. "지금 문밖으로 나간 게 흰 말이 아니더냐?" 이에 사람들이 대답하기를 "미처 보지 못했습니다."라고 하였다. 그런데 한 사람이 밖으로 나갔다가 돌아와서는 "흰 말이었습니다."라고 보고하였다. 자지는 그리하여 부하들 가운데 성실하지 못한 자를 찾아냈다.

위(衛)나라 사공이 신하 한 사람을 나그네로 꾸며 관문을 지나가게 했다. 소문대로 세관원이 까다롭게 굴었다. 그래서 그 관리에게 돈을 주었더니 그대로 못 본 척했다. 관리들이 지나치게 까다롭게 굴며 사람들에게 뇌물을 받아야만 관문을 통과하도록 허락했던 것이다. 그 뒤 사공이 그 관문을 지나갈 때 관리에게 물었다. "아무 날에 어느 나그네가 이곳을 지나며 너에게 돈을 주고 무사히 빠져나간 일이 있었지?" 그러자 관리들은 사공의 명철함에 어쩔 줄 몰라하며, 사공이 있는 동안에는 나쁜 짓을 하면 안 되겠다는 생각을 했다.

제22장
내저설·하
內儲說·下

군주가 주의해야 하는 여섯 가지

　본 장은 내저설 상편에서 이어지고 있다. 상편에서는 칠술七術을 말한 반면, 하편에서는 육미六微를 말하고 있다. 육미란 '신하들에게 감추어져 있는 여섯 가지의 기미'를 가리킨다. 즉 속이 검은 신하가 임금이 알지 못하는 곳에서 어떤 일을 꾸미고 있는지에 대하여 알아보고 있다. 신하들이 자신의 출세와 사리사욕을 위해 대립 세력과 방해자들을 없애려고 어떤 수법을 쓸지 알 수 없는 일이니, 임금 된 사람은 그런 자들에게 속는 일이 없도록 대처하라는 조언을 하고 있다. 그래서 권세를 신하에게 빌려주어서는 안 되는 것이니, 임금이 그 하나를 잃으면 신하는 그것으로 백을 만든다고 하였다.

　신하가 이익을 얻으면 임금은 이익을 잃게 되고, 지위를 둘러싼 세력 다툼은 내란의 근본이 된다고 경계하였다. 따라서 명군은 그러한 싸움이 일어나지 않도록 조심해야 한다고 조언하고 있다.

육미 | 六微

여섯 가지 미란 다음과 같다.

첫째, 임금의 권세를 신하에게 빌려주는 일이다.

둘째, 임금과 이해를 달리하는 신하가 외국세력을 이용하는 것이다.

셋째, 신하가 술책을 꾸미는 것이다.

넷째, 이해가 대립되는 곳에 신하가 끼어드는 것이다.

다섯째, 내분이 일어나는 것이다.

여섯째, 적국의 모략에 의해 신하를 임명하거나 해임하는 것이다.

이 여섯 가지가 임금이 조심하고 살펴보아야 하는 기미이다.

임금의 권세를 신하에게 빌려주는 것

임금의 권세를 신하에게 빌려주어서는 안 된다. 임금이 그 하나를 잃으면 신하는 그것으로 백을 만들어낸다. 신하가 권세를 얻게 되면 신하의 세력이 커지고, 나라 안팎의 사람들은 신하를 위해 일하게 되며, 그로써 임금은 따돌림을 당하게 된다. 문제는 한번 빼앗긴 권세는 두 번 다시 되돌릴 수 없다는 것이다.

실례로 주후周侯가 형荊나라 재상이 되자 모든 것을 마음대로 휘두르게 되었다. 이에 형나라 임금은 그가 하는 일에 의심을 품고 주위 신하들에게 물었다. "재상이 하는 일에 잘못은 없는가?" 이에 신하들이 대답하기를 "전혀 없습니다."라고 하였다. 다시 물어도 신하들의 말은 판박이처럼 똑같았다.

연燕나라의 어떤 사람이 도깨비에게 홀린 것도 아닌데, 제 손으로 개 오줌을 뒤집어썼다는 이야기가 있다. 그 사람의 아내는 남편이 없는 사이에 다른 사내를 끌어들여 밀통을 하고 있었다. 그런데 남편이 일찍 돌아오다가 사내가 나갈 때 마주쳤다. 남편이 "저 사람은 누구인가?"라고 묻자, 아내는 "아무도 온 적이 없어요."라고 대꾸했다. 하인들에게 물어보아도 모두가 똑같은 대답뿐이었다. 아내가 다시 "혹시, 당신 도깨비에게 홀린 것 아닌가요?"라며 천연덕스럽게 말을 하는지라, 남편은 도깨비를 뗄 생각으로 개 오줌을 뒤집어썼다.

이 이야기는 이렇게도 전해지고 있다. 연나라의 이계라는 사나이는 자주 먼 곳으로 여행을 떠났다. 그가 없는 사이에 아내는 딴 남자를 사귀었다. 그런데 어느 날 이계가 뜻밖에 일찍 집으로 돌아왔다. 그때 공교롭게도 딴 사내는 안방에 있었다. 당황해하는 아내에게 몸종이 꾀를 알려주었다. "그분을 발가벗기고 머리를 풀어 흐트러지게 한 다음, 앞문으로 내보내십시오. 소인들은 아무것도 못 본 것처럼 하겠습니다."

사내는 그 꾀에 따라 풀어헤치고 앞문으로 당당하게 걸어 나갔다. 이계가 "저건 누구냐?"라며 물었다. 온 집안 사람들이 입을 모아 "아무것도 보이지 않는데요."라고 하자, 이계는 "내가 헛것을 본 모양인가?"라며 어리둥절해했다. 아내가 "아마도 그러신가 봐요."라며 맞장구를 쳐주자 이계는 "그럼 이 노릇을 어떻게 하면 좋은가?"라고 다시 물었다. 온 집안 사람들이 "짐승의 오줌을 뒤집어쓰면 헛것이 사라진다고 합니다."라며 입을 모았다. 이계는 "그럼 그렇게라도 해야지."라면서 짐승의 오줌을 뒤집어썼다.

외세를 이용하는 신하

임금과 신하의 이익은 서로 다른 까닭에, 신하로서 진정으로 충성하는 충신이란 있을 수 없다. 따라서 속 검은 신하는 적의 군사를 끌어들여 국내에 있는 자신의 방해자들을 제거한다. 그리고 외교적인 문제를 들추고 나와서 임금을 현혹시키는 등, 자기에게 이익이 되는 일이라면 나라에 해가 되는 것 따위는 고려하지 않는다.

위衛나라의 어떤 부부가 천지신명께 기도를 드렸다. 아내가 먼저 축수하기를 "바라옵건대 제게 백 필의 베를 공으로 생기게 하여 주옵소서."라고 했다. 이에 남편이 "바라는 게 겨우 그것이오?"라고 묻자, 아내가 대답하기를 "이보다 더 많으면 당신이 장차 첩을 얻으려 할 것입니다."라고 대꾸했다.

조趙나라 재상 대성우가 한韓나라 재상 신불해에게 보낸 편지의 일부에 "한나라의 힘으로 내 지위가 커지도록 꾀해주시오. 나도 한나라에서 당신의 지위가 커지도록 하겠소. 이렇게 되면 당신은 두 개의 한나라를 가질 수 있고, 나는 두 개의 조나라를 가지게 되는 것이오."라고 쓰여 있었다.

위나라 장군은 송석이었고, 형나라 장군은 위군이었다. 그때 송석이 위군에게 편지를 보냈다. "양쪽 군대가 서로 대치하며 싸우다가

군주가 주의해야 하는 여섯 가지

쌍방의 깃발이 보이는 위치에 이르렀으니, 이제는 단 한 판의 승부밖에 없는데 그렇게 된다면 양쪽 다 살아남기 힘들 것이오. 사실 이 전쟁은 두 나라 임금의 일이오. 장군과 나는 아무런 원한이 없으니 잘 숙고하시어 전투를 피하는 것이 어떻겠소."라고 전했다.

신하가 술책을 쓰는 것

신하가 술책을 쓰게 되면 임금은 처벌하는 일에 관대해지거나 실수가 따르게 되고, 신하들은 그것으로써 사사로운 이익을 얻는 바탕이 된다. 제나라 중대부 중에 이사라는 사람이 있었다. 어느 날 임금의 초대로 궁궐에서 술을 마셨는데, 너무 취한 나머지 밖에 나와 바람을 쐬고 있었다. 그런데 그 궁궐의 문지기는 전에 발이 끊기는 형벌을 받은 사나이였다. 그 사나이가 이사에게 간청했다. "허기져서 그러니 술 남은 것 있으면 소인에게도 조금만 주십시오." 이사는 벌컥 화를 내면서 "이놈 썩 비켜라. 죄 받은 몸으로 감히 내게 술을 청한단 말이냐?"라며 쫓아버렸다.

문지기는 물러갔다가 이사가 떠난 다음, 처마 근처에 흡사 오줌을 눈 자리처럼 물을 뿌려두었다. 이튿날 임금이 나왔다가 그것을 보고 호통을 쳤다. "어느 놈이 여기에다가 이런 짓을 했느냐?" 문지기가 아뢰었다. "자세히 보지는 못했습니다만, 지난 밤 중대부 이사가 거기에 서 있었습니다." 임금은 지존을 모독했다며 이사를 처벌했다.

형荊나라 회왕이 사랑하는 첩 중에 정수란 여자가 있었는데, 회왕은 싫증을 느끼고 새로 미녀를 얻었다. 질투심이 생긴 정수는 그녀에게 말하기를 "임금께서는 우리들이 입을 가리고 있는 것을 좋아하신다오. 임금을 가까이 모실 때는 반드시 입을 가리도록 하오."라며 가르쳤다. 미녀는 정수가 시키는 대로 왕에게 가까이 다가앉을 때면 입을 가렸다. 이상하게 생각한 왕이 무슨 까닭인가 하고 정수에게 묻자, 정수가 대답하기를 "그 여자는 임금에게서 냄새가 난다고 하더군요."라고 했다. 그러던 어느 날 왕과 정수 그리고 미녀까지 셋이 한 방에 모일 기회가 있었다. 정수는 미리 왕의 시종에게 "무엇이든 임금께서 하명하시면 즉시 거행토록 하시오."라고 일러두었다. 그날도 미녀는 왕 앞으로 가까이 오자마자 몇 번이고 입을 가렸다. 왕은 무섭게 화를 내면서 소리쳤다. "이 계집의 코를 베어라." 시종은 칼을 잡기가 무섭게 미녀의 코를 베어버렸다.

이 이야기는 이렇게도 전해지고 있다. 위魏나라 왕이 형나라 왕에게 미녀 한 사람을 보냈다. 형나라 왕은 이 미녀가 아주 마음에 들었다. 형나라 왕의 부인 정수는 왕이 이 미녀를 사랑하는 것을 보자, 왕이 사랑하는 마음 이상으로 자신도 귀여워하며 그녀가 원하는 것이면 무엇이든 다 들어주었다. 왕이 그것을 보고 "부인은 내가 새 사람을 사랑하는 줄 알고, 나 이상으로 귀여워하고 있소. 마치 효자가 부모를 받들고 충신이 임금을 섬기는 것 같구려."라며 기특하게 여겼다.

정수는 왕이 자기를 믿고 있다고 확신하고 미녀에게 이르기를 "왕께서는 너를 대단히 귀여워하신다. 그러나 너의 코만은 싫어하신

군주가 주의해야 하는 여섯 가지

단다. 그러니 왕을 뵈올 때는 코를 가리거라. 그러면 언제까지고 귀여워해주실 것이다."라고 말했다. 미녀는 정수가 시킨 대로 임금을 뵙게 되면 항상 코를 가렸다. 왕이 정수에게 물었다. "그녀는 내 앞에서 언제나 코를 가리는데 무슨 까닭이오?" 정수가 "제가 그걸 어떻게 압니까?"라고 대답하자, 왕이 끝까지 캐물었다. 정수는 마지 못한 척 "언젠가 대왕의 체취가 싫다고 한 적이 있었습니다."라고 했다. 그러자 왕이 발끈 성을 내면서 "저년의 코를 베어버려라."라고 명했다.

일방적으로 이익이 있거나 해를 당하는 일

어떤 사건이 일어났을 때 그 일로 인해 이익을 얻는 자가 있으면, 틀림없이 그자가 꾸민 일이다. 어떤 일에 손해를 입는 자가 있으면, 그자와 이해가 상반되는 자를 살펴보지 않으면 안 된다. 그러므로 명군은 나라에 해를 입히는 사건이 일어나면 그로 인해 이익을 얻게 되는 자를 살펴야 한다.

진晉나라 문공 때의 일이다. 요리사가 불고기를 문공에게 올렸다. 그런데 그 불고기에 머리카락이 한 가닥 붙어 있었다. 문공이 요리사를 불러서 "너는 내가 목이 막히기를 바랐던 것이냐? 그렇지 않다면 어떻게 머리카락이 고기에 붙어 있을 수 있느냐."라며 심하게 꾸짖었다. 요리사는 몇 번이고 머리를 땅에 조아리며 사죄했다. 그러면서 아뢰기를 "소인은 죽을죄를 세 번 범했습니다. 칼은 숫돌에 잘 갈아서 보검같이 잘 듭니다. 그래서 고기는 잘 끊어졌는데도 머리카락만 끊어지지 않았습니다. 이것이 첫째 죄이옵니다. 꼬치에 고기를 꿸 때 머리카락이 보이지 않았습니다. 이것이 두 번째 죄이옵니다. 화로에 불을 벌겋게 피운 다음 구웠는데도 머리카락은 타지 않았습니다. 이것이 세 번째 죄이옵니다. 혹시 소인을 미워하는 사람이 집 안에 있는 것은 아닌지 의심스럽습니다."라고 했다. 임금은 요리사의 말을 끝까지 들어보더니 일리가 있자 "과연 그럴 수도 있겠구나."라면서 곧바로 주방에 있는 자들을 불러 조사했다. 과연 진짜 범인이 나타났으므로 그를 잡아서 벌하였다.

권세가 비슷하면 다툰다

서로 권세가 비슷하여 생기게 되는 세력다툼은 내란의 원인이 된다. 따라서 명군은 그러한 싸움이 일어나지 않도록 신중하게 대처하면서 조심해야 한다.

형나라에 소해휼이라는 사람이 관리로 있을 때의 일이다. 곡물과 사료를 저장해둔 창고에 불이 났는데 방화범을 찾지 못했다. 소해휼은 아랫사람들에게 명하여 농작물을 파는 상인들을 조사하게 하였는데, 과연 그들이 범인이었다.

소희후가 어느 날 목욕을 하려고 탕에 들어갔는데, 목욕탕 속에 작은 자갈이 들어 있었다. 그때 소희후가 대뜸 말하기를 "지금 목욕탕을 담당하는 사람이 쫓겨나게 되면, 그 뒤를 대신할 사람이 있는가?"라고 물었다. 좌우 시종들이 대답하기를 "예, 늘 대기하고 있습니다."라고 하자, 소희후가 "그자를 대령해라."라고 명했다. 그를 문초하며 "너는 어찌하여 탕 속에 자갈을 넣었느냐?"라고 하문하자, 그가 "책임자가 파면되면 제가 대신 자리를 얻게 될 것이므로 그리하였습니다."라고 이실직고하였다. 누군가 말했다. "임금이 여자를 좋아하면 그 여자는 자기가 낳은 아들을 후계자로 만들려고 하기 때문에 태자의 지위가 위태로워지고, 사내를 좋아하면 그 사내가 실권을 쥐게 되므로 재상의 지위가 위태로워진다."

적의 모략으로 신하를 임면하는 것

적국이 가장 공을 들이는 일 중에 하나가 상대방 임금의 현명함을 어지럽혀서 혼란스러운 정국을 조성하는 것이다. 임금이 이 점을 주의하지 않으면 적의 모략에 넘어가 신하를 잘못 임명하기도 하고 파면하기도 한다.

형나라 임금이 진나라에 사신을 보냈는데, 진나라 임금은 그 사신에게 예절을 갖추며 깍듯하게 접대하였다. 그러면서 신하들에게 말하기를 "형나라에 현자가 있다는 것은 우리로서는 걱정거리가 아닐 수 없다. 지금 와 있는 사신이 매우 현명한 사람 같아서 과인은 걱정이다."라고 하였다. 어떤 신하가 "임금께서는 성현이시고 나라는 부강한데, 어찌 형나라의 현자 한 사람 때문에 걱정을 하십니까? 임금께서는 그 사신과 깊은 친교를 맺고 몰래 뇌물을 주십시오. 그러면 형나라 임금이 그를 첩자로 여기고 죽일 것입니다."라고 아뢰었다.

오나라가 형나라를 정벌하기 전에 오자서는 형나라에 사람을 밀입국시켜서 소문을 퍼뜨리게 했다. "자기가 장군이 되면 오나라가 쳐들어올 것이고, 자상이 장군이 되면 오나라는 군사를 거두게 될 것이다." 이에 형나라 사람들의 여론이 자상에게 기울었고, 자상이 장군으로 등용되자 오나라는 형나라를 공격하여 대승을 거두었다.

진나라 헌공이 우나라와 괵나라를 치고자 먼저 굴산에서 사육되는 유명한 말과, 수극에서 산출되는 벽옥은 물론 아리따운 여악사들을 두 나라에 보내, 임금을 홀리고 정치를 어지럽게 하였다. 속내를 모르는 우나라와 괵나라는 진나라 같은 강대국이 약소국인 자국을 헤아려준다며 거듭 감사하는 마음을 감추지 못했지만, 그 후 두 나라는 진나라의 속국이 되었다.

진晉나라 숙향이 주周나라 장홍을 죽이기 위해 거짓 편지를 썼다. 그것은 장홍이 숙향에게 보내온 편지로 되어 있었다. 내용은 이러했다. "진나라 임금에게 말을 전해주기 바라오. 일찍이 약속한 때가 무르익었으니 곧 군대를 보내달라고 말이오." 숙향은 그 편지를 일부러 주나라 임금의 궁궐 마당에 떨어뜨리고 급히 달아났다. 그 편지를 발견한 주나라 임금은 장홍을 매국노라 여기고 처형했다.

붙임말

내저설에서는 법보다는 술에 대하여 구체적인 예를 들어가면서 상세하게 설명해주었다. 그래서 내저설 역시도 설화집이기는 하지만, 제5장의 십과十過나 제19장과 제20장의 설림說林과는 상당히 그 성격을 달리하고 있다. 그중에는 재치 있게 만들어낸 이야기도 있지만, 전체적인 바탕에는 한비의 냉철한 현실 비판이 나타나 있다. 인간관계는 어디까지나 서로의 이해관계와 타산적인 욕망으로 맺어져 있다고 보는 한비는, 임금이라는 지배자의 입장에서 어떻게 신하들을 자신의 뜻대로 조종하느냐의 기술을 알려준다는 점에서 이 장은 실례집實例集이라고 볼 수도 있다.

당시 전국시대의 모든 제후국들이 부강하게 되는 데 장애가 되었던 요소들이 있다. 그 첫 번째는 귀족정치가 횡행했기 때문이고, 두 번째는 형식적이고 가식적인 도덕이 판을 치면서 혼란을 가중시켰기 때문이다. 이에 한비는 신흥세력을 대표라도 하듯이 그것들의 타파를 부르짖었으나 역부족이었다. 그럴지라도 그가 추구한 것은 이익을 좇는 인간의 욕망을 무기로 한, 군주에 의한 직접적인 지배와 통치였다.

우리들이 살고 있는 현대사회에서는 보다 치밀하고 정교한 권모술수들이 사용되고 있다. 하지만 캐고 들어가보면 한비의 술과 큰 차이가 없다. 즉 한비의 술이 지금도 쓰여지고 있는 것이다.

제23장
외저설·좌상
外儲說·左上

언행의 효용 사례

저儲는 '모으고 쌓다'라는 뜻을 가지고 있다. 그래서 저설儲說이라는 것은 앞 장의 내저설처럼, 이야기들을 모아놓은 일종의 '사례집'이다. 외저설을 좌우상하左右上下로 구분한 것은 편의상 쉽게 분류하기 위한 것이며, 그 내용에 약간의 차이가 있을 뿐이다.

내저설에서는 임금의 술術과 신하의 미微에 대하여 설명하면서, 한비의 눈을 통하여 이론과 방법을 체계화하였다. 그러나 외저설에서는 한비의 법술사상을 지향하는 항목들 중에서 중요하다고 여겨지는 내용들만으로 전개하고 있다. 하지만 분량도 상당하고 내용이 긴 것도 많이 있다. 그래서 현대사회의 관점에 들어맞는 이야기들만으로 선별해서 옮겨놓았다.

현실과 동떨어진 여섯 가지

첫째, 평범한 임금은 신하가 말하는 것을 들을 때 그 변설의 유창함을 칭찬하고, 행동을 살필 때는 품은 뜻이 높고 원대한 것을 훌륭하게 여긴다. 그러나 여러 신하들이나 선비가 하는 말은 거창하지만 실생활에 맞지 않고, 그들이 하는 행동 역시도 현실과 동떨어져 있다. 그래서 약이 되는 술術이나 도움이 되는 충고의 말은 명군이나 성군만이 알고 있을 것이다.

둘째, 임금이 신하의 말을 들을 때 실리를 목적으로 삼지 않으면, 말하는 사람은 가시 끝에 원숭이를 새긴다고 말하거나 흰말은 말이 아니라는 주장을 할 수도 있다. 활을 쏠 때 과녁이 없으면 쏘는 사람은 모두 명사수가 된다. 임금이 유세에 대한 태도에 표준이 없으면 연나라 임금이 도를 익히려다가 속임수를 눈치채지 못한 것과 같고, 말이 길어지는 것은 정나라 사람이 나이를 다투는 것과 같다. 말에 꾸밈이 많고 알아듣기가 어려우면 쓸모가 없다.

셋째, 인간이란 어떤 상대를 위해 일을 하게 되면 대가를 바라게 되고, 대가가 없으면 원망한다. 하지만 자기 자신을 위해 일을 할 때에는 좋은 결과를 얻기 위해 최선을 다한다. 이러한 예로 진나라 문공이 송나라를 치려고 할 때 그 나라 임금의 죄를 퍼트린 일이나, 월나라 구천이 오나라를 칠 때 여황대如 皇臺의 구축을 트집잡은 일이 있다. 제나라 환공은 채나라에 대한 분노를 감춘 채 초나라를 먼저 쳤고, 위나라 오기는 군사들의 사기진작을 위하여 부하의 다리에 생긴 종기의 고름을 입으로 빨아주기도 했다.

그러나 지금의 학자들이 선왕들이 사용했던 막연한 방법들을 다시 채택한다면 요즘 시대에는 맞지 않는다. 선왕의 말 중에 대수롭지 않은 것을 요즘에 크게 생각하는 경우가 있고, 중요시했던 일을 요즘에 와서는 가벼이 여기는 경우가 있으니, 옳고 그른 것이 무엇인지 모르는 처사다. 현재의 상황에 맞지 않는데 선왕의 계책을 모방하여 도모한다면, 그것은 마치 신발을 사러 시장에 나갔다가 발의 치수를 잊었다고, 신발가게에서 재지 않고 다시 집으로 돌아가서 재는 것과 같다.

넷째, 이로움이 있는 곳에는 백성들이 모여들고, 이름을 빛낼 수 있는 일에는 선비들이 목숨을 건다. 이 때문에 공적이 법을 벗어났는데도 상을 주게 되면 임금은 아랫사람에게 이득을 얻을 수 없고, 명성이 법을 벗어났는데도 세상에 널리 떨치게 되면 선비는 명성만을 좇을 뿐 임금을 섬기려들지 않는다. 그래서 주나라에서 중장과 같은 사람이 발탁되어 벼슬을 하게 되자, 중모 땅의 백성들 가운데 논밭을 버리고 학문을 익히려는 사람들이 절반에 이르렀다. 숨어서 학문을 익히는 선비라는 존재는 나라에 일이 없을 때에는 힘써서 농사를 짓지 않고, 나라에 전란이 있어도 싸우려 하지 않는다.

언행의 효용 사례

다섯째, 『시경』에서는 "임금이 몸소 정사를 행하지 않으면 백성들은 임금을 믿지 않는다."고 하였다. 이에 대한 예로 관중이 환공에게 자주색 옷을 입지 말라고 건의한 일이 있다. 임금이 자신의 직분을 뚜렷하게 깨닫지 못하면 제나라 경공처럼 수레에서 내려 뛰어간다거나, 또는 위나라 소왕처럼 법전을 읽다가 잠이 들거나, 남이 알아보지 못하게 하기 위하여 임금이 천민의 옷을 입거나 하는 것이다. 공자는 이러한 사실을 알지 못해, 임금은 물이 넘치는 그릇이고 백성은 그릇에 넘치는 물과 같다고 하였다. 그러므로 명석한 임금의 도는 숙향처럼 공로의 많고 적음에 따라 상을 주고, 한나라 소후처럼 청탁을 들어주지 않고 오로지 법에 의거하여 일을 처리하는 것이다.

여섯째, 임금이 작은 일에 믿음이 있으면 큰 신의도 세워질 수 있으므로, 현명한 임금은 신뢰를 거듭하여 다진다. 상과 벌에 믿음이 없으면 금령은 제대로 실행되지 못한다. 그 실례로 오기는 친구가 오기를 기다렸다가 식사를 했고, 증자는 아이와의 약속대로 돼지를 잡았다. 반대로 신의를 지키지 않아 폐해를 일으킨 일로는, 초나라 여왕이 경계의 북을 쳤던 일과 이회가 좌우 군문을 지키는 병사들에게 적이 온다고 속여서 훗날 군대가 전멸당한 일이 있다.

여유롭게 다스리는 방법

공자의 제자인 복자천이 노나라의 선보라는 고을을 다스리고 있을 때의 일이다. 유약이라는 친구가 그를 보고 "자네는 어찌하여 그렇게도 야위었는가?"라고 물었다. 그러자 복자천은 "우리 임금이 나의 어리석음을 살피지 못하고 선보를 다스리게 했는데, 관청의 공무는 바쁘고 마음속에는 근심이 많아서 이렇게 야위었나보오."라고 답했다.

이에 유약이 "옛날 순임금은 오현의 거문고를 타고 남풍의 시를 읊조리며 여유 있는 나날을 보냈어도 세상은 잘 다스려졌소. 그런데 당신은 선보와 같이 작은 고을을 다스리는데도 그토록 근심을 하니, 천하를 다스리게 된다면 어찌하겠소? 다스리는 방법을 깨달으면 몸은 묘당에 앉아 너그러운 얼굴빛을 하고도 세상이 다스려지지만, 방법을 깨닫지 못하면 몸은 비록 야위고 쇠약해져도 아무런 도움이 되지 않소."라고 하였다.

어느 날 초나라 사람이 정나라에 가서 진주를 팔고 있었다. 목란으로 만든 상자에 향료를 넣고 겉은 온갖 구슬로 장식하고 비취를 박은 후, 그 상자에 진주를 담아 사고자 하는 사람에게 내밀었다. 그랬더니 정나라 사람은 그 상자만 사고 진주는 되돌려주었다. 이것은 초나라 사람이 상자를 파는 일에는 훌륭했지만, 진주를 파는 솜씨는 서툴렀다고 볼 수 있다. 이로 견주어 요즘 세상의 학자들은 말은 교묘한 변설로 잘 꾸미지만 그 실용성이 의심스럽다.

언행의 효용 사례

송나라가 제나라와 싸워 이기자 이를 기념하기 위하여 무궁武宮을 지었다. 이때 노래꾼인 계癸라는 사람이 가락을 뽑자 지나가던 사람은 그 소리에 발걸음을 멈추었고, 일하던 사람들은 피로를 느끼지 않았다. 임금이 이 말을 듣고 계를 불러 상을 내리니 계가 말하기를 "저의 스승인 사계射稽의 노래는 저보다 훨씬 더 뛰어납니다."라고 하였다. 이에 임금이 사계를 불러 노래를 부르게 했더니, 길 가던 사람은 걸음을 멈추지 않았고 일하던 사람들은 여전히 피로를 느끼는 것 같았다. 이를 본 임금이 어찌 된 영문이냐고 묻자 계가 대답하기를 "임금께서는 두 사람이 노래를 부르는 동안 일꾼들이 일한 실적을 비교해보십시오."라고 했다. 이에 실적을 조사해보니 계가 노래를 부르는 동안에는 담장을 네 판 쌓았는데, 사계가 노래를 부르는 동안에는 담장을 여덟 판이나 쌓았으면서도 매우 견고하였다.

그러므로 좋은 약은 입에 쓰지만 사물의 도리를 터득한 사람이 이를 먹도록 권하는 것은, 그 약이 몸에 들어가면 병을 고친다는 것을 알기 때문이다. 충성스러운 직언은 귀에 거슬리지만 현명한 임금은 이를 마다 않고 듣는데, 그것을 들으면 들을수록 공적을 이룰 수 있다는 것을 알고 있기 때문이다.

미련하게 우기는 사람이 이긴다

송나라 사람이 연나라 임금을 위하여 나무의 가시 끝에다가 원숭이의 모습을 새기겠다고 자청하였다. 하지만 임금이 반드시 삼 개월 동안 목욕재계를 해야만 볼 수 있다고 하였다. 이에 임금이 그에게 삼승三乘이나 되는 땅을 주며 극진히 예우했다. 임금 가까이에서 시중을 들던 대장장이가 아뢰기를 "신이 듣기로는 군주가 열흘이나 주연을 끊고 재계를 하는 일은 없다고 합니다. 지금 송나라 사람은 임금께서 별 볼일 없는 물건을 보기 위해 오랫동안 재계할 수 없음을 알고, 삼 개월이라는 긴 기간을 정한 것입니다. 무릇 조각에 사용하는 칼은 반드시 조각할 물건보다 작아야 하는데, 신은 대장장이 생활을 하면서 그렇게 작은 칼을 본 적이 없습니다. 그 송나라 사람이 말하는 것은 실제로 있을 수 없으니, 임금께서는 이를 잘 헤아리셔야 합니다."라고 말했다.

이 말을 들은 임금이 송나라 사람을 잡아들여 문초한 결과 거짓으로 드러나자, 곧바로 죽이고 말았다. 이에 대장장이는 다시 임금에게 말하기를 "유세자의 계책을 자세히 살펴보지 않으면, 앞으로도 많은 사람들이 가시 끝에 원숭이를 새기겠다는 식의 허황된 거짓말을 하게 될 것입니다."라고 하였다.

송나라에 아열이라는 사람이 있었는데 말을 아주 잘하는 변설가였다. 그는 "흰말은 말이 아니다."라는 허황된 이론을 주장하며 제나라의 변설가들을 설복시켰다. 그러나 실제로 자기 자신이 백마를 타고 국경 관문을 지나갈 때에는 문지기가 요구하는 대로 마세를 물지 않을 수 없었다. 그러므로 공리공론으로는 나라 안의 모든 학자들을 이길 수 있지만, 실제적인 일을 고찰하거나 구체적인 일을 시행하는 데에는 단 한 사람도 속일 수 없다.

언행의 효용 사례

무릇 화살을 숫돌에 날카롭게 갈아서 큰 활에 메겨 쏠 경우, 눈을 감고 아무렇게나 날려도 그 화살이 미세한 물건에 적중하는 수가 있다. 그러나 또다시 그 물건에 적중하지는 못할 것이므로 명사수라고 할 수 없는데, 그것은 일정한 표적이나 과녁 없이 제멋대로 쏘아서 맞춘 것이기 때문이다. 지금 직경 다섯 치의 과녁을 만들어놓고 열 걸음쯤 떨어진 곳에서 활을 쏘면, 옛날 활쏘기의 명인인 예나 그의 제자인 봉몽 같은 사람이 아니라면 명중시키지 못하는데, 그것은 일정한 표적을 사용했기 때문이다.

이와 마찬가지로 모든 사물은 기준이 되는 법도가 있으면 어렵고, 법도가 없으면 쉽다는 것을 알 수 있다. 그러므로 아무런 법도 없이 대응하게 되면 변설을 일삼는 선비가 함부로 지껄이게 되지만, 법도가 엄격하면 많이 아는 자라 할지라도 혹여 실수할까 우려하여 함부로 말하지 못한다. 그러나 요즘의 임금들은 남의 말을 경청함에 있어서 법도를 바탕으로 대응하지 않고, 그 유창한 변설만을 좋아하여 실제의 효과를 헤아리지 못한다. 이것이 변설가에게 속는 까닭이며, 변설가들은 이를 이용하여 나라에서 봉록을 받아먹게 된다.

집이 무너지고 활이 부러지다

조나라 우경이 새로 집을 짓는데, 목수에게 집을 높이 지으라고 명했다. 그러자 목수가 말하기를 "이것은 아직 새집이라서 재목은 생나무이고 벽에 바르는 흙은 축축합니다. 따라서 생나무는 휘게 되고 진흙은 축축하여 무겁습니다. 굽은 것으로 무거운 것을 받치게 되면, 지금은 비록 집을 완성했다 할지라도 오래 지나지 않아 무너지게 될 것입니다."라고 했다. 그러나 우경은 "재목은 마르면 반듯해질 것이고 흙은 마르면 가벼워질 것이다. 이제 집이 완성되어 마르게 되면 날이 갈수록 견고해져서, 오랜 세월이 흘러도 집은 무너지지 않을 것이다." 라고 하니 목수는 할 말을 잃었다. 그래서 목수는 시키는 대로 집을 높게 하여 지었는데, 얼마 지나지 않아 집은 무너지고 말았다.

활을 만드는 공인工人이 범저에게 말하기를 "활을 만들 때 부러지는 것은 그것을 완성하는 단계 중 끝맺을 때 생기는 것이지, 시작할 때 생기는 것이 아닙니다. 활을 만들 때는 먼저 나무를 구부려서 삼십 일간 틀에 넣어둔 다음, 발로 밟아서 활시위를 늘이고 하루가 지난 후에 활을 쏘아보는데, 이것은 처음에는 천천히 다루다가 나중에는 거칠게 다루는 것이니 어찌 부러지지 않겠습니까?"라고 하였다. 그러자 범저가 말하기를 "그렇지 않다. 나무를 구부려 하루만 틀 속에 넣고 발로 밟아 활시위를 늘였다가, 삼십 일이 지난 후에 활을 쏘게 하면 된다. 이것은 자네의 방법과는 달리 처음에는 함부로 다루다가 나중에는 조심스럽게 다루는 것이니, 이렇게 하면 부러지지 않을 것이다."라고 하니, 공인은 시키는 대로 했는데 활은 부러지고 말았다.

우경과 범저의 말은 모두 화려한 변론이고 말솜씨도 훌륭하지만 실정에는 맞지 않는다. 그러나 임금은 그러한 변설을 좋아하여 금하지 않기 때문에 실패하는 것이다. 나라에 질서를 세워서 잘 다스리고 군사를 강하게 하는 일은 도모하지 않고 변설과 화려한 소리만

언행의 효용 사례

좋아하는 것은, 마치 법술을 터득한 사람을 물리치고 집을 허물며 활을 부러뜨리는 사람에게 나라를 맡기는 것과 같다.

세상에는 아득한 옛날부터 전해 내려오는 성현의 도가 찬양되고 있다. 그 말이 아무리 능변이라도 실용성이 없고, 인의의 업적을 아무리 찬양해도 나라를 바르게 다스리지 못한다면, 결코 나라를 통치하는 데는 아무런 쓸모가 없다.

부자지간에도 서로가 바란다

어렸을 때 부모가 자식을 소홀하게 양육을 했다면 그 자식은 성인이 되어서 부모를 원망하게 된다. 마찬가지로 자식이 성인이 된 후 부모의 부양을 소홀히 한다면, 부모는 그 자식을 책망하게 된다. 부모와 자식 사이는 세상에서 가장 친숙한 관계인데도 때로 원망하고 책망하게 되는 것은, 서로가 자기를 위해주기를 바라는데 상대방이 충분하게 채워주지 못하기 때문이다.

머슴을 들여 밭을 갈게 하고 씨를 뿌릴 때, 주인이 호주머니를 털어가며 좋은 음식을 먹이고 많은 품삯과 덤까지 주는 것은 머슴을 사랑하기 때문이 아니다. 그렇게 해주어야 머슴이 있는 힘을 다해서 밭을 깊이 갈고, 김을 알뜰하게 맬 것이라고 생각하기 때문이다. 또한 머슴이 있는 힘을 다해서 밭갈이를 하고 알뜰하게 김을 매는 것은 그 주인을 사랑하기 때문이 아니다. 그렇게 일을 해주어야 고깃국과 맛있는 음식을 대접 받고, 넉넉한 품삯을 받을 수 있다고 생각하기 때문이다. 이렇게 서로가 힘을 다해 공력을 사용하는 것은 대부분 자신을 위하는 마음이 있기 때문이다. 그래서 일을 하거나 물건을 주고받는 세상사를 처리할 때 상대방에게 이롭게 하려는 마음이 밑바탕에 있다면 멀리 월나라 사람이라도 친해질 수 있고, 해롭게 하려는 마음이 깔려 있다면 천륜으로 맺어진 부자지간에도 멀어지고 원망하게 될 것이다.

채나라 공주가 제나라의 임금인 환공에게 시집가서 왕후가 되었다. 어느 날 환공이 왕후와 함께 배를 탔는데, 물에 익숙한 왕후가 배를 심하게 흔들리게 하였다. 환공이 두려운 나머지 만류했지만 왕후가 멈추지 않고 계속 장난을 치자, 화가 치민 환공은 왕후를 친정으로 쫓아버렸다. 얼마 후 환공은 왕후를 다시 불렀는데, 채나라에서는 인연이 끊어진 것으로 간주하고 이미 다른 곳으로 재가시켰다.

이에 환공이 크게 화가 나서 채나라를 치려고 했다. 그러자 관중이 만류하며 "부부 간의 장난으로 인해서 생긴 일로 이웃나라를 친다는 것은 명분이 빈약하며, 이렇게 사소한 일로 군사를 일으킨다면 큰 공적을 기대할 수도 없습니다. 그러니 그만두도록 하십시오."라고 했으나, 환공은 말을 듣지 않았다. 그러자 관중이 다시 말했다. "도저히 참기 어려우시다면 방도가 있습니다. 초나라는 지난 삼 년간 자국에서 생산되는 귀한 정모를 천자에게 바치지 않았으니, 왕께서는 천자를 위해 군사를 일으켜 초나라를 정벌한다고 하십시오. 초나라가 항복하면 돌아오는 길에 채나라를 치면서 핑곗거리로 말하기를 '내가 천자를 위하여 초나라를 정벌할 때 채나라도 응당 천자를 위하여 군사를 지원했어야 했는데 그러지 않았으니, 마침내 멸망시킨다'라고 하면 의로운 명분도 되고 실질적으로도 이롭습니다. 그렇게 되어야 천자를 위하여 채나라를 징벌했다는 명분이 서고, 임금의 개인적인 복수라는 실리도 얻게 됩니다."라고 하였다.

오기鳴起라는 사람이 위나라의 장수가 되어 중산을 공격했을 때, 그의 부하 가운데 종기를 앓는 사람이 있었다. 오기는 스스로 무릎을 꿇고 입으로 종기의 고름을 빨아주었다. 종기가 난 병사의 어머니가 이 광경을 보고 있다가 울음을 터뜨리며 대성통곡하였다. 이를 본 어떤 사람이 "장군이 그대 아들을 이토록 사랑하는데, 어찌하여 우는 것이오?"라고 물었다. 그러자 그 어머니가 대답하기를 "오기 장군은 지난날 저 아이 아버지의 종기도 빨아준 일이 있었는데, 아이의 아버지는 은혜를 갚고 의리를 지키기 위해 용감하게 싸우다가 전사했어요. 지금 이 자식도 또한 그렇게 죽을 것이니 그게 슬퍼서 우는 것이라오."라고 했다.

등촉을 돋우라

옛 책에 "띠를 허리에 매고 남은 부분은 늘어뜨린다."는 말이 있다. 그런데 송나라에서 어설프게 글을 배운 사람이 있었는데, 그 말뜻을 잘못 해석하여 띠를 두 겹으로 만들어서 허리에 동여매고 다녔다. 이를 본 어떤 사람이 "어째서 그렇게 매었는가?"라고 묻자, 그가 귀찮은 듯 대꾸하기를 "옛 책에 그렇게 쓰여 있으니 이렇게 하는 것이 마땅한 것 아니오."라고 하였다.

또 옛 책에 이르기를 "새기고 갈고 다듬은 것보다 본래의 질박한 상태가 최고로 아름답다."는 말이 있다. 양나라에서 옛 책을 공부하는 사람이 있었는데, 그가 이 글귀를 보고는 말하고 행동하는 일을 원래대로 행하였더니 날이 갈수록 곤란해졌다. 그것은 그 글귀의 본질적인 의미를 이해하지 못하였기 때문이다. 그래서 어떤 사람이 "어찌하여 그렇게 했는가?"라고 묻자 양나라 사람이 대답하기를 "옛 책에 이르기를 그렇게 하라고 하였소."라고 하였다.

초나라 도읍에 사는 어떤 사람이 연나라의 재상에게 편지를 보내려고 했다. 한밤중에 글을 쓰다가 불빛이 희미하여 옆에 등촉을 가진 하인에게 "등촉을 좀 돋우라."고 말하면서, 편지에도 그대로 등촉을 좀 돋우라고 쓰는 실수를 하였다. 사실 편지의 사연은 등촉을 좀 돋우라고 쓸 만한 내용이 아니었고 본의도 아니었다. 그러나 연나라 재상이 그 편지를 받아보고 해석하기를 "등촉을 돋우라는 것은 더욱 밝히라는 뜻인 바 명明을 숭상하는 것이며, 명을 숭상한다는 것은 현명한 사람을 많이 등용하여 나라의 정치를 논하라는 뜻이다."라고 하였다.

연나라 재상이 이 일을 임금에게 아뢰었더니 임금이 크게 기뻐하며 받아들였다. 그대로 이행했더니 나라는 잘 다스려지고 일취월장으로 발전을 거듭하였다. 그렇지만 그것은 편지의 본 뜻과는 전혀 상관이 없는 일이었다. 요즘 세상의 학자라는 사람들도 옛 책을 해석하고 풀이하지만, 그 뜻을 왜곡하여 이와는 정반대로 행하는 경우도 많다.

언행의 효용 사례

전답을 팔고 학문하는 사람들

왕등王登이 중모라는 지방의 현령이 되었을 때, 진나라 양왕에게 상소를 올렸다. "중모에는 중장과 서기라는 선비가 살고 있는데, 그 몸가짐이 단정하고 학문이 넓고 깊으므로 그들을 등용하심이 어떻겠습니까?"라고 고했다. 임금이 대답하기를 "그렇다면 그들을 나에게 보내시오. 내 장차 그들을 중대부로 삼겠소."라고 했다. 그런데 다른 재상이 간언했다. "중대부라는 자리는 중요한 요직입니다. 지금 그들은 아무런 공적도 없는데 그런 벼슬을 하사하신다는 것은 형평에 어긋나는 일입니다. 그들에 대하여 말만 들었을 뿐, 실제로 만나서 눈으로 확인한 것도 아니지 않습니까?"

그러자 양왕이 "과인이 왕등을 임명할 때는 귀로 명성을 듣고 난 뒤에 눈으로 실제를 확인하였는데, 이번에 왕등이 추천하는 사람을 또다시 눈으로 확인해야 한다면, 듣고 보는 일이 끊이지 않을 것이오."라고 대답했다. 그래서 왕등은 하루 만에 두 사람의 중대부를 배알시켰고 그들에게는 전답과 집이 하사됐다. 이 소문이 퍼지자 그 지방의 사람들은 농사짓기를 기피하는 것은 물론이고, 전답을 팔아서 학문을 업으로 삼는 사람이 고을의 절반이나 되었다.

조나라의 주보가 이자에게 중산국을 공격해도 좋을지 살펴보라고 하였다. 이자가 돌아와서 보고하기를 "중산을 공격하셔도 좋을 듯합니다. 지금 서두르지 않으면 제나라나 연나라에 빼앗기게 될 것입니다."라고 말했다. 이에 주보가 "어째서 공격해도 좋다는 것인가?"

라고 묻자, 이자가 "중산국의 임금은 바위굴에서 은둔하는 선비들을 즐겨 만나는데, 그들을 만나기 위해 수레를 버리고 샛길도 마다하지 않으며, 아무런 벼슬도 없는 선비를 예우하는 일이 헤아릴 수 없이 많습니다."라고 아뢰었다.

그 말을 들은 임금이 의아하다는 듯이 "그대의 말을 들으니 그 나라 임금은 현명한 군주가 분명한데, 어찌하여 공격해도 좋다고 하는가?"라고 묻자, 이자가 대답하기를 "그렇지 않습니다. 무릇 바위굴에 은둔하는 선비들을 조정으로 불러들이면 병사들은 전장에서 힘써 싸우려 들지 않고, 임금이 선비들만 존중하여 관직에 등용하면 농부들은 그들을 부러워하여 농사일을 게을리하게 됩니다. 병사가 전장에서 힘써 싸우지 않으면 군대는 나약해지고, 농부가 농사일을 게을리하게 되면 나라가 가난해질 것입니다. 적국의 병사가 나약하고 나라가 가난하면서 망하지 않은 경우는 없으니, 지금이 중산국을 치기에 가장 적당하지 않겠습니까?"라고 했다. 이에 주보는 군사를 일으켜 중산국을 공격하였고 쉽사리 점령하였다.

온 나라가 자색 옷을 입다

제나라 환공이 자색 옷을 즐겨 입었더니 온 나라 백성들이 따라 입게 되었다. 이쯤 되자 제나라에서는 흰 비단 다섯 필을 주고도 자색 비단 한 필을 얻지 못했다. 임금은 자색 옷감이 폭등하는 것을 걱정하지 않을 수 없게 되었다. 이에 사부가 임금에게 아뢰었다. "『시경』

에 이르기를 '임금이 몸소 정사를 다스리지 않으면 민중은 믿지 않는다'고 하였습니다. 백성들이 자색 옷을 입지 않기를 바라신다면 임금께서 앞장서서 자색 옷을 벗으시고 조정에 나오십시오. 신하 가운데 자색 옷을 입고 등청하는 이가 있거든 '멀찌감치 물러가라. 이제 과인은 자색을 보기만 해도 싫증이 난다'라고 하십시오." 임금이 사부가 시키는 대로 했더니 그날로 궁궐에는 자색 옷이 없어졌고, 얼마 지나지 않아 도성 안에도 자색 옷을 입는 백성들이 없어졌다.

송나라 양공이 초나라 군대와 탁곡에서 싸울 때였다. 송나라 군대는 이미 전열을 가다듬었으나 초나라 군대는 미처 강을 건너지 못했다. 이때 우사마인 구강이 급히 찾아와 "초나라의 군사는 많고 우리 송나라의 군사는 적습니다. 지금 초나라 군사는 절반밖에 강을 건너지 못했으니, 저들이 전열을 가다듬기 전에 서둘러 공격하면 반드시 승리할 것입니다."라고 건의했다. 양공이 말하기를 "과인이 듣기로 '군자는 이미 부상당한 사람을 거듭 상하게 하지 않고, 노인이나 아이를 포로로 잡지 않으며, 상대를 험한 곳으로 몰지 않고, 곤란한 처지의 적을 괴롭히지 않으며, 전열을 가다듬지 않은 적은 공격하지 않는다'고 했다. 지금 초나라 군사가 강을 건너지 않았는데 이를 공격한다는 것은 도의에 어긋나는 일이다. 과인은 초나라 군대가 강을 건너 전열을 정비한 다음에, 북을 쳐서 군사들에게 공격하도록 명할 것이다."라고 했다.

우사마가 다시 간청하기를 "그렇다면 임금께서는 송나라의 백성들은 아끼지 않고, 임금께 의지하고 충성을 다하는 송나라 군사의 안전은 돌보지 않은 채 오로지 도의만 앞세우는 것이 됩니다."라고 했다. 임금이 화를 내면서 "이만 군영으로 돌아가지 않으면 군법으로 다스리겠다."고 하여 우사마는 어쩔 수 없이 군영으로 돌아갔다. 그러는 동안 초나라 군대가 전열을 가다듬고 싸울 준비를 끝내자, 양공은 그때서야 북을 울리며 공격을 명했다. 송나라 군대는 대패하였으며 양공은 온몸에 상처를 입고 사흘 만에 죽었다.

이 일화는 임금 혼자 인의를 흠모하여 객기를 부리다가 입은 재앙이다. 임금이 신하의 말을 듣지 않고 직접 실행해본 뒤에 백성들로 하여금 따르게 하는 것은, 마치 임금이 농부가 되어 농사를 짓고, 전쟁터의 돌격대로 나가서 싸우는 병사가 되어보는 셈이다.

위나라 소왕이 몸소 관리가 하는 일을 해보고자 재상인 맹상군에게 말했다. "과인도 직접 관리들이 하는 일을 체험해보고 싶소." 맹상군이 "임금께서 직접 관리가 하는 일을 하시려면 먼저 직무에 관한 법령을 익히셔야 합니다."라고 말했다. 그러자 소왕은 법령집을 조금 읽어보다가는 결국 흥미가 없는지 지쳐 누웠다가 잠이 들었다. 깨어나서 말하기를 "과인은 법령집을 읽는 따위는 하지 못하겠다."라며 책을 밀어버렸다. 임금이 본분인 권세의 자루는 잡지 않고, 신하가 해야 할 관리의 업무를 하려고 하니 졸음이 오는 것은 당연하다.

한나라 소후가 재상인 신자에게 "법률의 법도는 실행하기가 매우 어려운 것 같소."라고 하자, 신자가 "법이란 공적이 있으면 상을 주고, 능력이 있으면 그에 합당한 벼슬을 주면 되는 것입니다. 지금 임금께서는 법률을 만들어놓고도 공적과 능력을 헤아리지 않고 가까이 있는 신하들의 청을 들어주기 때문에, 법도가 제대로 실행되지 못하는 것입니다."라고 답했다. 그러자 소후가 말하기를 "나는 이제 법을 실행하는 도를 터득했는데, 어찌 측근들의 청탁을 들어주겠는가?"라며 자성하였다. 그러던 어느 날, 신자가 자신의 종친 중에 한 사람을 관직에 임명해달라는 청을 임금에게 하였다. 소후가 말하기를 "과인이 그대에게 배운 바와 다르지 않은가? 그대의 청을 들어주고, 그대의 도를 버려도 괜찮겠는가?"라고 하니, 신자는 바로 물러나와 임금에게 벌을 청하였다.

믿음으로 나라를 얻다

진晉나라 문공이 원原을 공격하기로 했을 때였다. 문공이 열흘분의 식량만을 준비시키면서, 병사들에게도 열흘 안에 성을 함락시킬 것을 기한으로 정했다. 하지만 원으로 진격한 지 열흘이 되어도 성을 함락시키지 못하여서, 약속한 대로 철수하려고 하였다. 그때 마침 성안으로 들여보냈던 첩자가 빠져나와서 말하기를 "원은 앞으로 사흘도 견디지 못하고 항복할 것입니다."라고 전했다. 그러자 곁의 신하들도 이구동성으로 "원은 식량도 떨어지고 병사들도 지쳐 있으니, 임금께서는 철수하지 마시고 조금 더 기다리심이 좋을 듯합니다."라고 했다. 임금이 대답하기를 "과인은 출정하기 전에 장병들과 약속하기를 열흘 안에 성을 함락시키지 못하면 철수하기로 하였다. 그런데 지금의 상황이 호전되었다고 철수하지 않으면 과인은 믿음을 잃고 말

것이다. 원나라의 성을 얻고 믿음을 잃는 어리석은 일은 할 수 없다."
고 하면서 군대를 철수시켰다. 원의 사람들이 이 말을 듣고는 "임금
의 믿음이 그와 같다면 항복하지 않을 수 없다."라고 탄복하면서 문
공에게 항복했다. 한편 위나라 사람들도 이와 같은 사실을 전해 듣
고 "임금으로서 그와 같은 믿음이 있다면 우리도 따르지 않을 수 없
겠구나."라고 하면서 마침내 문공에게 항복하였다. 그 일을 듣고 공자
도 "원을 공격하여 위나라까지 얻은 것은 신의信義가 있었기 때문이
다."라고 기록하였다.

　증자曾子의 아내가 장에 가려고 하는데, 그의 아들이 따라오면
서 울자 "집으로 돌아가거라. 내가 장에서 돌아오면 너에게 돼지를
잡아주겠다."라며 달래서 보냈다. 아내가 장에서 돌아와보니 증자가
돼지를 잡으려 하기에 "다만 어린아이를 달래려고 그냥 해본 말인데,
정말로 귀한 돼지를 잡으려고 하시나요?"라며 말렸다.

　증자가 말하기를 "아무리 어린아이라도 실없는 소리를 해서는 안
되오. 어린아이는 분별심이 없기 때문에 부모가 하는 대로 배우며 그
가르침을 따르는 것이오. 지금 당신은 아이를 속이려 하고 있으니, 그
것은 아이에게 속임수를 가르치는 것이오. 어머니가 돼서 자식을 속
이고, 그 자식이 어머니를 믿지 않게 된다면 앞으로 어떻게 가르칠 수
가 있겠소."라며 일침한 뒤, 돼지를 삶아서 아이에게 주었다.

　　　　　　　　　　　　　　언행의 효용 사례

제24장
외저설·좌하
外儲說·左下

언행의 사상적인 사례

외저설 좌하는 개정이나 번역을 의미하는 여러 저본底本에는 빠져 있을 정도로 좌상과 사상적인 입장에서 유사하다. 그래서 외저설 좌하는 한비가 좌상과 구분하기 위해서, 형식적인 면에서 좌하를 넣어서 엮었다고 보면 된다. 하지만 좌하의 내용면을 보면 객관적인 상벌의 시행을 넘어, 불가피하면서도 필연적인 상과 벌의 시행을 강조하고 있는 것이 특징이다. 그래서 세勢와 술術, 공功과 같은 원칙에 의지해야 하기 때문에 그에 대한 해석을 많이 인용하고 있다.

통치에 필요한 여섯 가지 원칙

첫째, 죄를 범하고 그에 합당한 벌을 받는다면 그 사람은 벌을 내린 관리를 원망하지 않는다. 일례로 발꿈치를 잘리는 형벌을 받은 사람이 자고子皐를 살려준 사례가 있다. 공을 세우고 그에 합당한 상을 받는다면, 그 사람은 그것을 임금의 은덕으로 여기지 않는다. 그리하여 공을 세운 적황은 당연한 듯이 대부가 타는 수레에 올랐던 것이다.

위나라 양왕은 이러한 상과 벌의 이치를 깨우치지 못했기에, 큰 공을 세운 소묘에게 겨우 오승의 영토를 주어 행전을 매고 짚신을 신은 꼴로 만들었다. 임금이 벼슬을 하사할 때 객관적으로 평가하고 사실에 근거한다면, 신하는 자신의 능력을 속여서 일을 꾸미지 못하게 된다.

둘째, 임금이 나라를 다스릴 때 오로지 자신의 권위에 의지할 뿐 신하의 충성과 신의를 믿어서는 안 된다. 그래서 제齊나라의 동곽아는 재능이 탁월한 관중에게 나라를 다스리게 했던 일을 비판했던 것이다. 임금은 자신이 제정한 법술에 의지할 뿐, 신하의 충성과 신의를 믿어서는 안 된다. 그래서 정나라 혼헌은 진晉나라 문공에게 잘못을 간했던 것이다. 그러므로 법술을 터득한 임금은 상벌을 확실하게 시행하여 평범한 사람도 재능을 펼치게 권장하고, 죄지은 사람은 반드시 처벌하여 도리에 어긋나는 짓을 금하게 하였다.

셋째, 군신 간의 예의를 잃게 되면 주나라의 문왕이 몸소 자신의 신발 끈을 동여매는 것과 같은 일이 생기게 된다. 조정에 있을 때는 근엄함을 잃지 말고, 한가로울 때는 궁궐의 뜰에서 여유를 가져야 한다. 그런데 구별이 서지 않게 되면 노나라의 계손이 한평생을 근엄하게 살다가 죽임을 당하는 것과 같은 꼴이 된다.

넷째, 법으로 금하는 일에서는 이익을 취할 수 있고, 당연하게 취할 수 있는 일에서는 이익을 취할 수 없다면, 이는 귀신 같은 사람일지라도 법술을 시행하지 못한다. 죄짓는 것을 명예롭게 생각하고 상 받는 것을 업신여긴다면, 비록 요순과 같은 성군이라도 나라를 다스리지 못한다. 문을 만들어놓고도 출입을 금하고 이익을 얻는 일에 참여하지 못하게 한다면, 이는 내란이 일어나는 발단이 된다. 제나라 임금이 대신들의 말을 들었더라면 거라는 사람이 함부로 금전을 쓰지 않았을 것이다. 또한 위나라 임금이 칭찬과 험담에 귀 기울이지 않으면서 이목을 날카롭게 하고 여러 신하들의 실정을 살폈다면, 잔이라는 사람이 벽옥을 뇌물로 바치면서 벼슬을 구하지 않았을 것이다.

다섯째, 신하가 자신을 낮추어 겸손하고 근검절약한다는 덕행만으로 임금이 그들을 칭찬하고 작록을 주는 것은 잘못이다. 총애하거나 작록을 주는 데 절도가 없다면 신하는 임금의 권력을 넘보고 핍박할 것이다. 신하들이 붕당을 만들어 결속하고 사익을 추구하면 임금은 고립되지만, 신하들이 올바르게 인재를 천거하고 붕당을 만들지 않는다면, 임금은 밝은 눈으로 종사를 통찰하게 된다.

여섯째, 조정의 권위가 약해지면 신하들은 직언을 삼가게 되고, 사사로운 행위가 앞서게 되면 신하들은 임금을 위하여 헌신하지 않게 되므로 공덕이 줄어든다.

진晉나라 법문자가 올바르게 말하는 것을 즐겨하자 그의 아버지인 무자가 지팡이를 휘두르며 훈계했고, 정나라 자산이 임금에게 충고를 하자 그의 아버지인 자국이 화를 내며 꾸짖었다. 또한 조나라 양거가 법령을 시행하자 임금인 성후는 관인을 빼앗았으며, 관중은 법대로 종사를 처리했기 때문에 관리들의 원망과 질시를 한 몸에 받았다.

경쟁자를 인정하고 자리를 양보하다

공자가 위나라 재상으로 있을 때 제자인 자고는 옥사를 다스리는 재판관으로 있었다. 재판 중에 어떤 죄인을 월형에 처하고, 그의 관직을 강등하여 성문지기를 시켰다.

어느 날 공자를 시기하는 사람이 임금에게 헐뜯어 말하기를 "공자가 내란을 일으키려 합니다."라고 고변했다. 위나라 임금은 이를 곧이듣고 공자를 잡으려 했으나, 공자는 이미 제자들과 함께 도망친 후였다. 그러나 유독 자고만이 뒤늦게 성문을 빠져나오다가 붙잡혔다. 그런데 월형을 당했던 성문지기가 다가와 자고를 숨겨주었으므로 포졸들은 잡지 못했다. 자고가 "나는 법을 어길 수 없어서 그대의 발을 자르고 강등까지 시켰는데, 그대는 어찌하여 복수는커녕 오히려 내 목숨을 구해주는가?"라고 묻자, 그 문지기는 "제 발이 잘린 것은 제가 저지른 죄에 합당한 벌로서 어쩔 수 없는 일이었습니다. 그러나 재판관께서는 저를 재판할 때 여러 차례 법령을 살피면서 죄를 감해 주려고 애쓰셨다는 것을 잘 알고 있습니다. 죄명이 확정되자 재판관께서는 슬퍼하시며 안타까워했던 모습을 이 두 눈으로 분명히 보았습니다. 그것은 저에 대한 인정 때문이 아니라 본래의 성품이 인자하시기 때문입니다. 그러한 까닭에 저는 진심으로 재판관의 은덕에 보답하는 것입니다."라고 대답했다.

공자가 이 일에 관하여 듣고 말했다. "뛰어난 관리는 백성들에게 은혜와 의리를 심어주고, 능력이 부족한 관리는 백성들에게 원한의 씨앗을 뿌리고 다닌다. 평미레는 됫박 위의 넘치는 곡식을 밀어서 평평하게 하고, 관리는 법령을 공평하게 집행한다. 그러므로 나라를 다스리는 사람은 언제나 공평함을 잃어서는 안 된다."

소실주라는 사람이 조나라 양왕의 경호를 책임지고 있었다. 어느 날 양왕을 호위하며 진양이라는 지방에 이르렀는데, 우자경이라는 힘센 장사와 힘겨루기 시합을 하게 되었다. 그런데 아쉽게도 소실주가 지고 말았다. 이에 소실주가 임금에게 아뢰기를 "임금께서 신에게 경호 책임을 맡긴 것은 신에게 힘이 있기 때문이었는데, 이제는 신보다 힘이 센 사람이 여기에 있으니, 바라옵건대 우자경을 등용하도록 하십시오."라고 하였다.

믿음 하나면 족하다

제나라 환공이 관중을 재상으로 등용함은 물론, 호칭을 아버지 격인 중부仲父로 부르기로 하고 신하들에게 명했다. "과인이 앞으로 재상인 관중을 중부로 삼고 싶은데, 찬성하는 사람은 문으로 들어와 왼쪽에 서고, 반대하는 사람은 오른쪽에 서시오." 그러자 동곽아가 문으로 들어와 한가운데에 섰다. 이에 임금이 "그대는 어찌하여 한가운데에 떡 하니 서 있는가?"라고 물었다. 동곽아가 아뢰기를 "관중의 재능과 슬기로 과연 세상을 도모할 수 있다고 보십니까?"라고 하자, 임금은 "능히 할 수 있다."라고 대답했다. 동곽아가 다시 아뢰기를 "그렇다면 관중의 결단으로 과연 큰일도 서슴없이 감행할 수 있겠습니까?"라고 하자, 임금은 "능히 감행할 수 있다고 생각한다."라고 대답했다.

이에 동곽아가 다시 "만약 관중의 재능과 슬기로 세상을 능히 다스리고 결단력으로 능히 큰일을 감행할 수 있다면, 임금께서는 관중에게 나라의 권세를 모두 맡기는 것이 됩니다. 그러면 관중은 임금의 신임과 권세를 가지고 제나라를 다스리게 될 것이니, 그렇게 되어도 제나라에 위태로움이 없겠습니까?"라고 아뢰었다. 그러자 임금은 "과연 이치에 맞는 말이다."라고 인정하며 습붕에게는 나라 안의 정사, 관중에게는 나라 밖의 정사를 맡아 다스리게 하여 서로 견제하게 했다.

노魯나라의 가신인 양호가 의견을 말했다. "임금이 현명하면 신

　　　　　　　　　　　　　　　　연행의 사상적인 사례

하는 있는 정성을 다하여 섬기게 되고, 임금이 미혹하면 간계를 꾸며서 시험할 것입니다." 이로 인하여 양호는 노나라에서 쫓겨나 제나라로 갔지만, 제나라에서도 의심을 받고 조나라로 도망치듯이 달아났는데, 거기서는 조간주趙簡主의 환영을 받고 재상이 되었다. 그러자 조간주의 신하들이 "양호는 노나라의 정권을 도둑질하려던 사람인데 어찌하여 재상으로 등용하시는지요?"라고 물었다.

조간주가 대답하기를 "양호는 정권을 빼앗으려고 힘쓰고, 과인은 그것을 지키려고 힘쓸 것이오."라고 했다. 이후 조간주는 법술로써 양호를 잘 다루었으니, 양호는 언감생신 헛된 꿈을 꾸지 못했으며 잘못도 저지르지 않았다. 오히려 조간주를 충심으로 섬겼으므로, 조나라는 국력이 강성해져서 마침내 패업을 달성하였다.

노나라 애공이 공자에게 "과인이 듣기로 옛날 요순시대에 기夔라는 사람은 다리가 하나뿐이었다고 하던데, 정말로 다리가 하나였을까요?"라고 물었다. 공자는 "실제로 다리가 하나라는 말이 아닙니다. 기라는 사람은 성격이 괴팍하고 심술궂어서 사람들이 그를 좋아하지 않았습니다. 비록 그랬을지언정 타인으로부터 해를 당하지는 않았는데, 그 이유는 믿음이 있었기 때문입니다. 그래서 모든 사람들이 말하기를 하나면 족하다고 하였고, 그것은 기의 다리가 하나라는 말이 아니라 믿음 하나면 족하다는 뜻이었습니다."라고 설명하였다. 이에 애공이 "만약 그 말이 확실하다면 과연 족함에 틀림이 없군요."라며 고개를 끄떡였다.

국사를 어릿광대와 논하다

진晉나라 문공이 초나라와 싸울 때 황봉의 능선에 이르렀는데, 신발 끈이 풀어졌기에 이를 손수 묶었다. 이를 본 곁의 신하들이 놀라면서 "어찌하여 아랫사람에게 시키지 않으셨습니까?"라고 묻자 문공이 말하기를 "과인이 듣기로 뛰어난 사람은 하나같이 군주가 경외하는 신하이며, 그다음 중간치 정도 되는 사람은 하나같이 군주가 총애하는 신하이고, 하급의 사람은 하나같이 군주가 사랑하는 신하라고 하였소. 과인이 비록 어리석을지언정 여기에 있는 모든 신하들은 선왕 때부터 측근에 있던 사람들인데, 과인이 어떻게 하찮은 일을 시킬 수 있겠소."라고 하였다.

노나라 남궁경자가 제나라 안탁취에게 "계손季孫은 공자의 제자들을 많이 거느리면서 관복을 차려입고 공손한 태도로 사람들에게 임하였는데, 어찌하여 죽임을 당하였다고 생각하십니까?"라고 물었다. 안탁취가 대답하기를 "옛날 주周나라 성왕은 평소에는 배우나 어릿광대를 좋아하여 향락에 빠져 있었지만, 국정을 논할 때는 군자와 더불어 엄격하게 처리했으므로 종당에는 천하를 얻었습니다. 그러나 계손은 공자의 제자들을 거느리면서 예복을 차려입고 공손하게 대접한 사람들이 수십 수백에 이르렀지만, 국정을 논하는 상대는 기녀나 어릿광대와 같은 소인들이었기 때문에 스스로 적을 만들어서 죽임을 당한 것입니다. 그래서 예로부터 흥망성쇠는 같이 지내는 사람이 누구냐에 달려 있는 것이 아니라, 누구와 함께 일을 도모하느냐에 달려 있다고 했던 것입니다."라고 했다.

　조간자趙簡子가 신하들에게 말하기를 "수레 안의 바닥이 매우 아름답소. 무릇 관은 아무리 낡았어도 반드시 머리에 얹는 것이고, 신발은 아무리 훌륭해도 반드시 발에 신는 것이오. 그런데 수레의 바닥이 매우 아름답게 꾸며져 있으니, 장차 어떤 신발로 여기를 밟아야 하겠소? 무릇 아래의 것을 훌륭하게 하여 위에 있는 것을 도외시한다면, 이것은 도리에 어긋나는 일이오."라고 하였다.

　비중費仲이 은殷나라 주왕에게 말하기를 "서백창西伯昌은 현인으로서 백성들은 물론 제후들까지도 그를 좋아하고 따르므로 죽여야 합니다. 만약 죽이지 않으면 언젠가는 우리 은나라에 후환거리가 될 것입니다."라고 하자, 주왕이 "그대의 말대로라면 그는 의로운 군주임이 분명한데, 어찌 그를 죽일 수 있단 말이오?"라고 했다. 비중이 대답하기를 "관은 비록 해지고 낡았어도 반드시 머리 위에 쓰는 것이고, 신발은 비록 훌륭하게 장식했어도 반드시 발에 신고 거친 땅을 밟는 것입니다. 서백창은 현재 신하의 신분임에도 불구하고 단지 의로움을 행한다 하여 백성들은 물론 제후들까지도 따르고 있으니, 언젠가는 세상의 걱정거리가 될 것입니다. 신하들도 모두가 그를 흠모하여 임금을 소홀히 모시고 있으니, 더 늦기 전에 지체하지 말고 그를 없애버려야 합니다. 더군다나 임금이 신하를 처벌하는 것은 그 누구도 허물이라고 말할 수 없는 일입니다."라고 했다.

　주왕이 재차 말하기를 "예로부터 인의라는 것은 윗사람이 아랫사람에게 권하는 도리이다. 그런데 지금 서백창이 인의를 행한다고 하여 그를 참한다는 것은 있을 수 없는 일이다."라고 했다. 비중은 이후에도 거듭 간언했지만, 주왕은 끝내 말을 듣지 않다가 끝내는 망국의 길을 걸었다.

다섯 사람이면 족하다

위나라 서문표가 업鄴이라는 지방의 현령이 되었다. 그는 청렴결백하고 성실하여 조금도 사익을 꾀하지 않았다. 그 때문에 임금의 가신들에게 소홀히 대하여 가신들이 하나같이 서문표를 달가워하지 않았다. 그렇게 한 해가 지나고 서문표가 현을 다스린 보고서를 올리자, 임금인 문공은 그의 관인을 회수하고 해임하였다. 이에 서문표가 상소하기를 "신이 어리석어 현을 다스리는 방법을 알지 못하였는데 이제야 깨우쳤으니, 관인을 다시 주시어 한 번만 더 다스리게 해주십시오. 만약 이번에도 제대로 다스리지 못하면 목숨으로 대신하겠습니다."라고 간청을 하니, 그간의 정과 도리를 생각하여 마지못해 관인을 주고 복직시켰다. 이렇게 되자 서문표는 이제 백성들에게 과중한 세금을 부과하여 거둬들이고, 그 돈으로 가신들에게 뇌물을 바쳤다. 다시 일 년이 지나고 현을 다스린 보고서를 올리자, 임금은 직접 영접을 하면서 예우하였다.

이에 서문표가 아뢰기를 "지난해에 신은 나라를 위하는 마음으로 현을 다스렸으나 오히려 파직을 당하였습니다. 그런데 이번에는 가신들을 위하는 마음으로 현을 다스렸더니, 임금께서 이렇게 예우를 해주시므로 저는 더 이상 업을 다스릴 수 없습니다."라면서 관인을 반납하고 물러나려 했다. 임금이 만류하며 "과인이 이제까지 그대의 사람됨을 모르고 있었는데 이제야 알게 되었으니, 그대는 과인을 대신하여 업을 계속 다스려주기 바라오."라고 하였으나, 서문표는 정중히 관인을 사양하고 다시는 벼슬길에 오르지 않았다.

제나라 환공이 관중에게 어떤 사람을 높이 중용해야 하는지를 물으니 관중이 대답했다. "죄의 유무와 이해관계를 분명하게 판결하고, 재물에는 청렴하며, 세상의 인심을 살피는 능력에 있어서는 신이 현상弦商에 미치지 못합니다. 그러니 현상을 사법부의 수장으로 삼으십시오. 또한 조정에 드나드는 태도가 언제나 단정하고 겸손하여 예의에 어긋남이 없고, 외국의 손님을 맞이하고 응대하는 데 있어서는 신이 습붕에 미치지 못합니다. 그러니 습붕을 외교부의 수장으로 삼으십시오.

풀을 베고 황무지를 개간하여 살 만한 고을을 만들고, 척박한 땅을 비옥한 농토로 만들고, 곡식을 재배하여 민초들의 살림살이를 풍요롭게 하는 데는 신이 영척을 따라갈 수가 없습니다. 그러니 그를 농림부의 수장으로 삼으십시오. 삼군을 통솔하여 진영을 만들고, 모든 군사가 전투에 임했을 때 나라를 위하여 목숨을 바치겠다는 결의를 갖도록 하는 데는 신이 성부成父에 미치지 못합니다. 그러니 그를 삼군 중에서도 중군을 지휘하는 총사령관으로 삼으십시오. 임금의 노여움도 두려워하지 않고 정직하게 직언을 하는 데는 신이 동곽아를 따라갈 수 없습니다. 그러니 그를 중용하여 사간원의 사간司諫으로 삼으십시오. 제나라를 다스림에 있어서 이 다섯 사람이라면 충분할 것이라고 사려됩니다. 그러나 장차 천하를 통일하고 훌륭한 성군이 되고자 하신다면 제가 도와드릴 수 있습니다."

철천지원수를 재상으로 천거하다

우백헌은 진晉나라의 재상이었다. 집 안팎의 뜰에는 잡초가 무성하고 문밖에는 칡넝쿨이 길게 자라서 담을 넘어오며, 식사 때에는 두 가지 이상의 반찬을 먹는 일이 없었고, 비단옷을 입은 처첩이 없었으며, 헛간에서 말은 기르고 있었지만 곡식을 먹이지 않았고, 드나들 때에는 수레를 이용하지 않았다. 대부인 숙향이 이 소식을 듣고 묘분황에게 이야기하자, 묘분황은 이를 비난하며 "우백헌은 임금으로부터 작록을 하사받았으면 그에 걸맞는 생활을 하며 재상의 품위를 유지해야 마땅하다. 그러나 모든 재물을 아랫사람들에게 나눠주고 민심을 얻으려 하는 것이니, 이것은 스스로 직위를 욕되게 하는 짓이오."라며 칭찬은커녕 화를 냈다.

양호가 제나라에서 조나라로 망명했을 때, 조나라 임금인 간주가 물었다. "내가 듣기로는 그대가 사람을 천거하는 일에 일가견이 있다고 하던데 사실이오?" 양호가 대답하기를 "신이 노나라에 있을 때 세 사람을 천거하여 모두가 높은 관리가 되었는데, 신이 노나라에서 불가피한 일로 죄를 범하자 그 세 사람이 저를 물색하여 체포하려고 하였습니다. 그리고 신이 제나라에 머무를 때에도 세 사람을 천

　　　언행의 사상적인 사례

거했는데, 한 사람은 임금의 가신이 되었고 한 사람은 지방의 현령이 되었으며, 한 사람은 국경의 척후가 되었습니다. 그런데 신이 죄를 범하자 임금의 가신이 된 사람은 신을 만나주지도 않았고, 현령이 된 사람은 신을 잡아 묶으려 했으며, 척후가 된 사람은 신을 잡으러 국경까지 추격하였으나 잡지 못하고 돌아갔습니다. 그러므로 신은 사람을 잘 천거한다고 말할 수 없습니다."라고 하였다.

이에 조나라 임금 간주는 고개를 끄떡이며 말했다. "무릇 감귤이나 유자나무를 심은 사람은 훗날 맛있는 열매를 먹을 수 있으며 향기로운 냄새도 맡을 수 있소. 하지만 가시나무를 심은 사람은 후일 그 나무가 무성해지면 가시에 찔리게 되는 법이오. 그래서 군자는 함부로 사람을 천거하지 않는 거라오."라며 껄껄대고 웃었다.

진晉나라 대부인 해호는 자신의 철천지원수를 임금인 조간주에게 천거해 재상이 되게 하였다. 그 원수 된 사람이 고맙게도 자신을 용서한 것으로 생각하고, 곧바로 해호의 집으로 찾아가 공손하게 예를 표하려고 하였다. 그런데 해후는 활시위를 힘껏 당기며 "내가 그대를 천거한 것은 공적인 일로서, 그대가 재상 자리에 알맞다고 생각했기 때문이다. 또한 내가 그대를 철천지원수로 생각하는 것은 사사로운 일로서, 그 때문에 그대의 능력을 임금에게 감춰서는 안 되겠기에 천거했을 뿐이다. 옛 성현들노 사사로운 원한을 공적인 일에 개입시키지 말라고 일렀다."라고 말하면서 쫓아버렸다.

누이를 월형으로 다스리다

정나라 자산은 자국의 아들이다. 자산이 임금에게 지나칠 정도로 충성을 하자, 아버지인 자국이 몹시 화를 내면서 이렇게 말했다. "무릇 신하로서 다른 사람들과 다르게 임금에게 충성을 다하였을 때, 현명한 임금이라면 네 의견을 듣고 받아들이겠지만 만일 그렇지 않다면 들어주지 않을 것이다. 임금이 네 말을 들어줄지 말지 아직 알 수 없는데, 너는 벌써 다른 신하들과 동떨어진 행동을 하고 있구나. 많은 신하들과 동떨어진 행동을 하게 되면 일신이 위태로워진다. 그렇게 되면 너만 위험해지는 것이 아니라 부모형제들까지도 더불어 위험해지게 된다."

양거라는 사람이 제나라 업이라는 지방의 현령이 되었다. 하루는 현령의 누이가 찾아와서 만나려고 했으나, 날이 저물어 성문이 닫힌 후였다. 양거의 누이는 몰래 성의 담을 넘어서 들어갔는데, 양거는 누이를 월형으로 다스렸다. 그 사실을 전해 들은 임금은 그가 혈육의 정도 없는 무자비한 사람이라 판단하고, 관인을 회수하고 현령의 자리에서 파직시켜버렸다.

제나라 관중이 포박되어 노나라에서 제나라로 압송되는 도중이었다. 관중은 장거리의 여정에 먹은 것이 전무하다보니 허기지고 목이 말랐다. 기오라는 국경을 지나다가 마침 그곳을 경비하는 관리에게 음식을 청하였다. 그곳 관리는 공손하게 음식을 대접하면서 "만약에 당신이 제나라로 가서 죽임을 당하지 않고 제나라에 중용된다

언행의 사상적인 사례

면, 장차 나에게 무엇으로 보답해줄 것입니까?"라고 물었다. 관중이 "그대의 말대로 된다면 나는 현명한 사람을 등용할 것이고, 능력 있는 사람을 찾아서 쓸 것이며, 공로가 있는 사람을 평가하여 쓰려고 하는데, 이 세 가지 가운데서 나는 무엇으로 보답하면 되겠는가?"라고 되묻자, 그 관리는 실망하면서 관중을 원망하였다.

제25장
외저설·우상
外儲說·右上

군주가 가져야 하는 권세와 통치술

　　본 장은 임금으로서 당연히 가져야 할 권세權勢와 법술法術에 대하여 설명하고 있다. 내용은 세 가지에 불과하여 짧은 것 같지만, 그것을 풀어놓은 이야기의 분량은 비교적 길다. 그 첫 번째는 임금이 신하를 다스리는 도로서, 임금의 권세로도 통제가 불가능한 신하는 제거해야 한다는 것이며, 두 번째로 임금은 신하들의 이해관계에 있어서 그 중심에 있으므로, 신하는 임금의 마음을 헤아리고 맞추려 한다는 것이며, 세 번째로 임금이 나라를 다스림에 있어서 법술이 행해지지 않는 이유에 대하여 설명하고 있다. 따라서 본 장은 백성을 기반으로 하는 임금의 권위와 지위를 확립하고자 하는 한비의 사상을 강하게 드러내고 있다.

군주가 신하를 다스리는 세 가지 도

첫째, 임금의 권세로도 통제가 불가능한 신하는 반드시 제거해야 후환이 없다. 사광의 답변과 안자가 말한 것들은 하나같이 임금이 권세로써 통치하는 쉬운 방법을 버리고, 은혜를 베풀어서 실천하게끔 하는 어려운 방법을 쓰도록 한 것이다. 이 방법은 말馬이 있어도 타지 않고 두 발로 뛰어가서 사냥하는 것과 같으니, 근본적으로 재앙을 제거하는 방법이 아니다.

자하는 『춘추』를 예로 들어 근본적으로 화근을 뿌리 뽑는 방법을 설명하였는데 "권세를 교묘하게 잘 장악하고 활용하는 사람은 간악한 싹을 미리 잘라내 그 후환을 없앤다."고 하였다. 그래서 노나라 계손은 공자가 임금의 권세를 침해한다면서 그를 공격하기도 한 것이다. 동서고금을 막론하고 군신 간의 이해는 상반될 수밖에 없으므로, 현명한 임금이 신하를 기르는 방법은 마치 까마귀를 길들이는 것처럼 해야 한다.

둘째, 임금은 신하들과 이해관계에 있어서 그 중심에 있다. 그래서 신하들이 임금의 마음을 헤아리면서 정확히 맞추려고 하기 때문에 임금은 늘 주목을 받는다. 그런데 임금이 좋아하고 싫어하는 속내를 겉으로 드러낸다면, 신하들은 임금의 마음에 드는 말과 행농으로 비위를 맞출 것이고, 임금이 신하들의 의견을 함부로 공개하면 대부분의 신하들은 할 말이 있어도 진언하지 않는다. 그렇게 되면 임금은 신묘한 위력을 발휘하지 못하고 인간의 한계를 드러내게 된다. 결국 현명한 임금의 도라는 것은 신불해가 임금에게 권한 것처럼, 다른 사람들과 상의하지 않고 혼자서 판단하고 결정하는 임금의 독단獨斷이 있을 뿐이다.

셋째, 세상사 모든 일에는 원인과 결과가 있듯이, 임금이 나라를 다스리고 신하를 다스림에 있어서 법술이 제대로 행해지지 않는 데는 반드시 그 까닭이 있다. 이는 술집에 있는 사나운 개를 없애지 않으면, 손님이 들어오지 못해서 술맛이 초맛으로 변해버리는 것과 다를 바 없다. 무릇 조정에도 그와 같이 사나운 개가 존재할 수 있다. 도를 터득한 선량한 신하들을 물어뜯는 개와 같은 간신들은 하나같이 조정에 구멍을 뚫고 사는 쥐새끼와 다를 바 없는 존재들이다.

간악한 싹은 빨리 잘라버린다

임금이 후하게 상을 주고 높이 칭찬을 해도 기뻐하지 않으며, 형벌을 가하거나 심하게 꾸짖어도 이를 두려워하지 않는 신하는 반드시 제거해야 후환이 없다.

제나라 경공이 대부인 안자와 함께 소해少海라는 지역을 유람할 때, 누대에 올라 천하를 바라보면서 말하기를 "참으로 아름답도다. 드넓은 들판과 유유히 흘러가는 강물, 우뚝 솟은 산봉우리여. 장차 어느 누가 이렇게 수려한 금수강산을 소유할 것인가?"라고 하자, 안자가 대답하기를 "아마도 전씨田氏가 아닐런지요."라고 했다. 이에 경공이 "지금 과인이 이 나라를 움켜쥐고 있는데, 엉뚱하게도 진씨라니

군주가 가져야 하는 권세와 통치술

그게 무슨 말이오?"라고 물었다.

안자가 대답하기를 "작금의 전씨는 제나라 백성들의 인심을 크게 얻고 있습니다. 그는 임금께 의지하여 대신들에게 벼슬과 녹봉을 주고, 백성들에게는 큰 되로 곡식을 빌려주고 받을 때는 작은 되로 돌려받습니다. 또한 소를 잡으면 한 덩어리만 갖고 나머지는 나누어줍니다. 비단이나 무명옷감도 필요한 만큼만 갖고 모두 나누어줍니다. 그래서 시장에서 파는 나무 값도 산에서 사들이는 값보다 비싸지 않고, 해산물의 가격도 바닷가에서 사는 것보다 비싸지 않기 때문에 백성들의 생활이 안정되고 있습니다. 임금께서는 무거운 세금을 부과하는 반면에 전씨는 아량을 베풀고 있습니다. 전에 흉년이 들어서 굶어 죽는 사람이 헤아릴 수 없었을 때에는 전씨를 찾아가 도움을 받은 사람이 많았다고 합니다."라고 말했다.

이에 경공이 눈물을 흘리며 말했다. "슬프도다. 전씨가 나의 금수강산을 가로채갈 것이라니, 그렇다면 무슨 방법이 없겠는가?" 이에 안자가 아뢰었다. "임금께서 흩어진 민심을 되돌리고자 하신다면 현자를 가까이하시고, 어리석은 자를 멀리하셔야 됩니다. 형벌을 가볍게 하여 은혜를 베풀며 혼란스러운 정국을 잘 다스리시고, 굶주린 사람을 구제하시며, 고아나 홀아비 홀어미와 같이 소외된 자들을 보살피고 어루만져주십시오. 그렇게 하시면 등 돌린 백성들이 하나둘씩 돌아올 것입니다. 전씨 같은 자가 줄줄이 나타난다고 한들 언감생심 작금의 임금을 어찌할 수 있겠습니까?"

어떤 사람이 이 말을 전해 듣고는 "경공은 군주로서의 권세를 사용할 줄 모르고, 안자는 군주를 보필하는 대부의 벼슬을 하고 있으면서도 걱정거리를 제거할 줄을 모른다. 무릇 사냥을 잘하는 사람은 안전한 수레에 제 몸을 맡기고 튼튼한 말과 뛰어난 마부에게 의지하여, 몸은 지치지 않고 제아무리 빠른 짐승이라도 쉽게 잡을 수 있다. 그러나 안전한 수레를 버리고 말과 마부를 거절한 채 수레에서 내려 직접 뛰어다니면서 짐승을 쫓는다면, 이는 빠르기로 이름난 누계라 해도 따라잡을 수 없다. 그러나 이와 반대로 튼튼한 말과 안전한 수레가 있고 그것을 모는 뛰어난 마부만 있다면, 매우 어리석은 노비라 할지라도 짐승을 쫓아서 쉽게 잡을 수 있다.

나라는 군주에게 수레와 같고, 권세는 군주에게 수레를 끄는 말과 같다. 군주가 내린 벼슬의 힘을 이용해서 제 멋대로 날뛰고 제 마음대로 은덕을 베푸는 신하를 처벌한다면 능히 통제가 가능하다. 하지만 그런 방법을 쓰지 않고 신하와 경쟁하면서까지 민심을 얻고자 하는 것은, 군주가 자신의 수레를 타지 않고 말의 이로움도 따르지 않으며, 오히려 말과 수레를 버리고 짐승을 쫓아 부지런히 뛰어가는 것과 같다."며 평가절하하였다.

자하는 이렇게 말한다. "『춘추』에 보면 신하가 임금을 죽이고 자식이 애비를 죽였다는 이야기가 수십 가지에 이르는데, 어느 것 하나 하루아침에 일어난 일이 아니고 쌓이고 쌓여서 그렇게 된 것이다." 그러므로 간악한 일이 아무런 제재를 받지 않고 오랜 시간 누적되면 위와 같이 된다. 쌓이고 쌓이다보면 세력이 커지고, 커진 세력은 거침없이 임금이나 애비도 도륙하게 만드는 것이니 하루라도 빨리 결단

군주가 가져야 하는 권세와 통치술

해야 한다. 그래서 자하는 "권세를 잘 장악하는 임금은 간악한 싹이 더 자라기 전에 재빨리 잘라버린다."고 말한 것이다.

천리마라도 부릴 수 없으면 죽인다

태공망太公望이 무왕의 개혁을 도운 공으로 제나라 동쪽의 영토를 분할받아 제후가 되었다. 그때 그곳에는 처사 형제가 살고 있었는데 광율과 화사라고 불리었다. 두 형제는 평소에 "우리는 천자의 신하도 아니고 제후의 백성도 아니다. 스스로 농사지어 먹을 것을 구하고, 스스로 샘을 파서 물을 마시니, 우리 형제는 누구에게도 바라는 것이 없다. 나라에 벼슬자리나 봉록도 바라지 않고 아무도 섬기지 않으며, 자유롭게 살아갈 뿐이다."라고 주장하였다. 이런 사실을 알게 된 태공망은 영지에 도착하자마자, 두 사람을 체포하여 즉시 죽여버렸다.

그러자 주공인 단旦이 노나라에서 이 소식을 전해 듣고 파발마를 보내어 "광율과 화사는 현인으로 칭송받는 사람들이다. 과인이 나라를 잘 다스리라고 맡겼더니 오히려 현자들을 죽이는 까닭이 무엇이오?"라고 물었다. 이에 태공망이 대답하였다. "그 두 형제는 천자의 신하가 아니므로 제게도 신하가 될 수 없고, 제후의 백성이 아니라고 하였으니 저로서도 그들을 다스릴 수가 없습니다. 스스로 땅을 갈아 먹고 우물을 파서 마시면서 남에게는 아무것도 바라는 것이 없다고 하였으니 저로서는 상벌로 격려하거나 어떠한 행위도 막을 길이 없습니다. 그들은 어떠한 작위도 받지 않는다고 하였으니 비록 현명하더라도 쓰이기를 바라지 않는 것입니다. 또한 봉록도 받지 않겠다고 하였으니, 아무리 현명하더라도 공을 세우려들지 않을 것입니다. 예전의 선왕이 신하와 백성들을 다스린 수단과 방법은 작위나 봉록이 아니라 형벌이었습니다.

따라서 지금까지 열거한 행태를 보았을 때 그들은 다스릴 수가 없는 사람들인데, 저는 도대체 누구의 임금 노릇을 하라는 말입니까? 그들 형제는 나라의 백성으로서 전장에 나가 공을 세우지 않으면서도 현자로 이름을 드러내고, 스스로 밭을 갈아서 자족한다고 하지만 나라에는 이로움이 없습니다. 백성들이 모두 이들을 모방하고 따른다면, 제가 백성들을 다스리고 교화시키는 일은 묘연해질 것입니다.

예를 들어 지금 여기에 말 한 마리가 있는데 그 말이 천리마의 모습을 하고 있다면, 사람들은 이구동성으로 천하에 으뜸가는 명마라고 할 것입니다. 하지만 명마라 한들 타고 달리려 해도 나아가지 않고, 멈추려 해도 멈추지 않고, 좌측이나 우측으로 몰려 해도 말을 듣지 않는다면, 아무도 이런 말은 타려들지 않을 것입니다. 설령 천한 사람일지라도 명마를 타려는 목적은 그것으로 이로움을 취하고 해를 피하려는 것입니다. 그런데 두 사람이 다른 사람들에게 쓸모가 없다면, 어느 누가 그들에게 맡기려 하겠습니까? 스스로 현자라 자처하지만 임금에게는 소용이 없고, 그들의 행실이 뛰어난들 임금에게는 쓸모가 없으니 신하로 삼을 수 없는 것입니다. 그래서 비록 천리마라 할지라도 좌우로 부릴 수 없다면 죽일 수밖에 도리가 없는 것입니다."

아는 바를 드러내지 않는다

신자申子가 말했다. "임금이 명석함을 드러내면 신하들은 미리 짐작하여 대비할 것이고, 명석함을 감추고 드러내지 않으면 신하들은 그 마음을 알 수 없으므로 갈피를 잡지 못할 것이다. 임금이 지혜로움을 밖으로 드러내면 신하들은 자신의 행동을 꾸미려 할 것이고, 지혜로움을 감추고 드러내지 않으면 신하들은 잘못을 감추고 술책을 부리려 할 것이다. 또한 임금이 하고자 하는 바를 겉으로 드러내면 신하들은 온갖 방법으로 임금의 속내를 알아내려고 들 것이다. 임금이 탐욕스러움을 겉으로 드러내면 신하들은 그것을 빌미로 사익을 추구할 것이다. 그래서 예로부터 '이쪽에서는 저쪽의 속내를 알 수 없다. 오로지 이쪽이 아무런 말이나 행동을 취하지 않음으로써 저절로 저쪽의 속내를 헤아릴 수 있게 된다'는 말이 있다."

일설에는 이런 이야기가 있다. 신자申子가 말하기를 "당신이 말을 삼가면 상대방은 당신에게 손을 내밀 것이고, 당신이 행동을 삼가면 상대방은 당신을 따르게 될 것이다. 당신이 지혜롭다는 것을 드러내면 사람들은 모든 일을 숨기려들 것이며, 당신이 무식하다는 것을 드러내면 사람들은 당신을 속이려들 것이다. 또한 당신이 무언가를 알고 있다고 생각하면 사람들은 재능을 감추려들 것이며, 당신이 아무엇도 모르고 있다는 것을 알게 되면 사람들은 당신에게 능력을 보이려 할 것이다."라고 하였다. 즉 이쪽이 잠자코 있으면 저쪽의 실정을 능히 짐작할 수 있다고 하였다.

전자방田子方이 당이국에게 "새를 잡으려는 사람은 무엇을 주의해야 합니까?"라고 묻자, 당이국이 대답하기를 "새는 무리를 지어 날아다니기에 수백 개의 눈으로 그대를 관찰하지만, 그대는 두 개의 눈으로만 겨냥하기에 몸을 숨겨서 새들에게 노출시키지 말고, 새가 방심하는 틈을 노려서 화살을 쏘아 맞혀야 합니다."라고 하였다. 이 말을 들은 전자방이 "참으로 맞는 말이오. 그대는 그 방법으로 화살을 쏘는 데 사용하지만, 나는 나라를 다스리는 데 써야겠소."라고 말하였다. 정나라의 한 노인이 이 말을 전해 듣고 "전자방은 자신의 몸을 숨겨야 할 필요가 있다는 것을 알면서도 어떤 방법으로 몸을 숨겨야 할지를 몰랐던 것이다. 무릇 마음을 비우고 겉으로 드러나지 않도록 하는 것이 진정으로 몸을 숨기는 방법이다."라고 하였다.

당계공堂谿公이 한나라의 소후를 만나서 "지금 여기에 백옥으로 만든 잔이 있지만 밑바닥이 없고, 질그릇으로 만든 잔은 밑바닥이 있다면 임금께서는 어느 잔으로 물을 마시겠는지요?"라고 물었다. 소후가 대답하기를 "당연히 질그릇으로 만든 잔에 따라 마셔야지요."라고 했다. 그러자 당계공이 다시 말하기를 "임금이 신하들의 진언을 다른 사람들에게 누설한다면 그것은 마치 백옥 잔에 밑이 없는 것과 다름이 없습니다."라며 물러나왔다. 그 뒤로 소후는 반드시 혼자서 잠을 잤다고 한다. 혹시라도 잠꼬대라도 하게 되면 처첩들에게

군주가 가져야 하는 권세와 통치술

비밀이 누설될까 우려하여 조심했던 것이다.

개가 사나우면 술이 쉰다

송나라에 술을 빚어 파는 장씨가 있었는데 그 집 술맛이 일품이었다. 어떤 사람이 이 소문을 듣고 술을 사오도록 하였는데, 그 집의 개가 워낙 사나워서 사람을 물어뜯는지라 심부름꾼은 어쩔 수 없이 다른 집의 술을 사왔다. 이에 주인이 "어찌하여 장씨네 술을 사오지 않았느냐?"라고 묻자, 심부름꾼이 "오늘 장씨네 술은 쉬었습니다."라고 대답했다. 그래서 말하기를 "그 사나운 개를 없애지 않으면 술은 쉬어버려서 아무도 먹지 못할 것이다."라고 한 것이다.

제나라 환공이 관중에게 "나라를 다스리는 데 가장 큰 걱정거리는 무엇이라고 생각하시오?"라고 묻자, 관중이 대답했다. "가장 큰 걱정거리는 조정에 들끓는 쥐들입니다. 무릇 집이란 나무기둥을 세우고 벽을 만들어서 거기에 흙을 바르는데, 쥐는 거기에 구멍을 뚫고 살아갑니다. 이 쥐들을 잡으려고 불을 지르면 나무가 타고, 물을 부으면 흙을 바른 벽이 무너집니다. 그러니 조정의 쥐 때문에 걱정스럽다는 것입니다. 조정 밖으로 나가면 권력을 휘둘러서 백성들로부터 이익을 거두고, 조정에 들면 패거리를 만들어서 나쁜 짓을 일삼으며 임금을 속이는 자들이 있습니다. 법을 관장하는 관리가 그들을 처벌하지 않게 되면 조정의 기강이 어지럽혀질 것이고, 그들을 처벌하게 되면 임금의 안위가 위태로워질까봐 그대로 방치하고 있는 것이니다. 이들이 조정의 쥐와 같은 존재들입니다.

또한 신하가 임금의 권세를 쥐고 제멋대로 법을 시행하여 자기들을 위해 힘쓰는 사람에게는 이익을 보장하지만, 자기들을 위해 힘쓰지 않는 사람에게는 반드시 해를 입히고 있습니다. 이들이 사나운 개와 같은 존재들입니다. 그러므로 임금의 측근에 있는 신하들은 조정에 들끓는 쥐가 되고, 나라의 일을 맡아 시행하는 관리들이 사나운 개가 되면 응당 행해져야 하는 법률이 시행되지 못하는 것입니다."

총애하는 신하를 베어 승리하다

위나라 임금인 사군이 박의라는 사람에게 "그대는 위나라가 작다고 생각하여 벼슬을 마다하는 것인가? 그런 것이 아니라면 과인은 그대에게 상경의 자리를 맡길 것이니 힘써주시오."라면서 토지 만 경을 하사하였다. 이에 박의가 말하였다. "신의 모친은 제가 큰 나라의 재상이 되어도 모자람이 없다고 여기십니다. 그런데 신의 집에는 체구라는 무당이 있는데, 모친께서는 그를 믿고 집안일을 모두 위임하고 계십니다. 집안일 정도는 제 능력으로도 충분히 꾸려갈 수 있고 어머니도 제 의견을 들어주십니다. 그런데 저와 상의했던 일이라도 반드시 체구와 한 번 더 의논을 하여 최종적으로 결정을 하십니다.

그런데 지금 신과 임금의 관계는 혈육처럼 친한 사이도 아니고,

더군다나 임금에게는 체구처럼 의논할 상대가 많이 있습니다. 바로 권세를 가진 중신이며, 중신이란 교묘하게 사익을 꾀하는 사람들입니다. 무릇 사익을 꾀하는 사람은 끝내는 법을 어기게 됩니다. 그래서 신이 말씀드리고자 하는 바는 법은 무슨 일이 있어도 반드시 지켜져야 한다는 것입니다. 법을 어기려는 사람과 법을 지키려는 사람은 서로 원수와 같아서 서로가 용납되지 못합니다."

진나라 문공이 포륙이라는 지역으로 사냥을 나갔다. 각자 자유롭게 사냥을 하되 집결하는 시간을 정오로 정하고, 늦게 도착하는 사람은 지위고하를 막론하고 군법으로 다스리겠다고 명하였다. 그런데 임금이 매우 총애하는 전힐이라는 사람이 약속시간을 어겨 법을 집행하는 관리가 처벌을 청하자, 문공이 눈물을 흘리며 근심하였다. 그러나 법리는 "맡은 일을 집행하겠습니다."라고 말하고는 전힐의 목을 베어버림으로써 백성들의 본보기로 삼았다. 그리하여 만백성들이 법의 집행이 확실하다는 것을 믿게 되었다. 이런 일이 있고 나자 백성들은 모두 법을 두렵게 생각하며 서로 말하였다. "임금께서는 누구보다도 전힐을 아끼고 중히 여겼다는데도 법에 따라 가차없이 처벌하였으니, 우리 같은 사람들이야 말해서 무엇하겠는가."

문공은 이러한 민의를 파악하고는 전쟁터에서도 목숨을 걸고 싸울 것이라는 확신 하에 군사를 일으켰다. 마침내 원原을 공격하여 승리하고, 위衛를 정벌하여 동서로 갈라놓았으며, 오록을 정벌하고, 양나라와 괵나라는 물론 조나라와 정나라를 치고 항복을 받아냈다. 이처럼 도처에서 이기고 돌아오는 길에는 형나라 군대도 격파하였다. 또한 주변의 여러 나라들과 동맹을 맺으며 대업을 완성하였다. 문공은 한번 군사를 일으켜서 여덟 가지의 공을 세우고 패업을 이루었으니, 이는 법리의 계책에 따라 총애하는 신하인 전힐을 베었기 때문이다.

무릇 악성종기를 앓을 때는 석침으로 골수까지 찌르지 않으면 마음이 혼란하여 견디지 못한다. 환자가 이런 고통을 인내해야 하는 이유를 알지 못하면, 작은 침으로 터트리려는 것조차도 거부할 것이다. 임금이 나라를 다스리는 일 또한 이와 같아서, 고통을 참아내야 편안해진다는 사실을 먼저 알고 있어야 한다. 성군이 되고자 하면서 이런 사정을 알지 못하면, 훌륭한 사람의 의견을 수용한다거나 나라를 어지럽히는 간신을 처벌하기란 어려운 일이다.

속담에 이런 말이 있다. "정치를 행하는 것은 머리를 감는 것과 같다. 빠져버리는 머리카락이 있다고 해도 머리는 반드시 감아야 한다." 즉 빠지는 머리카락이 아까워서 머리를 감았을 때의 이로움을 잊는다는 것은 사물의 균형을 알지 못하는 어리석음이라는 뜻이다.

　　　　　　　　　군주가 가져야 하는 권세와 통치술

제26장
외저설·우하
外儲說·右下

군주가 견지해야 하는 원칙

외저설이 네 번째로 이어지고 있다. 본 장은 군주가 상벌에 관한 법을 엄격하게 시행하여 그 효과를 거두는 다섯 가지 사례들을 열거하고 있다. 첫째로는 상벌의 권한을 군신이 함께 장악하고 있으면 시행하기 어렵다는 것, 둘째로는 나라가 잘 다스려지는 것은 법이 제대로 행해지는 데서 비롯된다는 것, 셋째로는 군주가 남의 말만 듣고 그것을 본으로 삼는다면 이루어짐이 없다는 것, 넷째로는 군주는 법을 준수하고 그 성과를 올리도록 하여 공적을 쌓아야 한다는 것, 마지막 다섯째로는 모든 일을 순리에 따라 행하면 애쓰지 않아도 쉽게 이룰 수 있다는 것을 말하고 있다. 외저설의 대미를 장식하는 이 마지막 장에서도, 선현들이 오래전에 사유하였거나 경험하였던 이야기들이 한비의 시각을 통해 적나라하게 펼쳐지고 있다.

법은 나라의 근간이다

첫째, 상벌의 권한을 임금과 신하가 함께 장악하고 함께 휘두른다면 금령禁令은 제대로 시행되지 못한다. 무릇 나라의 우환이 되는 것은 조보나 왕어기 같은 뛰어난 마부라도 두 사람이 함께 수레를 몬다면 말은 제대로 달리지 못하는 이치와 같다.

둘째, 나라가 잘 다스려지고 부강하게 되는 것은 법이 제대로 시행되는 데서부터 비롯되며, 나라가 혼란에 빠지고 약소하게 되는 것은 법을 사사로이 여겨서 지켜지지 않기 때문이다. 임금이 이러한 원리를 밝게 터득한다면, 상벌을 엄하게 시행하면서 아무나 어진 마음으로 사랑하지 않을 것이다. 형벌은 죄가 명백할 때 내리는 것이며 벼슬과 봉록은 공이 분명할 때 주는 것이다. 신하가 이러한 원리를 터득한다면 반드시 전심전력을 다하여 공을 세우고, 임금에게 사사로운 충성은 시도조차 하지 않을 것이다. 임금이 법을 철저하게 집행하고 신하가 불충하다는 소리를 들을 정도로 철저하다면, 임금은 비로소 패업을 이룩할 수 있을 것이다.

셋째, 임금이 정사를 스스로 판단하지 못하고 외교사절로 상주해 있는 사신의 말에 귀를 기울인다면, 외교는 물론 매사에 장애가 생기면서 그 계책에 넘어가게 된다.

넷째, 나라를 다스리는 임금은 법을 준수하고 그에 대한 성과를 올리도록 독려하여 공적을 쌓아야 한다. 벼슬아치가 세상을 어지럽게 할 때 홀로 결백한 백성이 있을지는 몰라도, 백성들이 세상을 어지럽게 하는데 홀로 나라를 잘 다스리는 관리가 있을 수는 없다. 현명한 임금은 신하들과 예하 관리들을 철저히 다스릴 수는 있어도 백성들을 직접 다스린다는 것은 현실적으로 어려운 일이다. 이는 마치 나뭇잎을 하나씩 따는 것보다는 그 나무를 흔들면 더 큰 성과를 거둘 수 있는 원리와 같다.

다섯째, 모든 일에는 자연의 순리에 따르고 사물의 이치에 따르면 애쓰지 않고도 쉽게 이룰 수 있는 것들이 있다. 그 실례로 자정이라는 사람이 수레에 걸터앉아 피리를 부니, 사람들은 힘들이지 않고 수레를 높은 다리 위로 올려놓았다.

둘이서 거문고를 타니 소리가 어지럽다

조보는 수레를 모는 일에 능숙하여 자유자재로 말을 부릴 수 있었는데, 그것은 고삐와 채찍을 적절하게 사용할 수 있었기 때문이었다. 그러나 돼지가 갑자기 뛰어들어 말이 놀라 날뛰자 조보도 제어하지 못했던 것은, 돼지가 채찍의 위력을 무색하게 만들었기 때문이다. 또한 왕어기도 말을 잘 다루는 기수였는데 많은 곁 말을 달고도 자유자재로 말을 부릴 수 있었던 것은, 때에 맞추어 당근을 잘 주었기 때문이다. 그러나 연못을 지나갈 때 곁 말들이 흩어져서 날뛴 것은, 먹이가 부족해서가 아니라 왕어기의 보상이 연못의 물 때문에 무색해졌기 때문이다. 두 사람이 빼어난 말몰이꾼이라 할지라도, 둘이 같은 수레를 타고 한 사람은 왼쪽 고삐를 쥐고 또 한 사람은 오른쪽 고삐를 쥐고 채찍질을 한다면, 말은 십 리도 달리지 못할 것이다. 그것은 두 사람이 함께 말을 몰기 때문이다.

또한 전련과 성규는 천하에 으뜸가는 거문고의 명인들이지만, 하나의 거문고로 전련은 위쪽에서 성규는 아래쪽에서 탄다면 가락을 이룰 수 없을 것이다. 마찬가지로 임금과 신하가 권세를 똑같이 누린다면 어떻게 공적을 이룩할 수 있겠는가.

송나라의 자한子罕이라는 재상이 임금에게 "상을 내리거나 재물을 하사하는 일은 만백성이 좋아하는 일이니 좋은 일은 임금께서 직접 하시고, 죄인을 죽이거나 처벌하는 일은 만백성이 싫어하는 일이니 싫어하는 일은 신이 대신하여 시행하는 것이 어떻겠습니까?"라고 아뢰자, 임금이 좋다고 하였다. 그 후로 대신들이 죄인을 처벌하거나 죽이는 일을 임금에게 고하면 "재상인 자한과 의논하라."고 하였다. 그렇게 세월이 흐르자 죽이고 살리는 결정은 자한에 의해 정해진다고 하여, 온 나라가 그를 두렵게 여기며 따르게 되었다. 그리하여 자한이 임금을 협박하고 정권을 가로챘어도 법으로 막을 수가 없었다.

물고기를 받지 않은 까닭

전유田鮪는 아들 전장에게 "네 자신의 이익을 바란다면 먼저 네가 섬기는 임금이 이로운 일을 취하도록 하고, 네 집안이 풍요롭기를 바란다면 먼저 네가 살고 있는 나라를 풍요롭게 만들어야 한다."라고 가르쳤다. 일설에는 전유라는 사람이 그의 아들인 전장에게 "임금은 관직과 작위를 팔고, 신하는 슬기와 능력을 파는 관계이다. 그러니 네 자신의 지혜와 능력에 의존할 뿐, 절대로 남을 믿거나 남에게 의존해서는 안 된다."고 가르쳤다고 전해진다.

노나라의 재상 중에 공의휴公儀休라는 사람이 있었는데, 바다에서 나는 생선은 물론 민물고기를 매우 좋아하였다. 그래서 온 나라 사람들이 앞을 다투어 물고기를 잡거나 사다가 바쳤는데, 공의휴는 받지 않았다. 이를 본 그의 아우가 이상하게 여기며 "형님께서는 물고기를 좋아하면서도 받지 않는 까닭이 무엇입니까?"라고 물었다. 공의휴가 대답하기를 "네 말대로 나는 물고기를 좋아하기 때문에 받지 않는 것이다. 만약에 지금 물고기를 받아먹는다면, 그것을 준 사람에게 고개 숙이며 고마운 마음을 표해야 한다. 남에게 고개를 숙이게 되면 자연히 법을 어기게 될 것이고, 법을 어기게 되면 지금의 재상 자리를 잃게 될 것이다. 내가 재상의 자리에서 내려오면 아무도 물고기를 가져오지 않을 것이며 내가 사먹지도 못하게 될 것이다. 그렇지만 지금 물고기를 받지 않는다면 재상의 자리가 위태롭지도 않을 것이고, 물고기가 먹고 싶으면 언제든지 사먹으면 된다."라고 하였다.

이처럼 공의휴의 사례는 남을 믿거나 남에게 의지하지 않고, 나 스스로를 믿고 나 자신에게 의지한다는 것을 밝힌 것이다. 다른 사람이 나를 위해준다는 것은 내가 나를 위하는 것에 미치지 못한다.

신하에게 나라를 맡기다

소대蘇代가 제나라의 사신으로 연나라에 갔다. 그런데 연나라 재상인 자지子之에게 이로움을 주지 않으면 임무를 완수하기 어렵고, 돌아갈 때 제대로 된 하사품도 받기 어려울 것이라는 생각이 들었다. 그래서 연나라 임금에게 제나라 임금의 칭찬을 엄청나게 늘어놓았다. 이에 연나라 임금이 "그대의 임금께서 그렇게도 영명하시다면 장차 천하의 패왕이 되지 않겠는가?"라고 물었다. 소대가 말하기를 "반드시 그렇지만은 않습니다. 지금 제나라의 멸망을 구제할 틈도 없는데, 어떻게 천하를 통일하는 패왕이 되겠습니까?"라고 답변했다.

연나라 임금이 영문을 모르겠다는 듯이 의아해하자, 소대가 다시 말하기를 "저의 임금께서는 총애하는 신하가 있는데도 정사에 있어서는 신임하지 않기 때문입니다."라고 했다. 연나라 임금이 "그것이 나라가 멸망하는 것과 무슨 상관이 있다는 것이오?"라며 더욱 궁금해하자 소대가 말했다. "옛날 제나라 환공은 관중을 총애하여 그를 중부의 자리에 모시고 모든 정사를 위임하였습니다. 그 결과 환공은 천하를 평정하고 제후들을 연합시킬 수 있었습니다. 하지만 지금 제나라 임금은 자신의 신하들을 믿지 못하고 있으니, 어찌 망조의 길을 걷지 않는다고 말할 수 있겠습니까."

이 말을 들은 연나라 임금은 "지금 과인은 자지를 신임하고 있는데도 세상 사람들은 아직도 그 사실을 제대로 모르고 있소."라고 말하며, 이튿날 아침 모든 신하들을 모아놓고 앞으로는 자지에게 연나

군주가 견지해야 하는 원칙

라의 모든 정사를 위임한다고 선언하였다.

방오자方吳子는 이렇게 말하였다. "내가 배우고 듣기로는 예전의 군주가 행차할 때에는 같은 복장을 하고 나온 사람은 동행하지 못하게 하였다고 한다. 또한 거처할 때에는 비록 종친이라 할지라도 한 집에 같이 살지 말아야 한다고 했는데, 하물며 임금이 신하에게 권력을 빌려주어 스스로 임금의 권세를 버린다면 그 결과가 어찌 되겠는가?"

근본을 알아야 세상을 다스릴 수 있다

나뭇잎을 딸 때 잎사귀를 하나하나씩 잡아당기면 수고롭기만 할 뿐 나무 전체에 미치지 못한다. 하지만 줄기를 움켜쥐고 좌우로 흔들어대면 잎사귀는 모조리 떨어진다. 또한 연못가에 있는 나무를 흔들게 되면 새는 놀라서 날아가고, 물고기는 겁을 먹고 물속 깊이 숨게 된다. 같은 이치로 관리는 백성들의 줄기와 같기 때문에 현자는 관리를 다스릴 뿐, 백성들을 직접 다스리지 않는다.

불을 끌 때 관리가 물동이를 들고 화재 현장으로 달려간다면 한 사람의 몫밖에 해낼 수 없지만, 백성들을 독려하거나 강제하여 불을 끄게 한다면 화재를 신압하는 일이 수월하게 된다. 그래서 현자는 직접 백성들을 상대하지 않고, 명석한 임금은 몸소 사소한 일에 관여하지 않는 것이다.

말몰이의 명수인 조보가 밭에서 김을 매고 있었다. 그때 그 옆으로 어느 아버지와 아들이 수레를 타고 지나가는데 갑자기 말이 멈추었다. 그러자 아들은 말을 끌고 아버지는 뒤에서 밀었는데도 꿈쩍도 하지 않았으므로, 조보에게 도움을 청했다. 그래서 조보가 수레에 올라서 고삐를 당기며 채찍을 잡자, 말은 벌써 수레를 끌기 시작했다. 만약에 조보가 말을 다루는 기술이 없어서 그 부자와 함께 수레를 밀었더라면, 말은 움직이지 않았을 것이다.

이처럼 나라는 임금에게 있어서 수레이며, 권세는 말과 같은 존재이다. 그래서 법술을 터득하지 못한 채로 신하들을 부리려고 한다면, 몸과 마음만 고단할 뿐 나라의 어지러움은 면하지 못할 것이다. 쇠망치는 굽은 물건을 반듯하게 펼치는 도구이고, 도지개는 굽은 화살을 교정하는 도구이다. 현자가 법을 만든 까닭은 백성들의 어긋난 행동을 반듯하게 하고, 바르지 못한 사고방식을 바로잡기 위한 것이다.

이태는 조나라에 등용되어 재상으로 있을 때 임금인 주보를 굶어 죽게 하였으며, 요치는 제나라에 등용되어 재상으로 있을 때 민왕의 힘줄을 뽑아 죽이고, 제나라를 통째로 찬탈했다. 이 두 임금은 쇠망치와 도지개 다루는 법을 깨닫지 못한 죄로 본인 자신은 물론 일가친척들이 죽임을 당하고, 세상의 웃음거리가 되었던 것이다.

일설에는 이런 이야기도 있다. 제나라에 가면 오로지 요치에 대한 평판만 크게 들릴 뿐 임금의 말을 들을 수 없었다고 한다. 또한 조나라에 가면 오로지 이태의 명성만 들릴 뿐 임금에 대한 소식은 알 수 없었다고 한다. 그래서 한 나라의 군주가 법술을 터득하여 신하들을 통제하지 못하면, 군주의 권위는 땅바닥에 떨어지고 세력은 떠나간다. 그래서 간사한 신하들이 그 틈을 비집고 들어와서 권세와 명성을 제멋대로 휘두르게 된다.

방법을 몰라서 일을 거꾸로 한다

자정자라는 사람이 있었다. 하루는 손수레를 끌고 높은 다리에 오르려고 했는데, 경사가 심해서 혼자의 힘으로는 도저히 오를 수가 없었다. 그래서 자정자는 수레에 걸터앉아 피리를 불기 시작했다. 그러자 지나가던 사람들이 달려와서 수레를 다리 위로 올려놓았다. 자정자가 몸을 수고롭게 하지 않으면서도 수레를 다리 위로 올릴 수 있었던 것은, 그에게 사람을 끌어들이는 술수가 있었기에 가능했던 것이다.

제나라 환공이 평민의 복장으로 민가를 탐방하다가 녹문직이라는 평민을 만났다. 그는 나이가 일흔이 되도록 장가를 가지 못했다고 고변하였다. 궁으로 돌아온 환공이 관중에게 "어찌하여 생이 다하도록 시집장가를 가지 못하는 사람이 있는가?"라고 물었다. 관중이 대답하기를 "나라의 창고에 곡식과 물자가 쌓여 있으면 백성들은 반드시 어렵고 가난하며, 궁궐에 홀로 사는 궁녀가 많으면 백성들은 반드시 늙도록 아내를 맞이하기 힘들 것입니다."라고 아뢰었다. 환공은 "과연 맞는 말이오."라고 수긍하면서, 궁궐에 있는 궁녀들 가운데 임금의 성은을 한 번도 입지 않은 사람은 집으로 돌려보내 시집을 가게 했다. 또한 남자는 스무 살, 여자는 열다섯 살이 되면 혼인을 하도록 하였다. 그리하여 궁궐 안에는 시집을 못 가서 원망하는 여인이 없어지고, 민가에는 아내를 얻지 못하는 홀아비가 없어지게 되었다.

연릉의 탁자라는 사람이 건장한 준마가 끄는 수레에 올라서 말을 몰았는데, 앞에는 재갈로 장식하고 뒤에는 날카로운 채찍이 있었다. 탁자는 말이 앞으로 나아가면 고삐를 당기고 뒤로 물러서면 채찍질을 하니, 말은 나아가지도 물러서지도 못하다가 마침내는 옆으로 뛰쳐나가고 말았다. 탁자는 화가 나서 수레에서 내려 칼로 말의 다리를 베어버렸다.

말몰이의 고수인 조보가 이 광경을 보고 울면서 말했다. "채찍은 앞으로 나아가게 하는 것인데 재갈로 저지하고, 고삐는 뒤로 물러나게 하는 것인데 뒤에서 채찍을 휘두르고 있다. 작금의 임금은 어떤 사람이 청렴결백하다 하여 등용했으면서도 측근에 있는 신하들이 마음에 들지 않는다고 파직시키고, 또 어떤 사람은 공정하다고 칭찬하면서도 임금의 생각과 어긋난다고 그를 물리쳐버린다. 그래서 백성들은 두려워하면서 나아갈 길을 잃고 엉거주춤하고 있으니, 이것이 바로 성인들로 하여금 눈물짓게 만드는 까닭이다."

붙임말 한비의 법술사상을 지향하는 항목들 중에서 중요하다고 여겨지는 내용으로만 전개된 외저설外儲說 네 편에 대하여 모두 살펴보았다. 한비의 이론은 대부분 임금들을 설득할 때 입증하기 위해서 쓰여진 것이지만, 동시에 문명에 대한 비판을 하기도 하였다. 한비가 선택하는 소재는 사회나 인문, 자연 등 모든 분야에 광범위하게 걸쳐 있으며, 원칙에 대한 탐구심과 독특한 재능을 느낄 수 있다.

자신의 행실을 바르게 보이려고 꾸미는 사람은 대부분 유학자들이었다. 그들은 옛 어진 이들의 방식을 그대로 답습하였으며, 그것에 이끌리는 임금들도 있었다. 유학자들은 사람은 서로 믿음으로 관계를 맺어야 원활한 조직을 만들 수 있다고 하였지만, 한비는 사람은 믿을 수 없으므로 서로 배신할 수 없는 법과 제도를 구축해야 원활한 조직을 만들 수 있다고 하였다. 그래서 외저설에서는 그에 대한 해학과 문명에 대한 비판이 적당히 안배되고 조화를 이루고 있다.

많은 사람들이 한비의 비정한 인간관을 지적하면서, 그 이유로 전국시대 약소국의 하나인 한韓나라 공자로 태어났다는 정치적 환경을 들고 있다. 그러한 지적들이 틀린 것은 아니지만, 그보다는 그가 성장하는 과정에서 어머니가 천한 후궁이었다는 일종의 열등감과 그에 따른 갈등이 더 큰 영향을 끼쳤을 것으로 보인다.

제27장

난·일
難·一

하나씩 고치는 데는 한계가 있다

난難은 '어렵다'는 뜻이지만 여기서는 '힐난詰難하다'라는 의미로서, '트집을 잡아서 거북할 만큼 따지고 들어간다'는 의미로 쓰였다. 난은 난일, 난이, 난삼, 난사로 이루어져 있다. 역사적 설화를 명제로 삼고, 그에 대해서 혹여 말한다는 형식으로 자신의 사상적인 견해를 논박하고 있는 것이 특징이다. 한비는 세상의 상식이란 것은 너무나도 유치하고 과오가 많다고 보았다. 그러나 그것이 통용되고 있기 때문에 아무도 의심하려 하지 않고 있지만, 시대를 앞서가는 사람은 그 거짓됨을 쉽사리 꿰뚫어볼 수 있다는 독특한 논리로 유교적인 맹신을 깨트려보고자 하였다. 초나라 사람을 예로 들면서 무엇이든 막는 방패와, 무엇이든 뚫는 창이 동시에 존재할 수는 없다는 논리를 전개하고 있다. 그래서 인간의 지혜로는 모든 것을 다 알지 못하므로, 사물에 의해 사물을 나스려야 한다고 말한다.

하나씩 고치는 데는 한계가 있다

순임금은 몸소 변화시켰다

역산의 농부들이 서로 남의 밭이랑을 침범하여 논밭의 경계 때문에 싸우고 있었다. 순임금이 친히 그곳에 나가서 함께 밭갈이를 하며 농사를 짓자, 일 년 만에 논과 밭의 경계가 올바르게 정해졌다. 한편 황하강의 어부들은 낚시터를 놓고 서로 싸우고 있었다. 역시 순임금이 그곳에 가서 어부들과 함께 지낸 결과, 일 년 만에 다툼이 그치고 나이 많은 어른에게 낚시터를 양보하는 너그러운 풍습이 생겼다. 한편 동쪽 오랑캐의 도기장이들이 만드는 옹기는 거칠고 질이 나빴다. 순임금이 그곳에 가서 함께 만들었는데, 그곳 또한 일 년 만에 훌륭한 옹기를 만들 수 있게 되었다.

순임금의 이와 같은 일에 대해 공자는 이렇게 말했다. "농사일이나 고기잡이, 옹기 굽는 일은 임금의 본래 임무가 아닌데도, 순임금이 직접 나가서 한 것은 잘못을 고쳐주기 위해서다. 이 얼마나 어진 임금인가. 순임금은 직접 실천하고 모범을 보여줌으로써 백성들을 가르친 것이다. 그러므로 성인의 덕은 남을 감화시킨다."

이에 대하여 어떤 사람이 유가의 선비에게 "그럼 요임금 때 요는 무엇을 했는가?"라고 묻자, 유가의 선비가 대답하기를 "요임금은 천자로서 그냥 앉아 있었다."라고 하였다. 그러자 그가 이렇게 반론을 펼쳤다. "그렇다면 공자는 왜 요임금을 성인이라고 말했는가? 성인이 천자의 자리에 올라 있다면 온 천하의 모든 악을 몰아낼 수 있었을 것이다. 만일 천자인 요임금이 성인이었다면 밭 가는 농부나 낚시하는 어부나 다툴 리가 없었고, 옹기그릇의 질이 나빴을 리도 없었을 것이다. 따라서 순임금은 덕을 베풀 여지가 없었을 것이다. 그러므로 순임금이 바로잡은 것은 곧 요임금에게 실책이 있음을 뜻한다. 순임금이 어질다면 요임금은 모든 것을 다 아는 성인이었다고 할 수 없다. 요임금이 성인이라면 순임금은 덕을 베풀었다고 할 수 없다. 둘은 동시에 성립되지 않기 때문이다."

또한 이런 이야기가 있다. 초나라 사람이 방패와 창을 팔고 있었다. 그는 자기가 팔고 있는 방패를 자랑하며 말하기를 "이 방패의 튼튼함으로 말하면 참으로 대단하다. 세상의 어떤 것으로도 뚫지 못한다."고 하였다. 그리고 창을 자랑하며 말하기를 "이 창의 날카로움으로 말하자면, 세상에 어떤 것이라도 뚫지 못할 것이 없다."고 하였다. 그러자 듣고 있던 사람이 말하기를 "그렇다면 그 창으로 그 방패를 찌르면 어떻게 되는가?"라고 물으니, 창과 방패를 파는 사내는 아무런 대답도 못하였다. 무릇 무엇으로 찔러도 뚫을 수 없는 방패와, 무엇이고 뚫을 수 있는 창이 동시에 존재할 수는 없다. 요임금과 순임금을 동시에 칭찬할 수 없는 것도 이 방패와 창을 말하는 이치와 같다.

또한 순임금이 바로잡은 잘못은 일 년에 하나씩이니, 삼 년 동안에 세 가지의 허물을 고친 셈이다. 순임금은 한 사람이고 그의 수명에도 한계가 있다. 그런데 세상의 잘못이라는 것은 한도 끝도 없다. 한계가 있는 것이 한계가 없는 것을 뒤쫓아보아야 얼마나 따라가겠는가? 바로잡게 될 잘못은 얼마 되지 않는다. 그러나 상벌로 세상

하나씩 고치는 데는 한계가 있다

을 다스린다면 세상의 잘못을 모두 다 막아낼 수 있다. "법을 따르는 자에게는 상을 주고, 법을 따르지 않는 자에게는 벌을 준다."고 명령을 내리면, 그러한 법령이 아침에 내려지면 저녁에 고쳐지고, 저녁에 내리면 다음날 아침에 고쳐지게 되어 그날로 백성들은 법을 따르게 된다. 그렇게 열흘만 지나면 법령은 전국에서 시행될 것이다. 그러니 구태여 일 년까지 기다릴 필요도 없다는 것이다.

순임금은 요임금의 상벌을 쓸 생각은 하지 않고 자신이 직접 나가서 일을 했다. 이것은 지혜가 모자라는 것이 아닌가? 또한 직접 행동해가며 백성들을 가르친다는 것은 누구에게나 번거롭고 어려운 일이다. 하지만 권력으로 백성들에게 명령을 내리는 것이라면 현명한 임금이 아니라도 할 수 있다. 정치를 하는 데 있어 어떤 임금도 할 수 있는 방법을 쓰지 않고, 요임금이나 순임금으로서도 하기 어려웠던 방법을 쓰려는 것은 정치가 어떤 것인가를 전혀 알지 못하는 소치이다.

제28장

난·이

難·二

수치를 씻어내는 어려움

난이는 난일의 연속선상에서 이야기를 전개하고 있는데, 내용의 성격과 체제를 그대로 답습하고 있다. 단지 전제로 하는 설화가 다르다는 것뿐이다. 세상에는 입에서 입으로 전해내려오는 미담이나 속담이 수도 없이 많지만, 대부분의 사람들은 의구심을 갖거나 조금이라도 고개를 갸우뚱하면서 받아들이는 경우가 거의 없다. 더군다나 성현의 말인 경우에는 따지려든다기보다는 그냥 그런가보다 하고 넘어가는 경향이 대부분이다.

그러나 깊이 파고들어가 보면 뜻밖에도 앞뒤가 맞지 않는 것이 있고, 논리적으로 모순이 되는 내용도 있다. 한비는 그러한 권위에 과감하게 도전하면서 신랄하게 비판하고 있다.

환공의 부끄러움

　제나라 환공이 술에 취해 관(冠)을 잃어버렸다. 환공은 이를 수치스럽게 여기고 사흘이나 조정에 모습을 드러내지 않았다. 이때 재상인 관중이 환공에게 "그것은 임금으로서의 수치라고 말할 수 없습니다. 좋은 정치로 보충하며 씻어내면 그만인 것입니다."라며 위로하였다. 환공은 "참으로 옳은 말이로다."라며 수긍하였다. 그러고는 창고의 곡식을 꺼내 백성들에게 나눠주고, 형벌이 가벼운 죄수들은 풀어주었다. 사흘이 지나자 "임금님, 임금님 부디 한 번만 더 관을 잃어버리십시오."라는 노랫소리가 들려왔다.

　이에 대해 어떤 사람이 말했다. "관중이 환공의 수치를 씻어주었다고 하지만 이것은 소인의 경우에 해당하는 것이지, 군자에게는 오히려 새로운 수치를 더해주는 일이다. 물론 환공이 가난한 사람들을 위해 창고의 곡식을 내어주고, 죄가 가벼운 자들을 풀어주지 않았다면 스스로의 수치는 씻을 수 없었을지도 모른다. 그러나 이것이 옳은 일이라면, 환공은 옳은 일을 행하지 않고 보류해두었다가 관을 잃어버릴 때까지 기다린 것밖에 안 된다. 즉 환공은 관을 잃은 뒤에야 옳은 일을 행한 것이다. 말하자면 소인에게는 관을 잃어버렸다는 부끄러움을 씻었으나, 군자로서는 옳은 일을 소홀히 했다는 수치를 새로 더한 셈이 된다.

　그뿐만이 아니다. 창고를 열고 가난한 사람에게 식량을 나눠준 것은 공로가 없는 사람에게 상을 준 것이 된다. 죄수들을 조사해서 죄가 가벼운 사람을 풀어준 것은 악한 자에게 벌을 주지 않은 것이 된다. 공로가 없는 사람에게 상을 주면 백성들은 윗사람에게 요행을 바라게 되고, 죄인을 벌주지 않으면 백성들은 나쁜 짓 하기를 예삿일로 알게 된다. 이야말로 세상을 어지럽게 하는 근본이 되는 것이니 어찌 그것으로써 부끄러움을 씻었다고 할 수 있겠는가."

민심을 얻은 죄로 옥에 갇히다

옛날 주周나라 문왕은 우와 거를 정벌하고 풍을 정복하여 자신의 영토로 삼았다. 이처럼 큰 전쟁에서 세 번이나 승리했기 때문에 천자인 주왕紂王은 이를 괘씸하게 생각하고 있었다. 문왕은 천자가 두려운 나머지 낙수의 서쪽에 있는 기름진 땅 사방 천 리를 바쳤다. 그러면서 잔혹한 형벌만은 없게 해달라고 청하니, 주나라 백성들은 모두가 기뻐하였다. 공자가 이 말을 듣고 "사방 천 리나 되는 자신의 땅을 상납하며 벌을 면하게 해달라고 하였으니, 문왕은 참으로 인자하도다. 사방 천 리의 땅을 주고 세상 사람들의 마음을 얻었으니, 문왕은 참으로 슬기롭도다."라고 하였다.

공자의 이 일에 대하여 어떤 사람이 말하였다. "공자는 문왕이 한 일을 슬기롭다고 말하였는데 그것은 잘못이다. 슬기로운 사람은 재앙을 미리 짐작하고, 몸에 화가 미치지 않도록 대비하는 것이다. 주왕이 노여워한 까닭은 문왕이 민심을 얻었기 때문인데, 땅을 아낌없이 상납하면서 백성들의 마음을 더 크게 얻었다. 그래서 주왕은

수치를 씻어내는 어려움

더 크게 노여워하면서 문왕에게 손발이 묶이는 형을 내리고 유리감옥에 가두었다."고 하였다.

　이에 대하여 정장자가 말하기를 "도를 체득한 사람은 남이 알도록 행동하지 않기 때문에 밖으로 나타나지 않는다. 이것이 곧 무위無爲이다."라고 하였다. 이것이 문왕에게 가장 바람직한 일이었다. 그렇게 했더라면 주왕의 의심을 받지 않았을 것이다. 공자는 문왕을 슬기로운 사람이라고 하였으니, 이는 정장자의 논리에 미치지 못한다.

제29장
난·삼
難·三

지혜로는 모두를 알지 못한다

난삼도 난일 난이의 연장선상이며, 그래서 같은 체제와 같은 방식으로 이루어져 있다. '비난'이나 '논란'을 의미하는 난삼難三에서도 역사적인 고사나 설화를 먼저 제시하고, 이에 대하여 혹왈이라는 형식을 취하며 한비 자신의 입장에서 반박을 가하고 있다. 한비는 여기에서도 상과 벌에 대한 이론으로 일관하고 있으며, 모든 논리의 결론을 법술에 귀착시키고 있다. 임금의 주관적인 비판이나 능력의 한계를 조명하고, 법과 술을 객관화하여 설득하고 있는 것이 뛰어나보인다.

한 사람의 눈과 귀로는 헤아릴 수 없다

어느 날 정나라 자산이 새벽에 집을 나와 거리로 나섰다. 동장 마을 문을 지나는데 초상난 집에서 여자의 울음소리가 들려왔다.

자산은 마부에게 수레를 멈추게 하고는 잠시 울음소리를 듣더니, 이내 사람을 시켜 여자를 잡아다가 문초했다. 과연 여자는 자기 남편의 목을 졸라 죽였다는 사실을 자백했다. 얼마 후 수행했던 마부가 "어떻게 그걸 아셨습니까?"라고 묻자 자산이 말해주었다. "그 울음소리에 두려움이 있었기 때문이다. 사람은 자기와 친한 사람이 병이 들면 걱정을 먼저 하고, 죽을 지경에 이르면 두려워하며, 죽고 난 뒤에는 슬퍼하는 법이다. 그러나 그 여자는 죽은 사람을 위해 슬퍼하며 울어야 할 터인데, 우는 소리에 슬픔이 없고 두려움만 있었다. 그렇다면 반드시 무슨 우여곡절이 있겠구나 하고 생각한 것이다."

이에 대해 어떤 사람이 비판하며 말했다. "자산은 정치를 힘들게 하고 있다. 자기의 귀나 눈으로 직접 듣고 보고서야 백성의 나쁜 짓을 알 수 있다면, 정나라에는 아직도 잡히지 않은 죄인들이 얼마나 많겠는가? 관리에게 맡기지 않고, 비교 검토하는 방법에 의지하지 않고, 법의 기준을 분명히 하지 않고, 오로지 자기 한 사람의 귀와 눈으로 지혜를 짜내가며 악한 자들을 발견하려 한다는 것은 이치에 맞지 않다. 게다가 그 대상은 수없이 많은데 비해, 자기 한 사람의 지혜는 그리 대단한 것이 못 된다. 적은 것으로 많은 것을 이길 수는 없는 까닭에, 인간의 지혜로는 모든 것을 다 알지 못한다. 그러므로 사물로 사물을 다스리는 것이다.

마찬가지로 아랫사람은 많으나 윗사람은 적은 까닭에, 적은 것으로 많은 것을 이기지 못한다. 즉 윗자리에 있는 임금은 신하들의 모든 것을 다 알 수가 없다. 그러므로 신하의 일은 신하들에 의해 알지 않으면 안 된다. 그렇게 해야만 몸소 수고하지 않더라도 정사는 잘 다스려지고, 머리를 쓰지 않고도 악한 자들을 다 찾아낼 수 있다."

송나라에 이런 노래가 있다. "참새 한 마리가 허공을 난다. 그것을 떨어뜨리기란 아무리 명궁인 예라도 힘든 일이다. 천하에 그물을 치면 도망갈 참새가 없다." 이렇듯이 죄인을 잡는 것도 천하에 둘러칠 큰 그물이 있다면 한 사람도 놓치지 않게 된다. 이런 이치를 깨닫지 못하고 법망을 정비하지 않고, 자기 지혜에서 나온 억측을 예의 화살같이 생각하여 세상의 죄인을 모두 잡아들이겠다는 것은 자산의 망상이다. 노자가 말하기를 "지혜로써 나라를 다스리려는 것은 나라를 망하게 하는 길이다."라고 하였다.

술이란 몰래 쓰는 것이다

관자가 말하기를 "방에서 말하면 방 안의 모든 사람들이 알아들을 수 있게 하고, 조당朝堂에서 말하면 집 안의 모든 사람들이 알아듣게 하기 때문에 천하의 임금이라는 말을 듣게 되는 것이다."라고 하였다. 어떤 사람이 이 말을 듣고 비판하였다. "관중이 '방에서 말하면 방 안의 모든 사람들이 알아들을 수 있게 하고, 조당朝堂에서 말하면 모든 집안의 사람들이 알아듣게 한다'는 말은 아마도 음식을 먹거나 풍물을 즐길 때 하는 말이 아니라, 반드시 큰일을 두고 하는 말이었을 것이다. 그렇다면 임금에게 있어서 큰일이라는 것은 법이

　　　　　지혜로는 모두를 알지 못한다

아니면 術술이다. 법이라는 것은 임금이 확정한 법을 백성들에게 널리 알리기 위해서 문서로 작성하여 관청에 비치하는 것이다. 그러나 술이라는 것은 오로지 임금의 마음속에 간직해두었다가 수많은 사실과 대조하여 신하들을 통제하는 방법이다. 그러므로 법은 확실하게 드러내는 것이 좋고, 술은 겉으로 드러나지 않아야 좋은 것이다.

　이렇게 현명한 임금이 법을 말하면, 나라 안의 모든 백성들에게 들려서 모르는 사람이 없다. 그래서 방 안의 사람만이 들을 수 있는 것이 아니다. 하지만 술이란 남몰래 쓰는 것이므로 임금이 총애하는 측근이나 대신들도 들을 수 없다. 그래서 방 안의 모든 사람이 들을 수 없는 것이다. 그러므로 관중의 말은 법술을 터득하지 못한 사람의 이론일 뿐이다."

제30장
난·사
難·四

사면의 어려움

　난사는 난일, 난이, 난삼에서는 볼 수 없었던 체제로 구성되어 있다는 점이 특징이다. 이제까지는 내용 속의 전제가 되는 역사 속의 이야기나 설화를 대상으로, 그 난難에 혹시나 하는 말이 하나뿐이었다. 그런데 난사에서는 그 혹시나 하는 말이 각각 둘씩 붙어서 등장한다. 그 첫째는 군신 간에 마땅히 지켜야 하는 본분에 대하여 말하였고, 두 번째는 임금이 법술을 사용할 때는 사소한 일에도 엄격해야 하며, 사면하는 일을 자제해야 한다고 하였다. 세 번째는 임금이 법을 집행하는 것은 마땅한 일이지만 사적인 감정을 이입시키면 백성들의 역심을 불러오게 된다고 하였으며, 네 번째로는 인재를 등용하는 일에 관하여 말하고 있다.

잘못된 선례를 남겨서는 안 된다

노나라 대부인 양호는 삼환三桓(맹손, 숙손, 계손)을 치려다가 실패하고 제나라로 망명하였다. 이때 제나라 임금인 경공은 국빈을 맞이하듯이 정중한 예로 그를 맞이하였다. 그러자 이를 지켜보던 포문자가 간하기를 "양호는 계씨의 신임을 받아서 중용되었는데도 계손씨를 치려고 했다는 것은 계손의 부와 영토를 탐한 것입니다. 작금의 임금께서는 계손보다도 더 많은 부를 소유하고 계시며, 영토와 백성은 비교조차 할 수 없을 정도로 많습니다. 양호는 탐욕이 많고 거짓을 일삼는 나쁜 사람이니 내치셔야만 후환이 없습니다."라고 하였다. 그 말을 듣고 곰곰이 생각하던 경공은 이내 양호를 가두라고 명하였다.

경공과 양호의 일에 대하여 어떤 사람이 비판하였다. "천금을 가진 부호의 자식들을 보면 마음이 어질지 못하고 자애롭지도 못하다. 그것은 그들이 욕심이 많아서 이익을 추구하는 데에만 급급하기 때문이다. 제나라의 환공은 다섯 나라의 으뜸이었는데도 나라를 차지하려고 다투다가 그의 친형을 죽였다. 그것은 형제 간의 우애보다도 자신의 이익을 더 우선시했기 때문이다.

하물며 임금과 신하의 관계는 형제 간의 우애처럼 근친하지 못하다. 임금을 겁박하고 죽인 공로로 만승의 제후로 봉해질 수 있다면, 신하들 가운데 어느 누구인들 양호처럼 하지 않겠는가. 모든 일은 은밀하고 교묘하게 추진하면 성공할 수 있지만, 크게 떠벌리거나 방법이 조잡하면 실패하는 법이다. 수많은 신하들이 난을 일으키지 않는 것은 아직은 그만한 준비가 되어 있지 않기 때문이다. 수많은 신하들이 양호처럼 흑심을 품고 있는데도 이를 임금이 모르고 있다면, 그것은 역신들이 교묘하고 은밀하게 꾸미고 있다는 방증이다.

양호가 윗사람을 치려고 했다는 것을 세상 사람들이 모두 다 알게 된 것은 그가 엉성하고 조잡하게 역모를 도모했기 때문이다. 하지만 포문자가 경공에게 치밀하지 못한 양호를 처벌하도록 간한 것은 생각이 부족한 행동이었다. 왜냐하면 신하된 자가 임금에게 충성을 하든 거짓으로 속이든 간에, 그것은 그 임금이 하기에 달려 있기 때문이다. 임금이 명철하면서도 엄정한 위엄을 갖추고 있다면 모든 신하들은 충성을 맹세할 것이고, 임금이 아둔하면서도 권위가 없다면 모든 신하들이 우습게 여기고 기만할 것이기 때문이다."

경공과 양호의 일에 대하여 어떤 사람이 다시 논하였다. "사람의 마음이란 때로는 탐욕스럽고 때로는 인자하여 서로 양립하지 못한다. 그래서 초나라 공자였던 상신은 자신을 폐하려던 부왕을 죽였고, 정나라 공자였던 거질은 아우에게 임금의 자리를 물려주었으며, 노나라 환공은 형인 은공을 참살하고 임금의 자리에 올랐다.

무릇 임금이 밝고 엄하다면 모든 신료들이 충성을 다할 것이다. 양호는 노나라에서 반란을 일으켰다가 실패하고 제나라로 망명한 것인데, 제나라로 들어온 양호를 처벌하지 않는다면 반란을 일으킨 역적을 인정하는 것이 된다. 현명한 임금이라면 양호를 처벌함으로써 자기 나라의 반란을 사전에 다스려 막을 수 있음을 아는 것인 바,

사면의 어려움

이것이 바로 숨은 징조를 꿰뚫어보는 혜안이다.

예전에 어떤 사람이 말하기를 '제후는 나라를 바탕으로 모든 친교를 맺는다'고 하였다. 임금이 엄하다면 양호와 같은 반란죄는 눈감아주지 않을 것이니, 이것이 바로 역모는 엄벌에 처한다는 사실을 보여주는 정치인 것이다. 그래서 양호를 처벌하는 자체가 여러 신하들에게 충성을 다하도록 하는 바탕이 되는 것이다. 만에 하나라도 밝혀진 죄를 벌하지 않는다면 그것은 망령된 처사이다. 지금 노나라에서는 역모를 꾀한 죄인을 처벌함으로써 왼손으로는 자국에서 흑심을 품은 신하를 두렵게 하고, 오른손으로는 삼환과 친교를 맺을 수 있게 되었다. 그런데 어떻게 포문자의 의견이 잘못됐다고 말할 수 있겠는가."

붙임말

난難이란 어렵다는 뜻이지만, 난일에서부터 난사까지는 여러 사람들이 자기 주장을 펼치고 다투면서 도덕과 규범 따위가 어지럽다는 의미로 쓰였다. 한비는 역사적인 설화를 먼저 제시하면서 거기에다가 자신의 견해를 밝혔다. 나라를 지키고 백성들의 삶을 풍요롭게 해야 하는 군주의 자리가 얼마나 어려운 것인가를 적나라하게 드러내고, 그를 수반해야 하는 대신들의 고충은 이루 말할 수 없다는 것도 그에 못지않게 보여주었다.

특히 유가적인 내용이 많이 들어 있는 것은 공자의 사상을 찬양한다기보다는, 인의와 도덕에 대한 유가적 사상에 대하여 법가의 뚜렷한 논리의 잣대를 들이대기 위하여 서술한 것으로 보인다. 그래서 유가적인 좁은 시야에 한정된 나머지 전체적인 측면을 고려하지 않은 모순들을 드러내 보이며, 일방적이면서도 자기 중심적인 태도에 대하여 객관성이 결여되어 있다는 사실을 지적하였다고 볼 수 있다.

또한 난일에서부터 난사까지는 한비가 유가와 묵가의 사람들에게 정면으로 싸움을 거는 일종의 논쟁이라고 볼 수도 있다. 상대는 이미 세상에 존재하지 않지만 그들이 남긴 영향은 전국시대 당시에도 뿌리를 깊이 내리고 있었기 때문에, 한비가 법술에 의한 정치를 하고자 하는 데 엄청난 방해요소로 작용했다. 이 방해요소를 일시에 제거한다는 것은 쉬운 일이 아니었다. 또한 상대는 예로부터 전해 내려오는 성인이자 현인들이었으며 공자는 물론 요순에까지 미치고 있었으므로, 여간한 공격으로는 도저히 목적을 달성할 수 없었기 때문에 난難이라는 독특한 논쟁 형식을 취했다고 볼 수 있다.

한비가 전체적으로 인의나 도덕에 대해 부정하는 방식은 분명히 과격한 것이었지만, 결코 부정을 위한 부정이 아니라 법술의 공덕을 말하기 위해 부정한 것뿐이었다. 왜냐하면 한비가 일생을 다 바쳐서 주장했던 법술은 평범한 군주도 나라를 잘 다스릴 수 있게 하기 위한 방법이었다. 그래서 군주의 입장에 서서 온갖 노력을 아끼지 않은 것이다.

제31장
애신
愛臣

총애하는 신하의 폐단

　애신은 임금의 신하 중에서도 가장 측근에 두고 '총애하는 신하'를 말한다. 그래서 애신은 임금으로서 세상에 알려져서는 안 되는 개인적인 고충을 덜어주기도 하고, 함께 국정의 난제를 풀어가며 선정을 베푸는 데 절대적으로 필요한 존재였다. 하지만 더러는 나라의 안팎에 큰 화근을 초래하고, 불행한 역사를 만들어내는 주역이 되기도 했다. 즉 최고의 동지는 최고의 적이라는 얘기다.

　그래서 한비는 대신이나 제후가 지나치게 부유해지거나 세력이 커지게 되면 임금이나 천자의 권위를 해치게 된다는 것을 지적하고 있다. 이에 대한 대비책으로 지나온 역사에서 드러난 몇 가지 사례를 열거하면서 논하고 있다.

경계하지 않으면 쫓겨난다

임금이 총애하는 신하를 지나치게 가까이 하면, 흠허물 없이 임금의 일거수일투족을 다 보여주기 때문에 신변이 점점 위태로워진다. 또한 총애하는 신하의 지위가 지나치게 고귀해지면 반드시 임금의 자리가 바뀌게 된다. 정실인 왕비와 첩실인 후궁의 자리에 높낮이가 없으면 반드시 적장자인 세자의 자리가 흔들리게 되고, 임금의 형제인 대군들이 왕명에 복종하지 않으면 반드시 사직이 위태로워진다.

임금이 신하를 경계하지 않고 그에 대한 방비가 허술하면, 반드시 임금의 권세를 자기편으로 옮겨서 그 나라를 기울게 할 것이다. 이로써 간신은 더욱 번창하고 임금의 기반은 점점 더 쇠약해져간다. 제후의 영토가 지나치게 멀리 뻗어나가서 세력이 커지면 천자는 해를 입게 되고, 많은 신하들이 지나치게 부유해지면 임금에게는 해가 된다. 재상이나 장군이 되어 나랏일은 뒷전으로 하고 자신들의 가문만을 융성하게 만들어가는 사람은, 임금의 입장에서 볼 때 제거하지 않으면 안 되는 화근이다.

만물 가운데 임금의 옥체보다 더 소중한 것은 없고, 임금의 지위보다도 더 고귀한 것은 없다. 따라서 임금의 권위는 막중하고 세력은 융성한 것이다. 이와 같은 네 가지 존귀한 것은 밖에서도 구할 수 없고 이웃나라에 부탁하여 얻어지는 것도 아니며, 오로지 옳고 그름의 마땅함에 부합할 때에만 얻을 수 있다. 그래서 옛말에 이르기를 "임금이 자신에게 갖추어진 네 가지 훌륭한 것을 잘 운용하지 못하

총애하는 신하의 폐단

면, 임금은 자기 측근의 신하에게 죽임을 당하거나 나라 밖으로 쫓겨나서 생을 마치게 된다."고 하였다.

나라가 망하는 데는 이유가 있다

예전에 은나라 주왕이 망하고 막강했던 주나라 왕실의 위세가 기울어진 것은, 제후들의 영토가 지나치게 넓어지고 세력이 커졌기 때문이다. 진晉나라가 분할되어 한, 위, 조라는 세 나라가 되고 제나라가 주권을 빼앗긴 것도, 모두가 신하들의 세력이 지나치게 커지고 부유했기 때문이다. 또한 연나라와 송나라의 임금이 신하들의 역모로 죽임을 당한 일도 모두가 그러한 까닭이다.

현명한 임금은 신하를 등용하고 양성하는 데 있어서 하나같이 법에 근거하고, 미리 대비하여 올바르게 다잡아놓아야 한다. 그래서 중죄를 지으면 가차없이 죽이는 등 형벌을 가볍게 해서는 안 된다. 사형을 귀양으로 대신하거나 발을 자르는 중형을 옥살이로 대신하게 하면, 임금의 세력은 그에 비례하여 작아지고 사직은 기울어지며, 나라의 세력은 권위가 있는 신하에게로 몰리게 된다.

임금은 신하가 나라의 정치를 논한다는 구실로 제집에서 회의를 열지 못하게 금하고, 선시에는 장군이 사사로이 이웃나라와 교류하지 못하게 금하며, 나라의 재정을 맡은 관리는 사사로이 은전을 베풀거나 유용하는 것을 금해야 한다. 이것이 바로 명석한 임금이 간사한 악을 금하는 방법이다. 따라서 현명한 임금은 신하들을 기르면서도 모든 사안을 법에 의해서만 실행하고 미리 방비하여, 신하들이 엉뚱한 생각을 품지 못하도록 해야 한다. 또한 중죄를 사면해주거나 형벌에 관용을 베풀게 되면, 임금의 위세는 흔들리고 사직은 위태로워진다.

신하의 지위가 제아무리 높아도 협객을 두거나 사병을 기르게 해서는 안 되며, 관문이나 저잣거리에서 함부로 세금을 징수하게 해서도 안 된다. 또한 네 필의 말이 끄는 수레를 타지 못하도록 하며, 전시가 아닌데도 무기를 싣고 다니는 자는 사형에 해당하는 중죄로 다스려야 한다. 이와 같은 방법들이 신하가 권력을 남용하는 것을 막는 최선책이라고 보았으며, 현명한 임금이 뜻하지 않은 일에 대비하는 방법이라고 하였다.

붙임말

본 장에서 말하는 애신愛臣은 '어떤 신하를 특별히 사랑하는 것'이다. 첨단 과학과 문명이 진일보하고 있는 현대사회에서도 사랑이라는 단어는 그 자체만으로도 가슴 설레게 한다. 제아무리 아름다운 꽃도 사랑에 견주기는 어렵다.

임금이 특정한 신하를 총애하는 데에는 그 신하의 능력은 물론, 누구보다도 믿을 수 있다는 신뢰가 전제되어 있다. 그런데 그 신하의 재주와 능력이 다하거나 변화하는 시대 상황과 부합하지 않게 되면 당연히 나팔꽃처럼 시들해지게 마련이다. 설령 그렇게 될 경우에도

총애하는 신하의 폐단

애신의 소임은 다한 것이니 아름다운 퇴장이 될 수 있다.

하지만 임금의 특별한 총애를 받는 신하가 흑심을 품게 된다면 얘기는 엉뚱한 방향으로 흘러갈 수밖에 없다. 그 신하는 자신의 가문을 융성하게 일으키는 것은 물론, 동조하는 세력들을 규합하여 임금을 협박하고 제멋대로 국정을 농단할 수 있다. 한 발 더 나아가서 임금을 교체할 수도 있고, 임금의 자리에 본인이 올라가 앉을 수도 있다. 왜냐하면 인간은 애초부터 자유로운 영혼을 가지고 세상에 나왔기 때문이다. 그래서 한비는 총애하는 신하를 경계하라고 말하는 것이다.

제32장
주도
主道

군주가 지켜야 하는 도리

주도는 '임금이 해야 하는 도리'이자, '임금이 나아가야 하는 길'을 말한다. 한마디로 '임금의 통치술'에 관한 이야기이다. 특히 임금으로서의 마음가짐과 태도를 설명하면서, 임금 자신이 비록 지혜롭고 능력이 탁월하다 해도 항상 마음을 비우고 평정심을 유지해야 한다는 것을 강조하고 있다. 그래야 신하들이 임금이 무엇을 좋아하고 싫어하는지를 모르게 되어 자신들의 의중을 그대로 드러내게 되며, 임금은 이를 바탕으로 신하를 다스리고 통제할 수 있게 된다는 논리이다.

주도는 본래 임금으로서 신에 대한 경건한 마음가짐과, 정사를 돌보는 데 있어서의 구체적인 정책을 중요하게 다루는 내용으로 되어 있었으나, 전국시대 말기의 학자나 사상가들에 의해 '임금이 신하를 다스리고 통제하는 술법'으로 점차 변화되었다.

스스로 하게 만든다

현명한 임금은 고요해서 높은 지위에 있지 않은 듯하고, 적막해서 어디에 있는지 소재를 알 수 없다. 하지만 위에서 아무것도 하지 않는 것 같은데도, 중신들은 그 아래에서 성과를 높이기 위해 전전긍긍한다. 그래서 현군이란 마음을 비우고 신하들을 지켜봄으로써 그들 스스로 자신의 주장을 드러내게 하며, 그에 대한 책임을 지워서 자연스레 성과를 내도록 한다. 즉 지켜봄으로써 신하들은 무엇인가를 스스로 말하게 되며, 어떤 일을 하는 사람은 스스로 실적을 올리게 된다. 신하들이 내놓은 의견과 실적을 대조해보면, 임금은 하는 일이 없어도 신하들의 모든 실정을 알게 된다.

그래서 옛말에 이르기를 "임금은 자기가 바라는 바를 드러내서는 안 된다. 바라는 바를 드러내면 신하는 임금이 하고자 하는 일에 맞도록 꾸미게 된다. 또한 임금은 자신의 뜻을 드러내서는 안 된다. 의중을 드러내면, 신하는 임금의 뜻에 반하는 의견은 감추고 뜻에 부합하는 의견만 내놓는다."고 하였다. 또 말하기를 "임금이 좋고 싫은 것을 드러내지 않으면 신하는 자신이 생각하는 그대로를 보여주게 되고, 임금이 지혜와 교만함을 쓰지 않으면 신하는 임금의 능력을 헤아릴 수 없어서 스스로 갖추게 된다."고 하였다.

그렇기 때문에 현명한 임금은 지혜가 있더라도 쓰지 않고, 모든 만물로 하여금 그 위치를 드러내게 한다. 행동하는 데 있어서도 현명함을 밝히지 않고, 신하가 행동하는 모습을 분명하게 살펴본다. 또한 사자나 호랑이처럼 용맹스러운 성정을 가지고 있더라도 성냄을 드러내지 않고, 여러 신하들로 하여금 그들의 힘과 용기를 다 발휘하도록 한다. 현명한 임금의 도는 슬기로운 신하로 하여금 그 지혜를 짜내게 하고, 임금은 그것을 바탕으로 일을 판단하기 때문에 임금의 지혜는 다함이 없다. 또한 현인의 재능을 발휘하게 하여, 임금은 그것을 바탕으로 응용하기 때문에 임금의 재능에는 다함이 없다. 그래서 공이 있으면 임금에게 돌아가고 허물이 있으면 신하가 책임지기 때문에, 임금의 명성은 언제까지나 손상이 없다.

요약하면 임금은 자신의 속마음과 총명함을 드러내지 말아야 한다는 것이다. 대신에 신하로 하여금 철저하게 사고하도록 만들어서, 그들의 재능을 얼마만큼 이끌어내는가에 따라서 임금의 능력이 결정된다는 것이다. 그리하여 임금은 현명하지 않아도 현명한 사람들의 스승노릇을 하고, 슬기롭지 못하면서도 지혜 있는 사람들의 스승노릇을 하게 되는 것이다. 임금은 일의 성과물을 받아서 누리고, 신하는 일을 맡아서 애쓰니, 이것이 바로 현명한 임금의 크나큰 도인 것이다.

임금의 다섯 가지 막힘

임금에게는 다섯 가지의 막힘이 있을 수 있다. 첫째는 신하가 임금의 눈과 귀를 가리는 것인데, 그렇게 되면 임금은 자리를 보존하기가 힘들어진다. 두 번째는 신하가 나라의 이익을 관장하면서 스스로

군주가 지켜야 하는 도리

재물을 취하거나 임의로 분배하는 것인데, 그렇게 되면 임금이 은혜를 베풀 수 없으므로 실권이 없게 된다. 세 번째는 신하가 제멋대로 명령을 행사하는 것인데, 그렇게 되면 임금은 통제력을 잃게 된다. 네 번째는 임금의 상벌을 신하가 대신하여 행사하는 것인데, 그렇게 되면 임금은 백성들을 잃게 된다. 다섯 번째는 신하가 당파를 만들어 무리짓는 것인데, 그렇게 되면 임금은 자기편 사람들을 잃고 고립무원에 빠지게 된다.

이 다섯 가지를 조심하면서 권력을 독점할 수 있어야, 임금은 신하와 백성들을 통솔하면서 나라를 다스릴 수 있다.

드러내지 않아야 으뜸이 된다

임금의 도란 조용히 몸을 뒤로 물리고, 자신의 능력과 세력을 세상 밖으로 드러내지 않는 것을 으뜸으로 친다. 임금의 도는 만물이 시작하는 근본이며 옳고 그름의 기강이기 때문이다. 그래야 스스로 나랏일을 행하지 않고도 신하로 하여금 움직이게 하여 그 교묘함과 허상을 알게 되고, 스스로 헤아려 꾀하지 않고도 신하로 하여금 공적과 허물을 헤아리게 하여, 그 복과 화의 근원을 저절로 알게 된다. 이렇게 함으로써 임금이 말하지 않아도 신하가 그 뜻을 짐작하여 탁월한 의견을 내놓게 되고, 임금이 먼저 약속하지 않아도 신하는 그 뜻을 헤아려서 일을 하게 된다.

또한 임금의 도란 신하가 내놓은 의견과 일의 성과가 부합하지 않으면 절대로 용서치 않는 것이다. 현명한 임금이 상을 내리는 것은 알맞게 내리는 봄비와 같이 모든 백성들에게 공평해야 하고, 처벌하는 것은 무섭기가 천둥과 번개와 같아서 어떤 성인의 변명으로도 그 노여움을 막을 수 없어야 한다. 그래서 현명한 임금은 상을 남발하지 않으며 죄인을 덮어놓고 용서하지 않는다. 상을 남발하게 되면 참으로 공을 세운 사람은 이제부터 맡은 일을 소홀히 할 것이며, 죄인을 가벼이 다루게 되면 간신은 그것을 악용하여 못된 짓을 밥 먹듯이 할 것이다.

신상필벌을 정확하게 이행하지 않으면 사람은 누구나 무뎌지기 마련이다. 그래서 진실로 공적이 있으면 그 신분이 비천하더라도 반드시 상을 내려야 하고, 진실로 잘못이 있다면 비록 총애하는 사람일지라도 반드시 상응하는 벌을 내려야 한다. 그렇게 되면 신분이 낮고 비천한 사람도 게으름을 피우지 않을 것이며, 측근에서 아양을 떨며 총애를 받는 사람도 교만하게 처신하는 일이 없어지게 될 것이다.

붙임말

본 장에서 말하고 있는 주도主道라는 것은 한마디로 요약하면 '리더로서의 자질'을 가리킨다. 사람은 누구나 인간으로 태어난 이상 시련과 아픔이 따른다. 이것은 인간의 삶에 있어서 보편적이고 필연적인 것이다. 인간은 언어를 사용하고 사고할 줄 알며, 사회라는 공동체를 이루며 살아가야 하는 고등동물이기 때문이다. 그래서 시

군주가 지켜야 하는 도리

련과 아픔은 어쩔 수 없는 일이라고 여기며 즐기는 사람이 있는가 하면, 그대로 포기하고 주저앉는 사람들도 많다. 그러나 신이 한쪽 문을 닫을 때는 다른 문을 열어주기 마련이라는 믿음으로, 허황된 기회를 찾기보다는 올바른 선택을 하는 데 집중해야 한다. 법정法頂은 생전에 "직선으로 가지 말고 곡선으로 가라."는 말을 자주했다. 인생은 목적지가 아니라 여정이기 때문이다. 그 길을 따라서 옮기는 한 걸음 한 걸음이 우리의 모습을 만들어가고 미래를 열어간다.

그런데 오늘날 한국의 현실을 보면 정치를 한다는 소위 지도층 사람들은 국민이 위임한 권력을 가지고 개인의 사리사욕을 채우는 경우가 많다. 당리당략에 치우쳐서 패당을 만들어가며 국익을 손상시키는 일도 비일비재하다. 한국은 위계질서를 근본으로 하는 정서가 강하게 뿌리내리고 있어서 지도자의 처신이 매우 중요하다. 따라서 소위 지도자가 깨끗하고 청렴하지 않으면 조직 전체가 예상치 못한 방식으로 위험에 빠질 수도 있다는 위기의식을 늘 가지고 있어야 한다.

훌륭한 리더는 인품과 능력은 물론 파트너십이라는 세 가지로 가늠해볼 수 있다. 훌륭한 리더가 되려면 우선 솔직하고 용기가 있어야 한다. 또한 강점은 스스로 알아서 잘 활용하고, 약점은 타인의 능력에 의지하면서 계속 배우고 적응하는 것으로 보강해야 한다. 그리고 도움이 필요한 때를 알고, 최적의 대상과 인재를 찾을 줄 알아야 한다. 그래서 리처드 칼슨Richard Carlson은 "인생이 공정하다는 생각이 자신을 불행하게 만든다."고 하였다. 인생은 예나 지금이나 공정하지 않다. 그것은 수만 년 후의 미래에도 그럴 것이다. 그렇다고 해서 한 번뿐인 인생을 세월의 흐름 속에 내맡겨둘 수는 없는 노릇이다.

하지만 모든 일에는 양단이 있듯이, 스스로의 장단점을 잘 파악하고 배우면서 세월의 흐름에 잠시 의탁하는 것도 나쁘지 않다. 이것은 노자의 사상이기도 하지만, 한비 또한 군주가 비록 지혜롭고 능력이 탁월하더라도 마음을 비우고 고요한 상태를 유지해야 한다고 말했다. 그러다가 무엇인가를 하고 싶은 마음이 동하는 순간, 용기 있게 한번 덤벼보는 것이 인간의 특권이다. 더욱이 전국시대의 군주와 현존하는 우리 인류에게 있어서는 더더욱 그러하다.

〈끝〉